VOLTAIRE

KATHARINA II.

KATHARINA DIE GROSSE / VOLTAIRE

Monsieur – Madame

Der Briefwechsel zwischen der Zarin
und dem Philosophen

Übersetzt, herausgegeben und
mit einer Einführung
von Hans Schumann

MANESSE VERLAG

ZÜRICH

Einführung

Katharina II. von Rußland (1729–1796), als Prinzessin Sophie Friederike Auguste von Anhalt-Zerbst in Stettin geboren – ihre Eltern waren Fürst Christian August und Johanna Elisabeth (von Holstein-Gottorp) –, war politisch, besonders außenpolitisch, die bedeutendste und erfolgreichste Frau der neueren Geschichte, die einzige, die man «die Große» genannt hat. In Fortsetzung des Werkes Peters des Großen, ihres Vorbilds, hat sie Rußland endgültig zur europäischen Großmacht erhoben. In jungen Jahren durch Vermittlung Friedrichs des Großen mit dem geistig minderbegabten russischen Thronfolger, dem nachmaligen Kaiser Peter III., ihrem Vetter zweiten Grades, vermählt, stürzte sie ihn 1762 schon wenige Monate nach seinem Regierungsantritt mit Hilfe der Petersburger Garden. An seiner Ermordung wenige Tage nach dem Staatsstreich trägt sie keine Schuld, aber den Verschwörern verzieh sie rasch. Als Selbstherrscherin regierte sie vierunddreißig Jahre ihr riesiges Reich, ehrgeizig, reformfreudig im Geiste der Aufklärung und machtbewußt. Ihre zahlreichen Günstlinge gewannen, abgesehen von Grigorij Orlow und Grigorij Potemkin, keinen Einfluß auf ihre Regierung.

PETER III., KAISER VON RUSSLAND

Sie dehnte Rußlands Grenzen weit hinaus im Westen gegen Polen und in zwei langjährigen Kriegen im Süden gegen die Türkei. Im Innern betrieb sie eine durchgreifende Verwaltungsreform. Bei ihren Bemühungen, das elende Los der Bauern zu verbessern, scheiterte sie jedoch an ihrer Abhängigkeit vom Adel. Von nachhaltiger Wirkung waren ihre Maßnahmen auf dem Gebiet des Erziehungswesens und zukunftsweisend ihre großzügige Förderung der Wissenschaften, der Künste und der Literatur. Sankt Petersburg erblühte in ihrer Regierungszeit zu einer der schönsten Hauptstädte Europas.

François-Marie Arouet, weltbekannt unter dem Pseudonym Voltaire (1694–1778), war die Inkarnation der Aufklärung schlechthin, ein unvergleichlicher homme de lettres, ein Fürst des Geistes. Überwältigend ist der Umfang und die Spannweite seiner Werke: Dutzende von Dramen, Romanen und Erzählungen, die großen, das Fach der Kulturgeschichte eröffnenden historischen Arbeiten «Das Jahrhundert Ludwigs XIV.» und der «Versuch über die allgemeine Geschichte und über die Sitten und den Geist der Völker» sowie Hunderte von geistreichen Oden, Episteln, und Satiren, von Abhandlungen und Polemiken zu philosophischen und theologischen Themen. Als seine größte schriftstellerische Leistung hat man den Briefwechsel mit den gekrönten Häuptern und den führenden Geistern seiner Zeit bezeichnet, über zwanzigtausend Briefe. Von der zu seinen Leb-

zeiten erschienenen, zweiundvierzig Bände umfas-
senden Lausanner Ausgabe sagte Voltaire sarka-
stisch, da stehe er nun in Folioformat, zernagt von
Ratten und Würmern wie ein Kirchenvater. Gefürch-
tet war sein nie versiegender Spott, weswegen er
denn auch zweimal die Bekanntschaft mit der Ba-
stille machte.

In einem Lande, das von einer abgehobenen, ein-
fältigen Autokratie, von einer verfolgungssüchtigen
Kirche und einer fürchterlichen Justiz beherrscht
war, sah sich Voltaire bei der Veröffentlichung seiner
Werke im Kampf gegen die Zensur ständig zu Mysti-
fikationen gezwungen. Auch war er, von wenigen
Jahren abgesehen, aus seiner Vaterstadt Paris verbannt; er lebte zwei Jahre in England und drei Jahre
in Preußen gleichsam im Exil und fluchtbereit an-
derthalb Jahrzehnte in Lothringen; die letzten zwanzig Jahre seines Lebens verbrachte er unmittelbar
an der französisch-schweizerischen Grenze, von wo
er, sehr wohlhabend, als Schloßherr von Ferney die
Welt in Atem hielt. Als Anwalt der Verfolgten, im
Einsatz für leibeigene Bauern und in Prozessen um
mörderische Justizaffären erwarb er sich unsterbliche
Verdienste um Humanität und Toleranz. Der Aus-
klang dieses Lebens war versöhnlich, der Besuch in
Paris kurz vor seinem Tode ein Triumph ohneglei-
chen.

Im Zusammenhang mit dem Briefwechsel zwischen ihm und Katharina ist anzumerken, daß Rußlands Weg und Geschichte Voltaires besonderes

Interesse fanden. Mit Rußland befassen sich die glänzend geschriebene «Geschichte Karls XII., Königs von Schweden» und die umfangreiche «Geschichte des russischen Reiches unter Peter dem Großen». Zu Katharina fühlte er sich hingezogen. Sie bezauberte ihn, er sah in ihr eine Philosophin auf dem Thron und wurde ihr einflußreichster Parteigänger in Europa.

Voltaire und Katharina gehören zu den größten Briefschreibern ihres Jahrhunderts. Katharinas Korrespondenzen mit vielen berühmten Persönlichkeiten unterscheiden sich nach ihren inhaltlichen Präferenzen. Während sie beispielsweise in dem überbordenden Briefwechsel mit Baron Grimm, ihrem Pariser Agenten, viel von ihrem persönlichen Leben, auch von den Beziehungen zu ihren Favoriten offenbart, während sie mit Falconet, dem Schöpfer des Reiterdenkmals Peters des Großen in Petersburg, eingehend künstlerische Fragen diskutiert, mit der Hofdame und Freundin Frau von Bielke von Frau zu Frau spricht, mit Friedrich dem Großen und seinem Bruder Heinrich vornehmlich Fragen der europäischen Politik erörtert, stehen im Briefwechsel mit Voltaire, beginnend ein Jahr nach ihrem Staatsstreich und endend zwei Wochen vor seinem Tode, herausragende Ereignisse der russischen Geschichte in den sechziger und siebziger Jahren des 18. Jahrhunderts im Mittelpunkt: Katharinas berühmte Instruktion von 1767 für die Schaffung eines neuen Gesetzbuches, die erste Teilung Polens 1772, der das russische

Reich erschütternde Kosaken- und Bauernaufstand
des Jemeljan Pugatschow 1773/1774 und mit diesen
Ereignissen zeitlich zusammenfallend der lange Türkenkrieg von 1768 bis 1774, der mit dem das Ansehen und die Größe Rußlands stärkenden Frieden von
Kütschük-Kainardsche abschloß.

Katharina, die in jungen Jahren zur Lektüre Voltaires gefunden hatte und sich als seine Schülerin
betrachtete, was zu ihrer ausgezeichneten Beherr-
schung der französischen Sprache wesentlich bei-
trug, war dankbar, in Voltaire, mit Friedrich dem
Großen dem berühmtesten Mann ihrer Zeit, einen
unbedingten Verehrer und Anhänger gefunden zu
haben, der ihr als Propagandist ihrer Regierung von
großem Nutzen war. Denn ihre Politik der Stärke
beunruhigte Europa. Frankreich stand gegen sie,
England, Österreich und Preußen verfolgten mit
Mißtrauen und Sorge das Anwachsen der russischen
Macht. So dienten der Kaiserin, die bei aller Heiterkeit des Geistes stets politisch berechnend war, die
Briefe mit Voltaire dazu, der fast durchweg antirussi-
schen Presse in Europa ihre oft sehr geschönte Dar-
stellung der massiven russischen Interessen und der
innerrussischen Verhältnisse entgegenzusetzen und
Voltaire zu ihrem Sprachrohr zu machen.

Voltaire wiederum sah in ihr eine willkommene
Förderin der Aufklärung, stand hinter all ihren politischen Handlungen und erhoffte von ihr die Vertrei-
bung der ingrimmig gehaßten Türken aus Europa,
erhoffte auch die Inthronisation Katharinas in Kon-

stantinopel und die Befreiung Griechenlands als kulturelle Tat.

So steht der Türkenkrieg im Mittelpunkt dieses Briefwechsels, der den Leser vielleicht etwas ermüden könnte, wenn nicht alle Briefe beiderseits mit Ironie und Spott gewürzt, wenn wir nicht Zeugen einer amüsanten Causerie wären und wenn nicht auch viele andere Themen, charakteristisch für Voltaires nie erlahmende Wißbegierde, hereinspielten: Beispielsweise Katharinas aufsehenerregende Pokkenimpfung, der Ankauf von Diderots Bibliothek, die spektakuläre Erwerbung von Spitzenwerken der Malerei, die Schilderung von Festlichkeiten, Voltaires absonderlicher Vorschlag, im Kriege Kampfwagen nach antikem Vorbild zu verwenden, die Darlegung der Schätze Sibiriens und der Verweis auf dortige Mammutfunde, verbunden mit Vermutungen über das Alter der Erde, die Ausgestaltung der Gärten von Zarskoje Selo in dem von Katharina geschätzten englischen Stil, Probleme des Einflusses von Frost und Eis auf die Stabilität von Häusern und Mauern, Voltaires Drängen auf Eröffnung eines großangelegten Uhrenhandels zwischen der von ihm gegründeten Uhrenmanufaktur in Ferney mit Rußland und gar China, die Pest in Moskau, die von Katharina gegründeten Knaben- und Mädcheninternate, der Wert von Theateraufführungen für die Erziehung nebst moralischen Bedenken dagegen, Voltaires bissige Ausfälle gegen den Brauch des Handkusses bei Mönchen und Priestern und anderes mehr.

Nicht stören darf man sich an Voltaires überschwenglichen Schmeicheleien für seine vergötterte Kaiserin; das gehört zum höfisch eingefärbten Stil der Zeit, ebenso wie die immer wiederkehrenden unterwürfigen Schlußfloskeln seiner Briefe. Selbst Friedrich der Große hatte da Katharina gegenüber keine Hemmungen, denn, wie Kaiser Joseph II., der sie zweimal in Rußland besucht hatte, sagte: Eitelkeit ist ihr Götze.

Doch weit darüber erhebt sich Katharinas unermüdliche Tatkraft auf allen Gebieten, steht ihr unbeirrbarer Herrschaftswille, allen Mitarbeitern überlegen, weswegen denn auch der um ein Bonmot nie verlegene Fürst von Ligne sie «Cathérine le Grand» nannte. Nicht zu übersehen ist ihre mäzenatische Großzügigkeit, ihre meist freundliche Gelassenheit, ihre Lust an witzigen Formulierungen und die faktenreiche Substanz ihrer Briefe, worin sie Voltaire aussticht.

Im August 1774 nimmt der Briefwechsel eine sehr komische Wendung. Katharina hatte, von der Bekämpfung des Pugatschow-Aufstandes ganz in Anspruch genommen, mehrere Monate nicht mehr geschrieben. Diderot und Grimm waren zu dieser Zeit ihre Gäste, und Voltaire, eifersüchtig und in seiner Eitelkeit tief gekränkt, sah sich zu deren Gunsten verlassen und in Ungnade gefallen. Mit erstaunlichen Formulierungen, die das Maß des Erlaubten im Umgang mit der Majestät überschreiten, erklärte er, nie wieder eine Kaiserin zu lieben. Dieser Brief sei sein letzter Wille, sein Testament. Katharina reagierte amüsiert und reichte die Hand zur Versöhnung. Darauf verzieh Voltaire ihrer kaiserlichen Majestät, und der Briefwechsel kehrte in gewohnte Bahnen zurück. Zum besseren Verständnis des Inhalts sei auf die obengenannten wichtigen Ereignisse in der Geschichte Rußlands näher eingegangen.

Schon lange wurde in Rußland als notwendig empfunden, den chaotischen Zustand der Gesetzgebung, unübersehbar und vielfach veraltet, zu beenden. Seit der Veröffentlichung des Gesetzbuches des Zaren Alexej Michailowitsch im Jahre 1649 waren wiederholt Versuche einer Neuordnung unternommen worden: Peter der Große und teilweise auch seine Nachfolger hatten sich dieser Aufgabe angenommen, ohne sie zu lösen. Nun wollte Katharina, beflügelt von den Ideen der Aufklärung, das Jahrhundertwerk meistern und verfaßte in zweijähriger emsiger, geheimgehaltener Arbeit eine Instruktion, die in zweiundzwanzig Kapiteln und über sechshundert Paragraphen als grundsätzlicher Leitfaden für das zu schaffende neue Gesetzeswerk dienen sollte. Sie erörterte darin die Lage der Stände, die Aufgaben der Gesetzgebung im Geiste der Humanität, die Rechte und die Pflichten der Bürger, das Justizwesen, den Schutz der Leibeigenen, Fragen der Erziehung und der religiösen Toleranz. Unbedingt aber hielt sie an der Selbstherrschaft fest. Sie stützte sich in ihrer Arbeit weitgehend auf Montesquieus «Vom Geist der Gesetze» und auf Beccarias Schrift «Über Verbrechen und Strafe». An d'Alembert schrieb sie, Montesquieu werde ihr wohl den literarischen Raub für das Wohl von zwanzig Millionen Menschen verzeihen, wenn er aus dem Jenseits herabblicke.

Die Instruktion wurde 1767, nachdem Katharinas Berater dafür gesorgt hatten, daß allzu liberale Passagen gestrichen wurden, viersprachig veröffentlicht, russisch, lateinisch, deutsch und französisch, und stieß bei den führenden Geistern Europas auf große Bewunderung. Als staatsgefährlich wurde sie von der französischen Regierung verboten. Voltaire war darüber so entsetzt, daß er endgültig das Land der Welschen – mit dieser verächtlichen Bezeichnung strafte er ständig seine Landsleute – verlassen wollte.

Katharina berief eine Kommission zur Abfassung eines neuen Gesetzwerkes, die aus 565 Abgeordneten der Stände, ausgenommen die leibeigenen Bauern, bestand, im Sommer 1767 im Kreml feierlich zusammentrat, in Unterkommissionen fleißig Papier produzierte, aber nur einen einzigen Beschluß faßte, die Kaiserin möge den Titel «Katharina die Große, weiseste Mutter des Vaterlandes» annehmen. Katharina lehnte ab. Bei Ausbruch des Krieges mit der Türkei 1768 wurden die Kommissionsmitglieder nach Hause geschickt, und damit war auch dieser Anlauf zur Neuordnung der Gesetze gescheitert. Noch schlimmer war, daß die Bauernfrage völlig ungelöst blieb, daß sich hinter der glänzenden Fassade der Regierung Katharinas das unmenschliche Los der Bauern sogar

noch verschlechterte und wie eine brennende Wunde
am Reichskörper hundert Jahre weiter schwelte.

Was der Kaiserin gelang, war eine durch Ukas
vom 7. November 1775 verordnete Neugliederung
des Staatsgebiets in zahlreiche Gouvernements, ihre
Unterteilung in Kreise und der Aufbau einer kolle-
gialen Lokalverwaltung, bei der Administration und
Justiz getrennt waren. Voltaires Nachfrage nach dem
Gesetzbuch durchzieht den Briefwechsel, und noch
im letzten Brief kommt er darauf zu sprechen.

Das Königreich Polen, flächenmäßig der größte Staat
Europas (ohne Rußland), befand sich im 18. Jahrhundert in einem anarchischen Zustand. Die Adelsrepu-
blik mit einem Wahlkönigtum hatte im Gegensatz zu
den führenden Mächten im Zeitalter des Absolutismus keine Zentralgewalt, der Reichstag, ein Adels-
parlament, war durch das liberum veto, durch das
Prinzip der Einstimmigkeit, handlungsunfähig. Die
konfessionellen Gegensätze zwischen Katholiken,
Orthodoxen und Protestanten verschlimmerten die
Verhältnisse, militärisch war das Land ohnmächtig,
das Los der Bauern verzweifelt. So trieb Polen dem
Untergang entgegen, und schon längere Zeit war
vorauszusehen, daß es einmal dem Expansionsdrang
seiner Nachbarn zum Opfer fallen werde.

Rußlands Einfluß war seit Peter dem Großen
beherrschend. Das zeigte sich auch, als König
August III. im Oktober 1763 starb. Katharina setzte
mit Bestechung und mit massivem militärischem

Druck durch, daß ihr ehemaliger Favorit, Graf Stanislaus Poniatowski, im September 1764 zum König
gewählt wurde, der, wie sie später einmal schrieb,
von allen Prätendenten das geringste Recht zu prä-
tendieren hatte und folglich sich Rußland mehr verpflichtet fühlen mußte als jeder andere.

Die Kaiserin erzwang 1767, abermals mit Gewalt,
auch die Annahme eines Gesetzes, durch das die Dissidenten, die religiösen Minderheiten, der katholischen Mehrheit rechtlich gleichgestellt wurden. Gegen diesen Reichstagsbeschluß formierte sich die
Konföderation von Bar, einem Städtchen in Podolien, «für Glaube und Freiheit», das heißt, ein Teil des
Adels erhob sich zur Verteidigung der katholischen
Kirche, gegen das russische Protektorat und gegen
den von Rußland abhängigen König. Die Konföderation wurde von Frankreich, wenn auch ungenü-
gend, unterstützt. Ein verheerender Bürgerkrieg
wütete in Polen, in den russische, dann auch preußi-
sche Truppen eingriffen.

In dem Bestreben, Rußlands Machtzuwachs in
dem 1768 ausbrechenden Krieg mit der Türkei möglichst zu begrenzen, aus österreichischer Sicht vor
allem russischen Gebietserwerb auf dem Balkan zu
verhindern, Rußlands zunehmende Stärke durch eigene Verstärkung an Land und Leuten zu kompen-
sieren und so das Gleichgewicht wiederherzustellen,
einigten sich St. Petersburg, Berlin und Wien in einem finessenreichen diplomatischen Ringen auf Kosten Polens.

Auf einer Abendgesellschaft im Januar 1771 schlug Katharina dem zu Besuch weilenden Prinzen Heinrich von Preußen vor, Teile Polens zu annektieren, nachdem Österreich im Sommer 1769 durch die Besetzung der Zips und angrenzender Starosteien schon einen Präzedenzfall geschaffen hatte. Am 17. Februar 1772 wurde der preußisch-russische Teilungsvertrag in St. Petersburg unterzeichnet, am 5. August der endgültige Vertrag der drei Teilungsmächte. Sie verkleinerten Polen um ein Drittel an Land und Einwohnern. Preußen erhielt das Ermland, Westpreußen ohne Danzig und Thorn und den Netzedistrikt und gewann damit eine unmittelbare Verbindung zu Ostpreußen. Österreich bekam Galizien, und Rußland fiel das polnische Livland und Weißrußland zu. Es war ein krasser Bruch des Völkerrechts, wobei weitgehend nichtpolnische Bevölkerung dem polnischen Staat verlorenging. So ist auch zu erklären, daß die Aktion kaum auf Widerstand stieß. Auch das zeitgenössische Europa nahm keinen Anstoß daran. Voltaire sah darin den Sieg der Aufklärung über Obskurantentum und feierte Katharinas Triumph.

Die im Gesetzbuch des Zaren Alexej Michailowitsch festgeschriebene Leibeigenschaft der Bauern, die zwar Untertanen des Zaren, nicht aber Sklaven der Gutsbesitzer sein wollten, hatte 1667 an der mittleren und unteren Wolga zu einem unter Führung des Kosaken Stenka Rasin sich wie ein Steppenbrand ausbreitenden Aufstand der unterdrückten russischen und fremdstämmigen Bevölkerung geführt. Er konnte von der Regierung nur unter großen Mühen grausam niedegeschlagen werden. Der im Volkslied gefeierte Kosakenführer wurde von seinen eigenen Leuten ausgeliefert und im Juni 1671 in Moskau hingerichtet.

Einhundert Jahre danach brach etwa im gleichen Gebiet, aus den gleichen Gründen und bei gleichartigem Verlauf, ein erneuter Kosaken- und Bauernaufstand unter Beteiligung von Kalmücken und Baschkiren aus. Ihr Führer, der Don-Kosak Jemeljan Pugatschow, gab vor, Zar Peter III. zu sein, zog mit seinen wilden, schlecht bewaffneten Scharen, bei riesigem Zulauf aus den Dörfern, vom Jaik zur Wolga, brannte in den Jahren 1773 und 1774 Gutshöfe und Forts nieder, erschlug die Adligen und die Besatzungen, nahm Saratow und Pensa ein und zerstörte die Stadt Kasan bis auf die Festung. Der Rachefeldzug nahm für das Reich ernstlich bedrohende Ausmaße an. Erst unter Heranziehung von Truppen, die aus dem Türkenkrieg zurückkehrten, konnten die Aufständischen geschlagen werden. Wie Stenka Rasin wurde auch Pugatschow von seinen Anhängern gefesselt den russischen Truppen überstellt und im Januar 1775 in Moskau hingerichtet. Sein Name durfte nicht mehr genannt werden; fortan hieß der Jaik Ural.

Die «Pugatschowschtschina» versetzte die herrschenden Schichten in Angst und Schrecken, auch Katharina war monatelang in großer Sorge. In ihren

Briefen an Voltaire ließ sie davon aber nichts spüren und versuchte, die gewaltige Volkserhebung als Schandtaten von Räubern und Verbrechern herunterzuspielen. Voltaire glaubte ihr gerne, denn die Vorstellung von Sklavenaufständen im Reiche der so aufgeklärten und humanen Katharina paßte nicht in sein illusionäres Rußlandbild.

Die Anwesenheit russischer Truppen auf polnischem Boden, ihr Kampf gegen die Konföderation von Bar am Dnjestr an der türkischen Grenze hatte für die Türkei bedrohliche Perspektiven. Die Konföderierten baten die Hohe Pforte um Hilfe, der französische Gesandte in Konstantinopel drängte, die Gunst der Stunde zu nutzen. Als die mit den Russen operierenden Haidamaken, Räuberbanden in der rechtsufrigen Ukraine, bei ihrer Verfolgung konföderierter Verbände die türkische Grenze überschritten und das Städtchen Balta in Brand steckten und die Einwohner niedermetzelten, erklärte Sultan Mustapha III. im Oktober 1768 Rußland den Krieg. Katharina war darauf nicht vorbereitet, tat aber alles, um Heer und Flotte einsatzbereit zu machen. Der Schauplatz dieses großen, beiderseits blutigen und verlustreichen Krieges weitete sich rasch aus und umfaßte zu Lande den Kaukasus, die Krim, Moldau, Walachei und auch den Peloponnes und zur See das Schwarze und das Ägäische Meer. Ein Nebenkriegsschauplatz wurde durch den von der Türkei abgefallenen ägyptischen Rebellen Ali Bey in Syrien eröffnet.

Die feindlichen Heere stießen im Jahre 1769 aufeinander. Die Russen, obgleich in der Minderzahl, gingen als Sieger daraus hervor. Sie eroberten die Dnjestr-Festung Chotin, während Graf Rumjanzew in die Moldau und Walachei vorstieß und Bukarest besetzte. Dem türkischen Oberbefehlshaber ließ der Sultan dafür den Kopf abschlagen.

Im Winterfeldzug 1769/70 versteifte sich der türkische Widerstand, da und dort mußten die Russen erobertes Terrain wieder aufgeben. Im Sommer 1770 errang Rumjanzew sehr eindrucksvolle Siege an der Larga und am Kagul, kleinen Nebenflüssen des Pruth, und Graf Peter Panin eroberte in schweren Kämpfen die von der Pest heimgesuchte Festung Bender am Dnjestr. Graf Tottleben, unterstützt von dem verbündeten Georgien, drang erfolgreich in Richtung des Schwarzen Meeres vor. Den spektakulärsten Sieg aber errang die russische Flotte, die zum größten Erstaunen Europas den langen Weg von der Ostsee über die Nordsee, den Atlantik durch die Straße von Gibraltar bis ins Ägäische Meer in monatelanger Fahrt zurückgelegt hatte. Ihre Kommandeure waren der russische Admiral Spiridow und die in russischen Diensten stehenden Engländer Kapitänbrigadier Greigh und Konteradmiral Elphinstone; den Oberbefehl führte Graf Alexej Orlow. Bei Tschesme an der kleinasiatischen Küste gegenüber der Insel Chios vernichteten die Russen am 5. und 7. Juli 1770 die türkische Flotte völlig. Es war der größte abendländische Seesieg über die Osmanen seit der Seeschlacht von Lepanto im 16. Jahrhundert. Von diesem Schlag, der zehntausend türkischen Seeleuten das Leben gekostet haben soll, hat sich die türkische Marine nie mehr erholt. Kriegsentscheidend aber war er nicht. Der Krieg konnte nur zu Lande gewonnen werden.

Das Jahr 1771 sah langwierige Kämpfe an der unteren Donau, wo die Entscheidung fallen mußte. Zukunftsträchtig für Rußland war die Eroberung der Krim durch Fürst Dolgorukij.

Die Erfolge Katharinas wurden Preußen, das vertraglich verpflichtet war, Subsidien zu zahlen, vor allem aber Österreich immer unheimlicher. Österreich wollte einem Vordringen Rußlands auf dem Balkan nicht länger tatenlos zusehen. Beide Mächte suchten zu vermitteln. Es kam zu Friedensverhandlungen im August 1772 in Fokschani in der Moldau, die aber scheiterten. Erst nach dem Tode Mustaphas, dem sein Bruder Abdul Hamid nachfolgte, und nach einer vollständigen Niederlage der desertierenden Türken bei Schumla in Bulgarien kam es zum Friedensschluß von Kütschük-Kainardsche im Nordosten von Bulgarien am 21. Juli 1774. Rußland erhielt neben einer ansehnlichen Kriegsentschädigung die Mündungsgebiete von Don, Dnjepr und Bug, dazu Kertsch, Jenikale und die beiden Karbadeien im Nordkaukasus. Die Krim wurde von der Türkei unabhängig, zehn Jahre später war sie russisch. Außer der Gewährung freier Durchfahrt durch die Dardanellen für russische Handelsschiffe mußte sich die

Hohe Pforte auch noch verpflichten, die christliche Kirche in zuverlässigen Schutz zu nehmen. Das eröffnete für Rußland Einmischungsmöglichkeiten, die es im 19. Jahrhundert wahrnahm.

In ihren Briefen zum Thema Krieg überspielt Katharina alle Krisen und Nöte, macht sich über die ihr feindlich gesinnte europäische Presse lustig, spottet unentwegt über Mustapha, prahlt mit Soldaten und Geld und ist natürlich stolz auf ihre Waffenerfolge.

Voltaire hingegen – der alte Pazifist erweist sich als äußerst kriegslustig – ist mit ihren Feldzügen nicht recht zufrieden; unablässig treibt er die Kaiserin an, Konstantinopel zu erobern und Griechenland zu befreien, wobei er die militärischen Möglichkeiten Rußlands weit überschätzt. Unbedingt möchte er, daß Österreich und Preußen an der Seite Katharinas in den Krieg eintreten, und kann nicht verstehen, warum sie dazu nicht bereit sind. Er begreift anscheinend nicht, daß beide Mächte an einem Machtzuwachs Rußlands keineswegs interessiert sein konnten. Im Januar 1771 schrieb Friedrich der Große an seinen Bruder Heinrich: «Ich würde einen unverzeihlichen politischen Fehler begehen, wenn ich zur Vergrößerung einer Macht beitrüge, die ein furchtbarer und schrecklicher Nachbar für ganz Europa werden kann.» Und Maria Theresia schrieb im gleichen Jahr an den Staatskanzler Fürst Kaunitz: «Die Erfolge der Russen sind unerhört und beunruhigen mich sehr; diese Perspektive ist gar nicht schön und unsere Lage sehr gefährlich.»

Voltaires Träume lagen aber doch nicht gänzlich in Utopia. Im Russisch-Türkischen Krieg von 1787–1791 verfolgten Katharina und Potemkin ernstlich das «griechische Projekt», das heißt die Gewinnung der griechischen Kaiserkrone für Katharinas Enkel Konstantin, der mit Bedacht den auf Byzanz verweisenden Namen erhalten hatte.

Diese Korrespondenz zwischen Katharina und Voltaire spiegelt keineswegs alle, aber doch charakteristische Züge der beiden facettenreichen Persönlichkeiten wider, die ihr Jahrhundert geprägt haben. Stoff genug, um unser Interesse und unsere Bewunderung für die Briefkultur des 18. Jahrhunderts zu wecken, die seitdem ihresgleichen nicht mehr hatte.

Die Briefe

Monsieur, unter die Verse des Porträts Peters des Großen, das M. de Voltaire mir durch Herrn von Balk
schickte, setzte ich: Wollte es Gott![1]

Ich beging eine Todsünde, als ich den Brief erhielt,
der an einen Riesen[2] adressiert war; ich habe eine
Menge Bittschriften liegenlassen, ich habe das Glück
mehrerer Menschen verzögert, so begierig war ich,
ihn zu lesen. Und ich habe es nicht einmal bereut. Es
gibt in meinem Reich keine Theologen, die das Gewissen prüfen, und bis jetzt tut mir das auch nicht
leid. Aber da ich genötigt bin, mich wieder meinen
Pflichten zu widmen, fand ich, daß es kein besseres
Mittel gebe, als mich in den Wirbel, der mich fort-
reißt, zu schicken und zur Feder zu greifen und M. de
Voltaire ganz ernstlich zu bitten, mich doch nicht zu
loben, bevor ich es verdient habe.

Das geht seinen und meinen Ruf gleicherweise an.
Er wird sagen, daß es nur an mir liege, mich dessen
würdig zu erweisen. Aber wahrlich, bei der Uner-
meßlichkeit Rußlands ist ein Jahr wie ein Tag, wie
tausend Jahre vor dem Herrn. Dies also meine Ent-
schuldigung dafür, noch nicht das Gute, das ich hätte
tun sollen, getan zu haben.

Auf die Prophezeiungen von J. J. Rousseau werde

ich antworten, indem ich ihm, ich hoffe, solange wie ich lebe, ein sehr starkes Dementi erteile.[3] Das ist jedenfalls meine Absicht; man wird sehen, was daraus wird. Und nun möchte ich Ihnen sagen: Beten Sie zu Gott für mich!

Ich habe, wofür ich sehr danke, den zweiten Band über Peter den Großen[4] erhalten. Wenn ich zu der Zeit, als Sie Ihr Werk begannen, das schon gewesen wäre, was ich heute bin, dann hätte ich noch sehr viel mehr zu seinem Andenken beigetragen. Man kann nicht genug über das Genie dieses großen Mannes staunen. Ich werde seine Briefe drucken lassen, die ich von überall bestellt habe. In ihnen schildert er sich selbst. Was an seinem Charakter am schönsten war, das ist, so cholerisch er auch war, daß die Wahrheit immer unfehlbar über ihn Gewalt besaß; allein dafür würde er, so denke ich, ein Denkmal verdienen.

Ich bedauere heute zum erstenmal in meinem Leben, daß ich keine Verse machen kann. Auf die Ihren vermag ich nur in Prosa zu antworten, aber ich darf sagen, daß ich seit 1746, als ich über meine Zeit selbst verfügen konnte, Ihnen auf das höchste verpflichtet bin. Davor las ich nur Romane, aber zufällig kamen auch Ihre Werke in meine Hände. Seither habe ich nicht aufgehört, sie zu lesen, und ich wollte keine anderen Bücher mehr, die nicht ebenso gut geschrieben waren und von denen man nicht ebensoviel lernen konnte. Aber wo sollte man sie finden?

So kehrte ich denn immer wieder zum Förderer meines Geschmacks und meines liebsten Vergnügens

zurück. Wirklich, wenn ich über einige Kenntnisse
verfüge, dann verdanke ich sie einzig Ihnen. Aber da
ich mir aus schuldiger Achtung nicht sagen darf, daß
er mein Briefchen küßt, so soll er aus Schicklichkeit
auch nicht wissen, daß ich von seinen Werken entzückt bin. Zur Zeit lese ich den «Essai sur l'Histoire
Générale»[5]; jede Seite möchte ich auswendig lernen.
Ich warte auf die Werke des großen Corneille, für die,
so hoffe ich, der Wechsel bereits abgegangen ist.

Caterine

Juni 1765

Monsieur, die Kaiserin von Rußland ist dem Neffen
des Abbé Bazin[6] dafür, daß er die Güte hatte, ihr das
Werk[7] seines Onkels zu widmen, sehr verbunden.
Gewiß hat er nichts mit Abraham Chaumeix zu tun,
jetzt Schullehrer in Moskau, wo er den kleinen Kindern das ABC beibringt.

   Sie hat das schöne Buch von Anfang bis Ende mit
viel Vergnügen gelesen und fand, daß sie keineswegs
über dem steht, was sie las, denn sie gehört jener
Menschenart an, die sehr dazu neigt, die seltsamsten
Absurditäten zu genießen; sie ist überzeugt, daß das
Buch seinen Anteil daran nicht verfehlen und daß
man es in Paris unweigerlich dem Feuer überantwor-
ten wird, zu Füßen einer großen Treppe; das wird
ihm weiteren Glanz verleihen.

   Da der Neffe des Abbé Bazin über seinen Wohnort

tiefstes Stillschweigen bewahrt, so wird diese Antwort an M. de Voltaire adressiert, der dafür bekannt
ist, junge Leute zu protegieren und zu fördern, von
deren Talenten man erwarten kann, daß sie eines
Tages für die Menschheit nützlich sein werden.

Der berühmte Autor wird daher gebeten, diese
wenigen Zeilen an ihren Bestimmungsort gelangen
zu lassen; sollte er aber zufällig den Neffen des Abbé
Bazin nicht kennen, so wird er dieses Schreiben wegen der glänzenden Verdienste des jungen Mannes
entschuldigen.

Caterine

24. Juli 1765 bei Genf

Madame, ich habe natürlich den Neffen des Abbé
Bazin gesucht, um ihm den Brief zuzustellen, mit
dem mich Eure Majestät beehrt haben. Es handelt
sich um einen zurückgezogen lebenden, unbekann-
ten Mann, doch ist auch zu ihm der Ruf Ihres Ruhmes gedrungen; er ist ihm teuer, er kennt die Größe
Ihres Genies, Ihres Geistes und Ihres Mutes. Er bewundert Sie dafür, daß Sie die Priester wieder nützlich und abhängig gemacht haben. Wäre ich nicht so
alt, wie ich bin, ich bäte Euer Majestät um die Erlaubnis, mit ihm am ersten Ritterspiel, das man in Ihren
Breiten veranstaltet, teilzunehmen. Thalestris veran-
staltete niemals solche Spiele, sie liebkoste Alexander, aber Alexander wäre gekommen, Ihnen seine
Aufwartung zu machen.

Das Buch des Abbé Bazin hat man noch nicht ins
Feuer geworfen. Man glaubt, er habe es in Ihrem
Lande verfaßt, denn die Wahrheit kommt jetzt aus
dem Norden, wie der Firlefanz aus dem Süden.

Übrigens hat mir der Neffe Bazin erzählt, daß er
die Fürstin von Zerbst, die Mutter Eurer Majestät,
gut gekannt habe; sie sei auch sehr schön und geistvoll gewesen und wäre bereit gewesen, wenn sie es
noch erlebt hätte, aus Freude über die Erfolge ihrer
Tochter zu sterben.

Aber der bessere Teil ist doch, recht lange Zeuge
dieser Erfolge zu sein. Euer Majestät mögen mir
erlauben, mich mit dem jungen Bazin Ihnen zu Füßen zu legen.

Mit größter Hochachtung bin ich Eurer Majestät
untertänigster und gehorsamster Diener.

Voltaire

11./22. August 1765

Monsieur, da nun, Gott sei Dank, der Neffe des Abbé
Bazin gefunden wurde, erlauben Sie, daß ich mich
noch einmal an Sie wende, um ihm in seiner Einsamkeit das beiliegende kleine Paket zukommen zu lassen, Zeugnis meiner Dankbarkeit für seine galanten
Schmeicheleien. Ich würde mich sehr freuen, wenn
Sie beide an meinen Ritterspielen teilnähmen, nur
müßten Sie sich als unbekannte Ritter verkleiden.
Aber das hat noch Zeit; der seit Wochen nicht aufhö-

rende Regen zwingt mich, das Fest auf Juni nächsten Jahres zu verschieben.

Mein Wappen ist eine Biene, die, von Blüte zu Blüte fliegend, Honig für ihren Bienenkorb sammelt, mein Wahlspruch lautet: Das Nützliche.

Bei Ihnen unterrichten die Untergebenen, und für die Herrschenden wäre es leicht, daraus ihren Vorteil zu ziehen; bei uns ist es gerade umgekehrt, wir haben nicht so viele Annehmlichkeiten.

Die Anhänglichkeit des Neffen Bazin für meine verstorbene Mutter verleiht ihm einen weiteren Grad meiner Hochachtung; ich finde diesen jungen Mann sehr liebenswürdig, und ich bitte ihn, mir seine gute Gesinnung für mich zu erhalten. Es ist gut und nützlich, solche Bekanntschaften zu haben. Seien Sie versichert, daß Sie mit dem Neffen meine Hochachtung teilen, und alles, was ich ihm sage, gilt gleicherweise auch für Sie.

Caterine

PS: Kapuziner, die man in Moskau toleriert (denn Toleranz herrscht allgemein in diesem Reich, nur die Jesuiten werden nicht geduldet), weigerten sich in diesem Winter hartnäckig, einen plötzlich verstorbenen Franzosen zu begraben, weil er nicht die Sakramente empfangen hatte. Abraham Chaumeix verfaßte eine Streitschrift gegen sie, um zu beweisen, daß sie einen Toten begraben müssen. Aber weder seine Schrift noch zwei Ermahnungen des Gouverneurs brachten die Patres zum Gehorsam. Schließlich

stellte man sie vor die Wahl, entweder außer Landes
zu gehen oder den Franzosen zu begraben. Sie zogen
ab, und ich sandte von hier fügsamere Augustiner,
die alles taten, was man wollte, weil sie einsahen, daß
da nicht mehr zu spaßen war. So ist Abraham Chaumeix denn in Rußland vernünftig geworden; er bekämpft Verfolgungen. Wenn er noch Geist annehmen wollte, dann würde er selbst noch Ungläubige
zu Wundern bekehren. Aber alle Wunder der Welt
können den Makel nicht von ihm nehmen, den
Druck der Encyclopédie verhindert zu haben.

Die der Kirche untertänigen Bauern, die oft unter
tyrannischer Bedrückung leiden, wozu häufiger
Wechsel der Herrschaft noch beiträgt, erhoben sich
am Ende der Regierung der Kaiserin Elisabeth, und
auch bei meiner Thronbesteigung standen noch
mehr als hunderttausend unter Waffen.

Das veranlaßte mich 1762, die Verwaltung der
Kirchengüter völlig neu zu ordnen und die Einkünfte
daraus festzulegen. Arsenius, der Bischof von Rostow, widersetzte sich, unterstützt von einigen seiner
Amtsbrüder, die es aber für besser hielten, nicht genannt zu werden. Der Bischof schrieb zwei Memo-
randen, worin er die absurde These von den zwei
Gewalten begründen wollte. Das hat er bereits zur
Zeit der Kaiserin Elisabeth versucht; man begnügte
sich damals damit, ihm Stillschweigen zu gebieten.
Aber als er seine Unverschämtheit und Narrheit wiederholte, wurde er vom Metropoliten von Nowgorod und vom ganzen Synod[8] als Fanatiker verurteilt,

ARSENIJ (ARSENIUS) MAZEJOWITSCH,
BISCHOF VON ROSTOW

der sich eines Vergehens gegen den orthodoxen
Glauben wie auch gegen die souveräne Gewalt schuldig gemacht habe. Er wurde seines Amtes und seiner
Priesterwürde enthoben und der weltlichen Ge-
richtsbarkeit überstellt. Ich begnadigte ihn und war
es zufrieden, ihn wieder zum Mönch zu machen.

30. September 1765

> L'abeille est utile sans doute,
> On la chérit, on la redoute,
> Aux mortels elle fait du bien,
> Son miel nourrit, sa cire éclaire:
> Mais quand elle a le don de plaire,
> Ce superflu ne gâte rien.
>
> Minerve, propice à la terre,
> Instruisit les grossiers humains,
> Planta l'olivier de ses mains,
> Et battit le dieu de la guerre.
> Cependant elle disputa
> La pomme due à la plus belle;
> Quelque temps Pâris hésita,
> Mais Achille eût été pour elle.[9]

Madame, Eure Kaiserliche Majestät mögen mir diese
schlechten Verse verzeihen; Dankbarkeit ist nicht
immer eloquent! Wenn Ihr Wappen eine Biene ist,
dann haben Sie einen ungeheuren Bienenkorb, den

größten der Welt. Sie füllen den Erdkreis mit Ihrem Namen und mit Ihren Wohltaten. Köstlich für mich sind die Medaillen, die Sie darstellen. Die Züge Eurer Majestät erinnern mich an die der Fürstin, Ihrer Mutter.

Mir wird noch ein anderes Glück zuteil: Alle, die von Ihrer Majestät durch Zeichen der Güte geehrt wurden, sind meine Freunde. Ich bin dankbar für das, was Sie so großherzig für Diderot, d'Alembert und die Familie Calas getan haben. Alle Gebildeten Europas müssen vor Ihnen knien. Sie vollbringen Wunder, Sie haben Abraham Chaumeix tolerant gemacht; und wenn er Zutritt zu Euer Majestät hat, dann wird er auch Verstand haben. Was aber die Kapuziner angeht, so haben Euer Majestät richtig empfunden, daß es nicht in Ihrer Macht steht, sie in Menschen zu verwandeln, nachdem der Hl. Franziskus sie in Tiere verwandelt hat. Glücklicherweise ist Ihre Akademie dabei, Menschen zu bilden, die mit dem Hl. Franziskus nichts zu tun haben.

Ich bin älter als die Stadt,[10] in der Sie regieren und die Sie verschönern. Ja, ich darf noch hinzufügen, daß ich sogar älter als Ihr Reich bin, wenn man seine Neubegründung vom Schöpfer Peter dem Großen an datiert. Ich denke, ich werde mir die Freiheit nehmen, dieser erstaunlichen Biene, die einen riesigen Bienenkorb beherrscht, meine Aufwartung zu machen, wenn die Krankheiten, die mich überhäufen, mir armen Hummel gestatten, meine Zelle zu verlassen.

Ich würde mich durch Graf Schuwalow und seine Gattin vorstellen lassen, die in meiner kleinen Eremitage ein paar Tage zu beherbergen ich die Ehre hatte. Eure Majestät waren der Gegenstand unserer Gespräche, und niemals war ich so bekümmert, nicht reisen zu können.

Darf ich sagen, daß ich ein bißchen verdrießlich bin, daß Sie Katharina heißen. Früher hatten die Heldinnen nicht die Namen von Heiligen. Homer und Vergil hätten mit solchen Namen nichts anfangen können; Sie waren doch nicht für den Kalender geschaffen.

Aber ob nun Juno, Minerva, Venus oder Ceres, die auf der ganzen Welt viel besser zur Poesie passen, ich lege mich Eurer Majestät zu Füßen, dankbar und mit tiefster Ehrerbietung.

Petersburg, 17./28. November 1765

Monsieur, mein Kopf ist so schwer von Begriff, wie mein Name unharmonisch ist; auf Ihre hübschen Verse antworte ich mit schlechter Prosa. Verse habe ich nie gemacht; nichtsdestoweniger bewundere ich Ihre. Sie haben mich so verwöhnt, daß ich fast keine anderen mehr leiden kann. Ich verschließe mich in meinem großen Bienenkorb, denn man sollte nicht gleichzeitig verschiedene Gewerbe betreiben.

Ich hätte niemals geglaubt, daß der Kauf einer Bibliothek[11] mir soviel Beifall einbrächte; wegen der Bibliothek von Diderot lobt mich alle Welt. Aber

sagen Sie selbst, dem die Humanität wegen Ihres
Einsatzes für die Unschuld und die Tugend der Familie Calas so viel verdankt, es wäre doch grausam und
ungerecht gewesen, einen Gelehrten von seinen Büchern zu trennen.

Demetrius, der Metropolit von Nowgorod, ist
weder ein Verfolger noch ein Fanatiker. Es gibt kein
Prinzip im «Hirtenbrief des Alexis»,[12] zu dem er sich
nicht bekannt, es nicht gepredigt und öffentlich erklärt hätte, wenn das von Nutzen und notwendig
gewesen wäre. Er verabscheut die These von den
zwei Gewalten. Schon öfter hat er mir Beispiele genannt, die ich Ihnen zitieren könnte. Wenn ich nicht
fürchtete, Sie zu langweilen, würde ich sie auf ein
besonderes Blatt schreiben, das Sie verbrennen können, wenn Sie es nicht lesen wollen.

Bei uns herrscht Toleranz, sie ist gesetzlich, und
Verfolgungen sind verboten. Leider gibt es auch bei
uns Fanatiker,[13] die, da sie nicht verfolgt werden, sich
selbst verbrennen. Wenn solche in anderen Ländern
es ebenso machten, dann wäre das kein großer Schaden; die Welt würde nur ruhiger werden, und Calas
wäre nicht gerädert worden. Das ist die Gesinnung,
die wir dem Gründer dieser Stadt verdanken und den
wir beide bewundern.

Es bekümmert mich, daß es mit Ihrer Gesundheit
nicht so glänzend steht wie mit Ihrem Geist, von dem
andere zehren. Beklagen Sie sich nicht wegen Ihres
Alters, leben Sie so lange wie Methusalem, dann
müßten Sie im Kalender den Platz erhalten, den Sie

mir absprechen möchten. Da ich mich aber nicht für
berechtigt halte, besungen zu werden, so werde ich
meinen Namen auch nicht gegen den der neidischen
und eifersüchtigen Juno vertauschen; auch bin ich
nicht so eingebildet, mir den Namen der Minerva
anzumaßen, und den der Venus möchte ich auch
nicht, denn da geht schon zu viel auf Rechnung der
schönen Dame. Und Ceres bin ich noch weniger,
denn die Ernte ist in Rußland in diesem Jahr schlecht
gewesen. Mein Name läßt mich wenigstens auf die
Fürsprache meiner Patronin, dort, wo sie ist, hoffen,
und so halte ich ihn, alles in allem, für mich für den
besten. Die Anteilnahme, die ich für alles hege, was
Sie betrifft, brauche ich nicht zu wiederholen.

Caterine

24. Januar 1766

Madame, der Brief, mit dem Eure Kaiserliche Majestät mich beehren, verdreht mir den Kopf. Ich werde
noch zum Propheten. Ich hatte keine Zweifel, daß
der Erzbischof von Nowgorod sich in der Tat gegen
das absurde System zweier Gewalten erklärt hat. Ich
hatte recht, ohne es zu wissen, was für Prophezeiungen charakteristisch ist. Ich bin ein so guter Prophet,
daß ich kühnlich Eurer Majestät größten Ruhm und
größtes Glück voraussage. Entweder werden die
Menschen völlig schwachsinnig, oder sie werden alles, was Sie Großes und Nützliches tun, bewundern.

Doch selbst diese Voraussage hinkt schon wie die
andern ein wenig hinter den Ereignissen her.

Ich glaube, wenn der andere große Mensch, Peter I., sich in einem milderen Klima etabliert hätte als
ausgerechnet am Ladoga-See, wenn er etwa Kiew
oder eine noch südlichere Gegend gewählt hätte,
dann säße ich jetzt zu Ihren Füßen, trotz meines
Alters. Es ist traurig, sterben zu müssen, ohne diejenige aus der Nähe bewundert zu haben, die den Namen Katharina denen der Gottheiten des Altertums
vorzieht und ihn auch noch bevorzugt machen wird.

Ich wollte niemals nach Rom reisen; ich empfand
immer Widerwillen dagegen, Mönche auf dem Capi-
tol zu sehen und die Gräber der Scipionen niederge-
trampelt von den Füßen der Priester. Aber ich sterbe
vor Kummer, nicht die Wüsten verwandelt in präch-
tige Städte und zweitausend Meilen Landes durch
eine Heldin zivilisiert zu sehen. Die ganze Weltgeschichte kennt nichts Vergleichbares; das ist die
schönste und größte aller Revolutionen; mein Herz
ist das eines Liebenden und wendet sich nach
Norden.

Es ist nicht recht von d'Alembert, daß er die Reise
nicht unternahm, er ist doch noch jung.[14] Er war
durch die kleine Ungerechtigkeit, die man ihm angetan, beleidigt. Aber die geringfügige Sache hat seine
Philosophie nicht gestört. Das alles ist heute wieder
in Ordnung. Ich glaube, die Encyclopédie ist soweit,
einen Platz in der Bibliothek Ihres Schlosses zu erbitten.

Wollen Eure Kaiserliche Majestät meinen Dank,
meine Bewunderung und meinen tiefen Respekt gütigst annehmen.
                    Der verstorbene Abbé Bazin

Ferney, 21. Juni 1766

Madame, jetzt müssen sich alle Augen zum Stern des
Nordens kehren. Eure Kaiserliche Majestät haben
einen Weg zum Ruhm gefunden, der vor Ihnen allen
anderen Fürsten unbekannt war. Keiner ist auf den
Gedanken gekommen, Wohltaten siebenhundert
oder achthundert Meilen über seine Staaten hinaus
auszubreiten. Sie sind wirklich die Wohltäterin Europas geworden; und Sie haben durch Ihre Seelengröße
mehr Untertanen gewonnen, als andere mit Waffen
erobern können.

Es ist vielleicht unbescheiden, wenn ich Eure Majestät um Protektion für die Familie Sirven anzufle-
hen wage nach den Wohltaten, mit denen Sie die
Familie Calas überschüttet haben. Ich weiß, was Euer
Majestät Großes und Nützliches für Ihre Völker tun.
Man würde sich daher gegen sie versündigen, wollte
man Sie bitten, für eine unglückliche Familie des
Languedoc einen Teil der Quellen Ihrer Wohltaten,
die Sie in Rußland austeilen, abzulenken. Ich nehme
mir nicht die Freiheit zu schreiben, nur um Sie um
eine Einschränkung Ihrer Wohltaten in Ihrem Lande
zu bitten. Nein, die geringste Unterstützung genügt
uns schon. Wir bitten nur um die Ehre, Ihren er-

habenen Namen an die Spitze derjenigen zu stellen, die uns helfen, den Fanatismus zu zerschmettern und die Menschen toleranter und menschlicher zu machen.

Noch eine weitere Gnade erbitte ich von Eurer Majestät, nämlich mir gütigst zu gestatten, das Memorandum, mit dem Sie mich in der Sache des Bischofs von Rostow beehrten, zu veröffentlichen. Der Bischof wurde bestraft, weil er gedacht hat, es gebe zwei Gewalten. Es gibt nur eine, und das ist diejenige, die wohltätig ist.

In tiefster Ehrfurcht und mit lebhafter Dankbarkeit verbleibe ich Eurer Kaiserlichen Majestät untertänigster, gehorsamster und sehr verbundener Diener Voltaire.

Petersburg, 29. Juni / 10. Juli 1766

Monsieur, der Glanz des Nordsterns ist nur ein Nordlicht. Die über einige hundert Meilen ausgeteilten Wohltaten, die Sie freundlicherweise erwähnen, kommen nicht mir zu. Die Familie Calas verdankt, was sie bekommen hat, ihren Freunden, Herr Diderot den Verkauf seiner Bibliothek ebenfalls; aber die Familien Calas und Sirven verdanken alles Ihnen.

Es bedeutet nicht viel, vom großen Überfluß dem Nächsten ein wenig abzugeben; aber unsterblich wird der Anwalt des Menschengeschlechts, der Verteidiger unterjochter Unschuld. Beides gewinnt Ihnen die Verehrung, die solchen Wundern gebührt.

Sie haben die vereinigten Feinde der Menschheit bekämpft: den Aberglauben, den Fanatismus, die Unwissenheit, die Rechtsverdrehung, die schlechten
Richter und den Teil der Macht, der in den Händen
der einen oder anderen ruht. Um solche Hindernisse
zu überwinden, bedarf es vieler Tugenden und treff-
licher Eigenschaften. Sie haben gezeigt, daß Sie sie
besitzen; Sie haben gesiegt.

Sie bitten um eine bescheidene Hilfe für die Familie
Sirven. Wie könnte ich sie verweigern? Werden Sie
mich deswegen loben? Lohnt sich das? Ich gestehe,
mir wäre es viel lieber, würde man meinen Wechsel
nicht kennen. Wenn Sie aber meinen, daß mein Name, so wenig harmonisch er ist, den Opfern des
Verfolgungswahns etwas Gutes täte, so verlasse ich
mich auf Ihr Urteil, und Sie können meinen Namen
auf die Liste setzen, vorausgesetzt, daß das den Be-
troffenen nicht etwa schadet. Ich habe meine Gründe,
auch das anzunehmen. Meine Abenteuer mit dem
Bischof von Rostow sind schon öffentlich verhandelt
worden, Sie können also das Memorandum als ein
authentisches Schriftstück nach Belieben verwenden.

Mit großer Aufmerksamkeit habe ich die Druckschrift, die Ihrem Brief beilag, gelesen. Es ist sehr
schwierig, die Grundsätze, die sie enthält, in die Praxis umzusetzen. Die Menge wird Ihnen leider lange
Widerstand leisten. Möglich ist aber, die Spitze der
Ansichten, die zur Zerstörung des Menschengeschlechts führen, stumpf zu machen.

In meiner Instruktion für das Komitee, das unsere Gesetze von Grund aus neu fassen wird, habe ich zu diesem Thema folgendes geschrieben: «In einem Reich, das seine Herrschaft über so viele verschiedene Völker erstreckt, wie es verschiedene Glaubenslehren unter den Menschen gibt, wäre Intoleranz zwischen den Religionen für die Ruhe und das Wohlergehen der Bürger am schädlichsten. Es gibt nur weise Toleranz, gleicherweise geübt von der orthodoxen Religion und von der Politik, die alle vom rechten Wege abgewichenen Schafe zum wahren Glauben wieder zurückführen könnte. Verfolgung macht die Geister aufsässig, Toleranz besänftigt sie und macht sie weniger widerspenstig; sie löscht aus die Streitereien, die der Ruhe des Staates und der Gesellschaft so abträglich sind.»

Darauf folgt eine inhaltliche Wiedergabe des Buches «De l'Esprit des Lois»[15], worüber hier zu berichten zu weit führen würde. Da ist alles gesagt, um einerseits die Bürger vor den Übeln zu bewahren, die gegenseitige Anklagen verursachen können, ohne andererseits die Gläubigen zu beunruhigen und ihr Gewissen zu verstören. Ich glaube, daß das der einzig praktikable Weg ist, um Vernunft auf der Grundlage der öffentlichen Ruhe zu festigen, deren Notwendigkeit und Nützlichkeit jedermann einsieht.

Der junge Graf Schuwalow, wieder heimgekehrt, hat mir berichtet, wie sehr Sie sich für alles, was mich betrifft, interessieren. Dafür abschließend besten Dank.

Caterine

22. Dezember 1766

Madame, Eure Kaiserliche Majestät mögen mir verzeihen. Nein, Sie sind kein Nordlicht, Sie sind ganz
gewiß der strahlendste Stern des Nordens. Eine solche Wohltäterin hat es noch nie gegeben; Androme-
da, Perseus und Calisto können sich mit Ihnen nicht
messen. Alle diese sogenannten Sterne hätten Diderot verhungern lassen. Er wurde in seinem Vaterlande verfolgt, aber Ihre Wohltaten sind ihm dort zuteil
geworden. Ludwig XIV. hatte weniger Seelengröße
als Eure Majestät; er belohnte zwar auch Verdienste
im Auslande, aber man mußte sie ihm nahebringen;
Sie suchen und finden sie selbst. Ihre edelmütigen
Bemühungen, Gewissensfreiheit in Polen durchzu-
setzen, sind eine Wohltat, die die Menschheit feiern
sollte, und ich wünsche sehr, im Namen der Menschheit zu sprechen, wenn meine Stimme noch zu ver-
nehmen ist.

Erlauben Sie mir, das, was Sie mir gütigst über den
Erzbischof von Nowgorod und über die Toleranz
geschrieben haben, zu veröffentlichen. Was Sie
schrieben, ist ein Denkmal Ihres Ruhms. Wir drei,
Diderot, d'Alembert und ich, bauen Ihnen Altäre;
mich machen Sie wieder zum Heiden. Ich liege zu
Ihren Füßen und bete Sie an, was noch mehr ist als
tiefe Ehrfurcht.   Der Priester Ihres Tempels

Petersburg, 29. Dezember / 9. Januar 1767

Monsieur, soeben erhielt ich Ihren Brief vom 22. Dezember, in dem Sie mir einen bestimmten Platz unter den Sternen anweisen. Ich weiß nicht, ob diese Plätze die Mühe lohnen, die man sich um sie macht. Ich möchte keineswegs zum Rang derjenigen erhoben werden, die das Menschengeschlecht so lange angebetet hat, auch nicht von Ihnen und den Freunden, von denen Sie sprachen. Wahrlich, so wenig eitel man auch sein mag, so kann man doch nicht wünschen, sich mit Zwiebeln, Katzen, Kälbern, Eseln, Ochsen, Schlangen, Krokodilen und Bestien aller Art auf eine Stufe gestellt zu sehen. Wer wollte nach dieser Aufzählung noch Tempel bauen?

Lassen Sie mich also bitte auf der Erde; hier werde ich eher in der Lage sein, Ihre Briefe und die Ihrer Freunde d'Alembert und Diderot zu empfangen. Hier wäre ich Zeuge des feinen Verständnisses, womit Sie sich für alles interessieren, was die aufgeklärten Geister in unserem Jahrhundert angeht, Sie, der Sie diesen Ehrentitel mit ihnen so vollendet teilen.

Wehe aber den Verfolgern! Sie verdienen es, unter diese Gottheiten eingeordnet zu werden. Da gehören Sie hin. Im übrigen, seien Sie davon überzeugt, daß Ihr Beifall mich sehr ermutigt.

Der Artikel, den Sie erwähnen und der die Toleranz betrifft, erscheint erst Ende Sommer nächsten Jahres.

Ich erinnere mich, Ihnen in einem früheren Brief

geschrieben zu haben, was ich von der Veröffentlichung der Schriftstücke denke, die den Erzbischof
von Nowgorod betreffen. Dieser Kirchenmann hat
kürzlich erneut die Gesinnung bewiesen, die Sie bei
ihm vermuten. Ein Mann, der ein Buch übersetzt
hatte, brachte es ihm; der Erzbischof riet ihm, es
zurückzuziehen, weil es Grundsätze zugunsten der
These von den zwei Gewalten enthielt.

Seien Sie versichert, welche Stellung Sie auch beziehen, sie wird niemals die Hochachtung beein-
trächtigen, die wir dem schulden, der mit der ganzen
Weite seines Genies die Sache der Menschlichkeit
vertritt.
                                                    Caterine

Die beiliegende Druckschrift läßt Sie beurteilen, ob
das Recht auf unserer Seite ist.

                          Ferney, 27. Februar 1767

Madame, Eure Kaiserliche Majestät geruhen also,
mich zum Richter Ihres Großmuts zu machen, womit Sie Partei für das Menschengeschlecht ergreifen.
Dieser Richter ist zu verdorben und zu sehr überzeugt, daß er zu Ihrem ausgezeichneten Mémoire nur
tyrannische Dummheiten vorbringen könnte. Die
Bürgerrechte nicht genießen zu können, weil man
glaubt, daß der Heilige Geist allein vom Vater ausge-
he[16], erscheint mir so närrisch und albern, daß ich
diesen Unsinn nicht für möglich halten würde, wenn

mich mein eigenes Land nicht schon darauf vorbereitet hätte.

Ich bin nicht geeignet, in Ihre Staatsgeheimnisse
einzudringen, aber ich wäre doch betroffen, wenn
Eure Majestät mit dem König von Polen nicht ein-
verstanden wären. Er ist ein Philosoph, ist von
Grund auf tolerant, und ich stelle mir vor, daß Sie
beide sich wie zwei Komplizen zum Wohle der
Menschheit gut verstehen und sich über intolerante
Priester lustig machen.

Es wird eine Zeit geben, ich sage es immer wieder,
da alles Licht vom Norden kommt. Eure Majestät
mögen widersprechen, ich mache Sie zum Stern, und
Sie werden ein Stern bleiben. Noch verharrt die Finsternis in Spanien, aber schließlich wird sie auch von
dort verschwinden. Sie sind keine Zwiebel, keine
Katze, kein goldenes Kalb und nicht der Apis-Stier.
Sie gehören auch nicht zu den Göttern, die man
verzehrt. Sie gehören zu denen, die zu essen geben.
Drinnen und draußen bewirken Sie alles nur mögliche Gute. Die Weisen werden Ihre Apotheose schon
zu Lebzeiten veranstalten; aber leben Sie bitte lange,
denn das ist hundertmal mehr wert als die Göttlich-
keit. Wenn Sie Wunder wirken wollen, dann versuchen Sie, das Klima Ihres Landes etwas wärmer zu
machen. Wenn ich sehe, was alles Eure Majestät tun,
dann möchte ich glauben, daß Sie nur aus reinem
Mutwillen diese Klimaveränderung nicht vorneh-
men wollen. Ich bin daran ein bißchen interessiert,
denn sobald Sie Rußland auf den 30. Breitengrad

versetzt haben anstatt jetzt um den sechzigsten, werde ich Sie um die Erlaubnis bitten, dort mein Leben beenden zu dürfen. Wo auch immer ich vegetiere, ich werde Sie sehr bewundern und verbleibe mit tiefster Hochachtung Eurer Kaiserlichen Majestät untertänigster Diener.

Moskau, 15./26. März 1767

Monsieur, ich bekam Ihren Brief vom 27. Februar, in dem Sie mir raten, ein Wunder zu tun, um das Klima unseres Landes zu verändern. In dieser Stadt war man einst mit Wundern sehr vertraut, oder besser gesagt, die guten Leute hier nahmen oft die gewöhnlichsten Dinge für Wunder. So las ich im Vorwort zum Konzil des Zaren Iwan Wassiljewitsch, daß, nachdem der Zar seine öffentliche Beichte abgelegt hatte, ein Wunder geschah: Die Sonne erschien am hellen Tage, ihre Strahlen fielen auf den Zaren und auf alle versammelten Väter. Nachdem der Zar die Beichte mit lauter Stimme abgelegt hatte, schloß er, was doch bemerkenswert ist, mit Vorwürfen gegen den Klerus in den lebhaftesten Ausdrücken, warf ihnen Sittenlosigkeit vor und beschwor das Konzil, nicht nur ihn, sondern auch den Klerus zu züchtigen.

Jetzt liegen die Dinge ganz anders. Peter der Große hat so viele Formalitäten für die Feststellung eines Wunders eingeführt, und der Synod befolgt sie so streng, daß ich fürchte, das Wunder, das Sie mir vor Ihrer Ankunft in Auftrag geben, bloßzustellen. Doch will ich gern alles, was in meiner Macht steht, tun, um der Stadt Petersburg bessere Luft zu verschaffen. Vor drei Jahren begann man, durch Kanäle die Sümpfe, die die Stadt umgaben, abzulassen und die Wälder zu schlagen, die die Stadt im Süden bedeckten. Jetzt gibt es schon drei große Gebiete, die von Kolonisten besiedelt sind, wo vorher niemand sich bewegen konnte, ohne bis zum Gürtel im Morast zu versinken. Die Bewohner haben im letzten Herbst ihr erstes Getreide gesät.

Da Sie sich anscheinend für das interessieren, was ich tue, so lege ich diesem Brief die weniger schlechte französische Übersetzung des Manifests bei[17], das ich am 14. Dezember vergangenen Jahres unterzeichnet habe und das so sehr in den holländischen Zeitungen verhunzt wurde, daß man gar nicht mehr verstand, worum es sich handelte. Im Russischen ist es ein geschätztes Dokument; der Reichtum und die Ausdruckskraft unserer Sprache machen es dazu. Um so peinlicher die Übersetzung.

Im Juni wird die große Versammlung ihre Sitzungen beginnen und uns sagen, woran es fehlt. Dann wird man die Gesetze ausarbeiten, die die Menschheit, wie ich hoffe, nicht mißbilligen wird. Bis dahin werde ich eine Reise in verschiedene Provinzen längs der Wolga unternehmen. Wenn Sie es vielleicht am wenigsten erwarten, werden Sie einen Brief, datiert aus irgendeinem Nest in Asien,[18] erhalten. Dort wie überall bin ich voller Wertschätzung und Hochachtung für den Herrn von Schloß Ferney.

                                                            Caterine

26. Mai 1767

Un voyage en Asie! allez-vous l'entreprendre,
Belle et sublime Thalestris?
Que ferez-vous dans ce pays?
Vous n'y verrez point d'Alexandre.[19]

Ach, *Madame,* Eure Kaiserliche Majestät würden eine
Reise um die Erde machen und keinen König mehr
antreffen, der Ihrer würdig wäre. Sie reisen wie Ceres, die Gesetzgeberin, indem Sie der Welt Gutes
antun. Ich verstehe die russische Sprache nicht; aber
aus der Übersetzung, die Sie zu schicken geruhten,
ersehe ich, daß sie Wortversetzungen und Wendun-
gen hat, die wir nicht kennen. Ich bin aber auch nicht
wie eine Dame am Hofe von Versailles, die einmal
sagte: Es ist schon sehr schade, daß der Turmbau von
Babel die Sprachen durcheinander gebracht hat,
sonst hätte die ganze Welt immer nur französisch
gesprochen.

Der Kaiser von China Kien-Long, Ihr Nachbar,
fragte einen Missionar, ob man in den Sprachen Europas auch Verse machen könne; er wollte es nicht
glauben.

Wollen Eure Kaiserliche Majestät meine Gefühle
gnädig aufnehmen und die größte Hochachtung dieses alten Schweizers.

Kasan, 29. Mai / 9. Juni 1767

Monsieur, ich hatte Ihnen aus irgendeinem Nest Asiens einen Brief angedroht, und ich halte Wort.

Mir kommt es so vor, als seien die Verfasser der «Anecdotes sur Bélisaire» und der «Lettre sur les Panégyriques»[20] enge Verwandte des Neffen des Abbé Bazin. Aber wäre es nicht besser, jede Lobrede auf Menschen bis nach ihrem Tode zurückzustellen, da man angesichts der Inkonsequenz und der mangelnden Haltbarkeit der menschlichen Dinge fürchten muß, früher oder später Lügen gestraft zu werden? Ich weiß nicht, ob man nach der Aufhebung des Edikts von Nantes[21] Lobreden auf Ludwig XIV. noch geschätzt hat; die Flüchtlinge zumindest dürften keinen Wert darauf gelegt haben.

Ich bitte Sie, Ihren Einfluß auf den Weisen des Kantons Uri darauf zu verwenden, daß er seine Zeit nicht damit verschwendet, eine Lobrede auf mich vor meinem Tode zu halten.

Die Gesetze, von denen man so viel spricht, sind leider noch keineswegs vorhanden. Und wer kann für ihre Güte garantieren? Erst die Nachwelt, nicht wir, wird diese Frage entscheiden. Bedenken Sie bitte, daß sie sowohl Europa als auch Asien von Nutzen sein müssen; und wie verschieden sind doch Klima, Menschen, Gewohnheiten und auch Ideen!

Ich bin nun also in Asien; ich wollte es einmal mit eigenen Augen sehen. In dieser Stadt gibt es zwanzig verschiedene Völker, die sich überhaupt nicht ähnlich sind. Und doch muß man ihnen ein Kleid schneidern, das für alle paßt. Allgemeine Grundsätze lassen sich leicht aufstellen. Aber im Detail steckt der Teufel. Und um welche Details geht es hier! Es gilt, fast eine Welt zu schaffen, zu vereinen und zu bewahren. Damit komme ich nie zu einem Ende, es gibt einfach zu viele Schnittmuster.

Wenn all das nicht gelingt, werden die Bruchstükke aus meinen Briefen, die ich in der letztgenannten Schrift zitiert fand, den Unparteiischen wie auch den Neidern als Prahlerei erscheinen. Dabei sind meine Briefe nur aus ersten Überlegungen diktiert worden, sie sind noch nicht reif für den Druck. Natürlich ist es für mich schmeichelhaft und ehrenvoll, wenn ich spüre, aus welcher Gesinnung heraus das alles beim Autor der «Lettre sur les Panégyriques» zitiert wird. Aber Bélisaire sagt, daß das gerade der gefährliche Augenblick in meinem Fall ist. Bélisaire hat ja immer recht und so auch hier nicht unrecht.

Die Übersetzung dieses genannten Buchs ist abgeschlossen, es wird jetzt gedruckt. Versuchsweise wurde es zwei Personen, die das Original nicht kannten, vorgelesen. Der eine rief: Man möge mir die Augen ausstechen, wenn ich Bélisaire wäre, das wäre die gerechte Strafe. Der andere sagte: Wenn das so war, dann wäre ich neidisch.

Zum Schluß empfangen Sie die Beweise meiner Dankbarkeit für all Ihre Zeichen der Freundschaft, aber bewahren Sie mein Gekritzel vor der Drucklegung.

Caterine

29. Januar 1768

Madame, man sagt, ein Greis namens Simeon habe, als er ein kleines Kind sah, ausgerufen: «Herr, nun lässest Du Deinen Diener in Frieden fahren, denn meine Augen haben Deinen Heiland gesehen.»[22] Dieser Simeon war ein Prophet, er sah voraus, was ein kleiner Jude tun würde. Ich, der ich weder Jude noch Prophet bin, aber ebenso alt wie Simeon, hätte im Jahre 1700 nicht geahnt, daß eines Tages die Vernunft, die dem Patriarchen Nikon wie auch dem Heiligen Kollegium unbekannt und auch bei Päpsten, Archimandriten und Dominikanern gänzlich unerwünscht war, nach Moskau kommen würde auf Geheiß einer deutschen Prinzessin, die in ihrem Thronsaal Gläubige versammelt, Muselmanen, Griechen, Lateiner, Lutheraner, und sie alle wie die Kinder würden.

Das ist ein Triumph der Vernunft, die mein Heiland ist; und vernünftigen Sinnes werde ich sterben in meinem Herzen als Untertan Eurer Kaiserlichen Majestät, der Wohltäterin des Menschengeschlechts.

Ich habe mich auf einen Platz nahe der kleinen Stadt Genf, die keine 20000 Einwohner hat, zurückgezogen. Zwietracht herrscht seit vier Jahren in diesem elenden Nest, in welcher Zeit Katharina die Zweite, die tatsächlich die Erste ist, alle Geister ihres Reiches, das größer ist als das römische Imperium, vereinigt hat.

Ich bin nicht in allem der Meinung des verehrten

Autors von «l'Ordre essentiel des Sociétés»;[23] ich
muß Ihnen als Nachbar zweier Republiken sagen,
daß ich keineswegs glaube, die gesetzgebende Gewalt sei aus göttlichem Recht Miteigentümer meiner
kleinen Hütten. Ganz fest aber glaube ich, daß man
wegen des Menschenrechts Sie bewundern und lieben muß.

Der verstorbene Abbé Bazin sagte oft, er fürchte
sich schrecklich vor Kälte, aber daß er, wäre er nicht
so alt, sich südlich von Astrachan niederlassen würde, um das Vergnügen zu haben, unter Ihren Gesetzen zu leben.

Ich traf kürzlich seinen Neffen, der ebenso denkt.
Der Jurist Bourdillon[24] empfindet auch so; der arme
Bourdillon hat sich bei mir bitter darüber beklagt,
daß er bezüglich des Bischofs von Krakau getäuscht
worden sei. Ich tröstete ihn, indem ich sagte, er habe
völlig recht und daß die Ereignisse ihn gerechtfertigt
hätten. Eure Kaiserliche Majestät werden es nicht
glauben, wie sehr dieser pedantische Republikaner
sich Ihnen verbunden fühlt, so unumschränkt Sie
auch sind.

Ich sammle alle ernsten und komischen Äußerun-
gen des verstorbenen Abbé Bazin und seines Neffen,
selbst die, die man Ihnen zuschreibt. Darunter sind
welche, die man dem Papst zu schicken nicht wagen
würde, die man aber durchaus in der Bibliothek einer
philosophischen Kaiserin einstellen kann. Diese
ziemlich beträchtliche Sammlung geht ab, sobald sie
nochmals durchgelesen ist.

Der Kaiser Justinian und der Feldherr Belisar sind von der Sorbonne gnadenlos verdammt worden; ich war davon sehr betroffen, denn ich nahm Anteil an ihrem Wohlergehen. Ich weiß noch nicht genau, ob Ihre orthodoxe Kirche auch verdammt wurde; ich werde mich informieren, denn Ihnen bin ich noch mehr ergeben als dem Kaiser Justinian. Auch wünsche ich, daß Sie noch viel länger leben als er.

Eure Kaiserliche Majestät mögen den tiefen Respekt, die Bewunderung und die unverbrüchliche Anhänglichkeit des alten Einsiedlers, halb Franzose, halb Schweizer und Geschwisterkind des Neffen des Abbé Bazin gütigst annehmen.

Ferney, 15. November 1768

Madame, ich hatte die Ehre, Eurer Kaiserlichen Majestät am 15. März letzten Jahres über Herrn B. le Maistre, Hamburg, ein ziemlich großes Paket mit der Aufschrift J. D. R. No. 1 zu schicken.

Eure Majestät haben freilich Wichtigeres zu tun, als sich mit meinem Paket zu befassen. Einerseits zwingen Sie die Polen, tolerant und glücklich zu werden, trotz des päpstlichen Nuntius; zum anderen scheinen Sie es mit den Muselmanen zu tun zu bekommen, trotz Mohammed. Sollten sie Ihnen den Krieg erklären, dann könnte sich ereignen, was schon Peter der Große seinerzeit beabsichtigte, nämlich Konstantinopel zur Hauptstadt des russischen Reiches zu machen. Die Barbaren verdienen, von einer

Heldin bestraft zu werden, schon wegen der Gering-
schätzung, die sie bisher für die Damen hatten. Es ist
klar, daß Leute, die die schönen Künste nicht achten
und die ihre Frauen einsperren, ausgerottet werden
müssen.

So erwarte ich denn alles von Ihrem Genie und von
Ihrer Bestimmung. Mustapha kann sich gegen Katharina nicht halten. Es heißt, er habe keinen Geist,
daß er Verse nicht mag, noch nie im Theater war und
nicht Französisch versteht; er wird, darauf gebe ich
mein Wort, geschlagen werden. Ich bitte Eure Kaiserliche Majestät um die Erlaubnis, mich Ihnen zu
Füßen zu legen und einige Tage an Ihrem Hof weilen
zu dürfen, sobald Sie sich in Konstantinopel eingerichtet haben; denn ganz ernstlich meine ich, daß,
wenn die Türken jemals aus Europa verjagt werden,
dann nur durch die Russen. Das Verlangen, Ihnen zu
gefallen, macht sie unbesiegbar.

Wollen Eure Majestät die Wünsche und den tiefen
Respekt Ihres Bewunderers, Ihres eifrigen und lei-
denschaftlichen Dieners gütigst annehmen.

Petersburg, 6./17. Dezember 1768

Monsieur, ich könnte mir denken, daß Sie mich für
etwas inkonsequent halten; ich bat Sie vor etwa einem Jahr, mir alles zu schicken, was je vom Autor,
dessen Werke ich am liebsten lese, geschrieben ist. Ich
erhielt im vergangenen Mai die ersehnte Sendung,
dazu die Büste des berühmtesten Mannes unseres

SCHLOSS FERNEY

Jahrhunderts. Gleicherweise habe ich mich über das eine wie das andere gefreut; seit sechs Monaten bilden sie die schönste Zier meines Zimmers und sind mein tägliches Studium.

Bis jetzt habe ich Ihnen den Empfang weder bestätigt noch mich dafür bedankt. Ich stellte folgende Überlegung an: Ein schlecht beschriebenes Blatt Papier in schlechtem Französisch ist für einen solchen Mann wie Sie ein wertloser Dank; ich muß ihn durch eine Tat, die ihm gefallen könnte, abstatten. Da bot sich verschiedenes an, im Detail aber zu weitläufig. Schließlich glaubte ich, am besten wäre es, durch mich selbst ein Beispiel zu setzen, das auch anderen von Nutzen sein könnte. Ich erinnerte mich, glücklicherweise nicht die Pocken gehabt zu haben. Ich ließ daher nach England wegen eines Arztes, der mich impfen könnte, schreiben. Der berühmte Dr. Dimsdale entschloß sich zur Reise nach Rußland. Er impfte mich am 12. Oktober. Keinen Augenblick lag ich zu Bett, alle Tage empfing ich Besucher. Jetzt will ich sogleich meinen einzigen Sohn[25] impfen lassen.

Der Großmeister der Artillerie, Graf Orlow, dieser Held, der den alten Römern zur besten Zeit der Republik gleicht und ihren Mut und ihre Uneigennützigkeit besitzt, war sich nicht sicher, ob er die Pocken schon gehabt, begibt sich aber auch in die Hände unseres Engländers und geht am Morgen nach der Operation im tiefsten Schnee auf die Jagd. Eine Menge Angehörige des Hofs folgten seinem Beispiel, und noch viele werden folgen. Außerdem

impft man zur Zeit in Petersburg in drei Erziehungs-
heimen und in einem unter der Aufsicht von Herrn
Dimsdale eingerichteten Krankenhaus.

Das sind unsere Möglichkeiten vom Ende der
Welt. Ich hoffe, daß sie Ihnen nicht gleichgültig sind.

Neue Bücher sind selten. Inzwischen erschien eine
französische Übersetzung meiner Instruktion für die
Abgeordneten, die den Entwurf eines neuen Gesetzbuches erarbeiten sollen. Wir hatten noch keine Zeit,
sie zu drucken. Daher schicke ich Ihnen das Manuskript, damit Sie erkennen, von wo wir ausgehen. Ich
denke, daß es darin keine Zeile gibt, die ein recht-
schaffener Mann nicht unterschreiben könnte.

Gar zu gerne würde ich mit Ihnen Verse austau-
schen; wenn man aber zu wenig Verstand hat, um
gute Verse zu machen, dann ist es besser, eine Hand-
arbeit vorzuweisen. Ich füge bei, was ich verfertigt
habe: eine Tabaksdose, die Sie bitte annehmen wollen. Sie trägt das Bild Ihrer größten Verehrerin, ich
brauche ihren Namen nicht zu nennen, Sie werden
sie leicht erkennen.

Ich vergaß, Ihnen noch zu sagen, daß ich ein bißchen Medizin, die während der Operation verab-
reicht wird, um drei, vier Heilmittel vermehrt habe;
ich kann sie jedem verständigen Patienten bei solcher
Gelegenheit nur empfehlen. Das ist die Lektüre von
L'Écossaise, Candide, l'Ingénue, l'Homme aux qua-
rante écus und La Princesse de Babylone.[26] Danach
gibt es nichts Besseres, um sich wohl zu fühlen.

PS: Dieser Brief wurde vor drei Wochen geschrieben. Wir warteten noch auf das Manuskript; es dauerte so lange, bis es abgeschrieben und verbessert war, so daß inzwischen Ihr Brief vom 15. November hier eintraf. Wenn mir der Krieg gegen die Türken so leicht fällt wie die Einführung der Impfung, dann riskieren Sie, Ihr Versprechen halten zu müssen, nämlich mich in einer Herberge zu besuchen, wo, so sagt man, sich die zugrunde gerichtet haben, die sie eroberten. Diese Versuchung wird man also vermeiden müssen.

Ich weiß nicht, ob Mustapha Geist hat, aber ich glaube schon, daß er beten wird: Mohammed, schließe die Augen – wenn er mit seinen Nachbarn ungerechte Kriege führen will. Wenn wir in diesem Krieg erfolgreich sind, dann werde ich meinen Neidern sehr zu Dank verpflichtet sein; sie hätten mir zu einem Ruhm verholfen, an den ich nie gedacht habe.

Um so schlimmer für Mustapha, daß er weder das Theater noch Verse mag. Er wird in der Falle sitzen, wenn es mir gelingt, die Türken zu demselben Schauspiel zu führen, das die Truppe des Paoli so gut aufführt. Ich weiß nicht, ob Paoli Französisch spricht, aber er versteht, für die Heimat und für die Unabhängigkeit zu kämpfen.

Als Neuigkeit von hier kann ich Ihnen noch mitteilen, daß jedermann sich impfen lassen will, daß es sogar einen Bischof gibt, der sich dieser Operation unterziehen wird, und daß man hier in einem Monat mehr Personen geimpft hat als in Wien in acht.

Ich kann Ihnen gar nicht genug danken für all die Freundlichkeiten, die Sie mir sagen, ganz besonders für das lebhafte Interesse, das Sie an allem bezeigen, was mich betrifft. Seien Sie versichert, daß ich Ihre Wertschätzung für mich dankbar zu würdigen weiß und daß niemand Sie höher achtet als ich.

Caterine

Nochmals greife ich zur Feder und bitte Sie, sich dieses Pelzes gegen den Nordwind und die Kälte der Alpen zu bedienen, unter der Sie leiden. Leben Sie wohl! Wenn Sie nach Konstantinopel kommen, werde ich Ihnen bei unserem Zusammentreffen einen schönen Anzug nach griechischer Mode verehren, gefüttert mit den üppigsten Pelzen Sibiriens.

So ein Gewand ist viel bequemer und auch schöner als die engen Anzüge, die man in ganz Europa trägt; kein Bildhauer möchte seine Statuen so bekleiden, weil er fürchten müßte, sie lächerlich und kümmerlich zu machen.

8./19. Dezember 1768

Monsieur, der Bote überbringt Ihnen von mir drei Pakete, numeriert 1, 2 und 3.

Wenn Sie das erste öffnen, werden Sie auch wissen, was die beiden anderen enthalten. Entschuldigen Sie tausendmal, daß es so lange gedauert hat. Hundert Dinge auf einmal hinderten mich, Ihnen diese Papiere

zu übersenden. Fürst Koslowskij, Gardeleutnant, betrachtet es als besondere Auszeichnung, nach Ferney
geschickt zu werden. Ich danke ihm dafür. An seiner
Stelle würde ich ebenso empfinden.

Adieu, leben Sie wohl, und glauben Sie, niemand
interessiert sich mehr für alles, was Sie betrifft, als

Caterine

Ferney, Februar 1769

Cette belle et noire pelisse
Est celle que perdit le pauvre Moustapha,
Quand notre brave impératrice
de ces musulmans triompha;
Et ce beau portrait que voilà,
C'est celui de la bienfaitrice
Du genre humain, qu'elle éclaira.[27]

Madame, das habe ich gesagt, als ich den Pelzrock sah,
mit dem Eure Kaiserliche Majestät mich beehrt haben, entgegengenommen aus den Händen von Fürst
Koslowskij, dem Hauptmann Ihrer Janitscharen, und
dazu diese von Ihren schönen und erlauchten Händen
gefertigte Tabaksdose, geschmückt mit Ihrem Bilde.

Qui le voit et qui le touche
Ne peut borner ses sens à le considérer;
Il ose y porter une bouche
Qu'il n'ouve désormais que pour vous admirer.[28]

Und als man erfuhr, daß die Dose das Werk Ihrer eigenen Hände ist, haben die in meinem Zimmer Anwesenden mit mir ausgerufen:

Ces mains, que le ciel a formées,
Pour lancer les traits des Amours,
Ont préparé déjà ces flèches enflammées
Ces tonnerres d'airain dont vos fières armées
Au monarque sarmate assurent des secours;
Et la Gloire a crié, de la tour byzantine,
Aux peuples enchantés que votre nom soumet:
Victoire à Catherine!
Nazarde à Mahomet![29]

Wohin sind die Zeiten, da der deutsche Kaiser unter Verhältnissen wie heute Truppen gegen Belgrad in Marsch gesetzt und die Venezianer die Meere des Peloponnes mit ihren Schiffen bedeckt hätten? Nun ja, Sie werden also allein triumphieren. Zeigen Sie sich nur Ihren Truppen etwa bei Kiew oder noch weiter südlich, und ich garantiere Ihnen, daß es keinen unter Ihren Soldaten gibt, der nicht ein unbesiegbarer Held wäre. Sollte Mustapha sich unter seinen Leuten zeigen, er machte aus ihnen nur große Schweine, wie er selbst eins ist.

Welch schwachsinniger Hochmut in diesem mit einem Federturban gezierten Kopf! Müßten nicht alle Könige Europas das Menschenrecht ahnden, das die Pforte alle Tage mit so gemeiner Überheblichkeit verletzt? Es ist nicht genug, gegen diese Barbaren einen siegreichen Krieg zu führen und ihn durch irgendeinen Frieden zu beenden; es genügt nicht, sie zu demütigen, man muß sie für immer nach Asien verbannen.

Ferney, 26. Februar 1769

Madame, was soll man dazu sagen: Während Eure Kaiserliche Majestät sich darauf vorbereiten, den Großtürken zu schlagen, formen Sie ein Werk christlicher Gesetze. Ich las die einleitende Instruktion, die Sie die Güte hatten, mir zu übersenden.

Lykurg und Solon hätten Ihr Werk unterschrieben, doch sie wären nicht fähig gewesen, es zu verfassen. Es ist klar, deutlich, gerecht, kraftvoll und menschlich. Die Gesetzgeber nehmen im Tempel des Ruhms den ersten Platz ein, die Eroberer kommen erst danach. Gewiß wird niemand in der Nachwelt einen größeren Namen tragen als Sie; aber schlagen Sie in Gottes Namen die Türken, dem päpstlichen Nuntius in Polen zum Trotz, der so sehr zu ihnen hält.

> De tous les préjugés destructrice brillante,
> Qui du vrai dans tout genre embrasse le parti,
> Soyez à la fois triomphante
> Et du saint-père et du mufti.[30]

Und was für eine Lehre erteilen Eure Kaiserliche Majestät unseren französischen Stutzern, unseren weisen Meistern der Sorbonne und unseren jungen Aeskulaps an den medizinischen Hochschulen! Sie haben sich impfen lassen mit weniger Aufwand als eine Nonne beim Waschen. Der kaiserliche Prinz folgt Ihrem Beispiel. Und Graf Orlow geht nach der Impfung bei tiefem Schnee auf die Jagd! So hätte es Scipio auch gemacht, wenn es diese Krankheit, die aus Arabien kam, zu seiner Zeit schon gegeben hätte.

Was uns angeht, so kann nur auf richterliche Anordnung geimpft werden. Ich weiß gar nicht, was unserer Nation zugestoßen ist, die einmal auf allen Gebieten große Beispiele gab; aber in gewissen Fällen sind wir noch wahre Barbaren und in anderen kleinmütig und verzagt.

Ich bin ein alter Mann von fünfundsiebzig Jahren. Ich rede vielleicht seniles Zeug, aber ich sage Ihnen wenigstens, was ich denke; und das kommt selten vor, wenn man mit Personen Ihres Standes spricht. In meinen Schreiben verschwindet die Kaiserliche Majestät hinter der Person. Meine schwärmerische Begeisterung reißt mich über meine tiefe Ehrerbietung hinweg.

Ferney, April 1769

Madame, ein junger Mann der angesehensten Familien von Genf, der an die sechs Fuß groß, aber erst sechzehn Jahre alt ist, assistierte mir bei der Lektüre der Instruktion, die Eure Kaiserliche Majestät für die Redaktion Ihrer Gesetze verfaßt haben, und rief: Mein Gott, ich wollte, ich wäre Russe!

In Anwesenheit seiner Mutter sagte ich ihm: «Das liegt ganz bei Ihnen. Pictet, der noch größer ist als

Sie, ist es auch; Sie aber sind klüger und liebenswürdiger als er. Ihre Frau Mutter will Sie zum Studium
der deutschen Sprache und des öffentlichen Rechts
auf eine deutsche Universität schicken; statt nach
Deutschland gehen Sie nach Riga, dort können Sie
gleichzeitig Deutsch und Russisch lernen; und was
das öffentliche Recht angeht, so gibt es gewiß kein
schöneres als das der Kaiserin.»

Ich trug der Mutter die Sache vor und hatte keine
Mühe, ihre Einwilligung zu bekommen. Der junge
Mann heißt Galatin; er ist sehr liebenswürdig und
sieht sehr gut aus; sein Gedächtnis ist außerordentlich, sein Verstand dessen würdig, und er hat jene
Bescheidenheit, die seinen Talenten angemessen ist.
Wenn Eure Majestät ihn zu protegieren geruhen,
dann wird er sogleich nach Riga aufbrechen, nachdem er, Ihrem Beispiel folgend, sich hat impfen lassen. Es tut mir leid, Eurer Majestät nur einen Untertanen anbieten zu können; aber ich verbürge mich,
daß er viele andere wert ist.

Darf ich Eure Majestät fragen, an wen ich ihn in
Riga empfehlen sollte? Seine Mutter kann für ihn nur
ein bescheidenes Kostgeld aufbringen. Nach einem
Jahr Aufenthalt in Riga, das glaube ich ganz bestimmt, wird er Eurer Majestät seine Aufwartung
auf russisch und deutsch machen können. Ach, wohin ist die Zeit, als ich noch sechzig Jahre alt war! Ich
hätte ihn begleitet.

Wenn Eure Majestät sich in Konstantinopel niederlassen, wie ich hoffe, dann wird er auch ganz

schnell Griechisch lernen. Man muß unbedingt die türkische Sprache aus Europa vertreiben wie diejenigen, die sie sprechen. So also wage ich, eingedenk all Ihrer Wohltaten für mich, Sie um die Protektion des jungen Galatin zu bitten, und ich bürge dafür, daß er sie verdient.

Ich erwarte Eurer Kaiserlichen Majestät Befehle.

Ferney, 27. Mai 1769

Madame, der Brief vom 15. April, mit dem Eure Kaiserliche Majestät mich beehren, hat mir wohler getan als der Monat Mai.

Die schöne Jahreszeit belebt ein wenig die Greise, aber Ihre Erfolge verleihen mir neue Kraft. Sie hatten die Güte zu bemerken, daß Sie fühlen, wie sehr ich Ihnen ergeben bin. Ja, ich bin es, auch gänzlich unabhängig von Ihren Wohltaten. Man müßte ja völlig gefühllos sein, wäre man nicht berührt von allem Großen und Nützlichen, das Sie vollbringen. Ich glaube nicht, daß es irgend jemanden in Ihren Staaten gibt, der sich mehr als ich für das Gelingen Ihrer Pläne interessiert.

Gestatten Sie mir, ohne Vermessenheit zu sagen, daß ich über alle Dinge, die Ihre Regierung auszeichnen, genau wie Sie gedacht habe; ich habe sie sozusagen wie Begebenheiten, die mich persönlich angehen, betrachtet.

Ansiedlungen, Künste aller Art, gute Gesetze, Toleranz, das sind meine Leidenschaften, und wahrlich, nachdem ich in meiner Abgeschiedenheit und in meinem Dörfchen die Zahl der Einwohner vervierfacht, ihnen Häuser gebaut, Wilde zivilisiert und Toleranz gepredigt habe, war ich drauf und dran, gewalttätig von den Priestern verfolgt zu werden. Die schauderhafte Todesstrafe für den Chevalier de la Barre, wovon Eure Majestät sicherlich zu Ihrem Schrecken gehört haben, hat mich derart entsetzt, daß ich schon im Begriff war, Frankreich zu verlassen und wieder zum König von Preußen zurückzukehren. Heute aber möchte ich meine Tage in einem viel größeren Reich beschließen.

Eure Majestät mögen selbst beurteilen, wie sehr ich darüber bekümmert bin, daß die Türken Sie zwingen, Ihre großen, friedlichen Unternehmungen zu verschieben, um einen Krieg zu führen, der nicht anders als kostspielig sein kann und der einen Teil Ihres Genies in Anspruch nimmt und Ihnen die Zeit stiehlt.

Einige Tage bevor ich Ihren Brief erhielt, für den ich Eurer Majestät vielmals danke, schrieb ich an Graf Schuwalow, Ihren Kammerherrn, und fragte ihn, ob es wahr sei, daß Asow in Ihrer Hand ist. Ich schmeichle mir, daß Sie jetzt auch die Herrin von Taganrog sind.

Gott gebe, daß Eure Majestät eine furchterregende Flotte im Schwarzen Meer bekommen. Zweifellos werden Sie sich nicht auf einen Verteidigungskrieg beschränken; vielmehr hoffe ich, daß Mustapha zu Lande und zu Wasser geschlagen wird. Ich weiß

wohl, daß die Janitscharen für gute Soldaten gelten,
aber ich glaube, Ihre sind ihnen überlegen. Sie haben
gute Generale und gute Offiziere, die Türken aber
noch nichts dergleichen; sie brauchen Zeit, um sie
auszubilden. So deutet alles darauf hin, daß Sie siegen
werden. Ihre ersten Erfolge entscheiden bereits über
Ruf und Ansehen Ihrer Truppen, und das bedeutet
viel. Ihre Gegenwart würde das noch steigern.

Ich würde mich gar nicht wundern, wenn Eure
Majestät die Parade Ihrer Armee auf dem Wege nach
Adrianopel abnähmen; das wäre Ihrer würdig. Die
Gesetzgeberin des Nordens ist für gewöhnliche Din-
ge nicht geschaffen. Ihr Geist ist so mutig, daß er
mich alles hoffen läßt.

Ich traf einen alten Offizier wieder, der im Siebenjährigen Krieg die Einführung von Kampfwagen
vorschlug. Graf d'Argenson, der Kriegsminister, ließ
auch einen Versuch anstellen. Aber da diese Waffe
nur auf weiten Ebenen wie die von Lützen erfolgreich sein kann, hat man sich ihrer nicht weiter bedient. Mein Offizier behauptet noch immer, allein ein
halbes Dutzend dieser Wagen, vor einem Kavallerie-
oder Infanteriekorps eingesetzt, würde die Janitscharen des Mustapha in Verwirrung bringen, wenn sie
nicht spanische Reiter vor sich hätten. Das weiß ich
freilich nicht. Ich betreibe nicht das Handwerk von
Mördern; ich bin kein Projektemacher. Mögen Eure
Majestät mir mein ungestümes Engagement verzeihen. Im übrigen heißt es in einem Buch, daß niemals
lügt, Salomon habe zwölftausend Kampfwagen in

einem Lande gehabt, in dem er vor sich nur Esel hatte.[31] Und in dem schönen Buch der Richter steht auch noch, daß Adonai in den Bergen gesiegt habe, daß er aber in den Tälern besiegt worden sei, weil dort die Bewohner Kriegswagen besaßen.[32]

Ich bin weit davon entfernt, eine Liga gegen die Türken zu wünschen. Die Kreuzzüge waren schon so lächerlich, daß es nicht möglich ist, darauf wieder zurückzukommen. Wenn ich aber Venezianer wäre, ich zögerte nicht, eine Armee gegen Candia[33] vorgehen zu lassen, während Eure Majestät die Türken bei Jassy oder anderswo schlagen; und wäre ich ein junger Kaiser der Römer, Bosnien und Serbien sähen mich in Bälde, und ich würde Sie dann bitten, mit mir in Sofia oder Philippopel zu Abend zu speisen; danach würden wir uns freundschaftlich die Beute teilen.

Ich würde Sie auch um die Erlaubnis bitten, daß der päpstliche Nuntius, der die Türken so fromm gegen die Toleranz losgelassen hat, an dem Essen teilnehmen darf; denn ich gehe davon aus, daß er Ihr Gefangener ist. Dann werden Eure Majestät ihn ganz sanft über die Schrecken und über die Gemeinheit aufklären, einen Bürgerkrieg entfesselt zu haben, um den Dissidenten ihr Bürgerrecht zu rauben, um ihnen die von Natur gegebene Freiheit zu nehmen, die Sie ihnen durch Ihre Wohltaten wiedergegeben haben; ich kenne nichts Schimpflicheres und Niederträchtigeres in unserem Jahrhundert. Es heißt, daß die polnischen Jesuiten an ständigen Bartholomäusnächten beteiligt gewesen seien, um das unglückliche Land zu zerstören.

Mein einziger Trost besteht darin, daß die schrecklichen Schändlichkeiten zu Ihrem Ruhme ausschlagen werden. Entweder täusche ich mich sehr, oder Ihren Feinden gelang es nur, daß auf Ihren Medaillen eingraviert wird:

> Besiegerin des Osmanischen Reiches,
> Friedensstifterin in Polen.

Petersburg, 3./14. Juli 1769

Monsieur, am 20. Juni erhielt ich Ihren Brief vom 27. Mai. Entzückt vernehme ich, daß der Frühling Ihre Gesundheit wieder hergestellt hat, auch wenn Sie aus Höflichkeit sagen, meine Briefe hätten dazu beigetragen. Solche Heilkraft traue ich ihnen aber nicht zu. Seien Sie froh, denn sonst könnten Sie so oft Briefe bekommen, daß Sie sich langweilen würden.

Nicht alle Ihre Landsleute denken über mich wie Sie; ich kenne welche, die sich gerne einreden, es sei unmöglich, daß ich irgend etwas Gutes tun könnte, und die sich ihren Kopf zermartern, um die anderen davon zu überzeugen; und wehe ihren Trabanten, wenn sie wagten, anders zu denken, als ihnen eingeblasen wurde.

Ich bin einfältig genug, darin für mich einen Vorteil zu sehen, denn wer die Dinge nur aus dem Munde der Schmeichler kennt, der kennt sie schlecht, sieht sie in falschem Licht und handelt entsprechend. Im übrigen hängt mein Ruhm nicht von diesen Leuten ab, sondern von meinen Grundsätzen und meinen Handlungen; ich bin es zufrieden, ihren Beifall nicht zu haben. Als gute Christin verzeihe ich ihnen und habe Mitleid mit denen, die mich beneiden.

Sie sagen, daß Sie über allerlei Dinge, die ich tat, ebenso wie ich denken und daß Sie daran interessiert seien. Dann also sollen Sie wissen, daß meine schöne Kolonie Saratow³⁴ jetzt 27000 Seelen zählt und daß sie trotz der Kölnischen Zeitung von Tatareneinfällen nichts zu befürchten hat. Jeder Kreis hat Kirchen seines Glaubens, man bebaut die Felder in Frieden, und dreißig Jahre lang leisten die Bauern keine Abgaben.

Übrigens sind unsere Abgaben so bescheiden, daß es keinen Bauern in Rußland gibt, der nicht sein Huhn im Topf hätte; und seit einiger Zeit gibt es Provinzen, wo sie Puten den Hühnern vorziehen. Die Ausfuhr von Getreide, die mit gewissen Einschränkungen erlaubt ist – Vorsichtsmaßnahme gegen Mißbrauch, ohne den Handel einzuengen –, ließ den Preis so ansteigen und kommt dem Landwirt so gelegen, daß der Anbau von Jahr zu Jahr wächst; und die Bevölkerung hat sich in vielen Provinzen seit sieben Jahren um ein Zehntel vermehrt. Ja, wir haben Krieg; aber Rußland betreibt schon seit sehr langer Zeit dieses Handwerk und ist aus jedem Krieg nur blühender hervorgegangen.

Unsere Gesetzgebung geht ihren Gang. Wir arbeiten ruhig weiter. Es ist richtig, sie ist in die zweite Reihe gerückt, aber nichts geht verloren. Diese Gesetze werden tolerant sein, sie verfolgen, sie töten, sie verbrennen niemanden. Gott bewahre uns vor einer Geschichte wie der des Chevalier de La Barre! Man würde die Richter, die derartige Verfahren wagten, ins Irrenhaus sperren.

Seit dem Krieg habe ich mir zwei neue Aufgaben gestellt: Ich habe Asow und Taganrog, wo von Peter dem Ersten ein Hafen in Angriff genommen war, aber dann zerstört wurde, aufgebaut. Das sind zwei Edelsteine, die ich fassen lasse, was sicher nicht nach Mustaphas Geschmack ist.

Es heißt, der arme Mann weine nur noch. Seine Freunde haben ihn in diesen Krieg gegen seinen Willen verwickelt. Seine Truppen haben zunächst einmal das eigene Land beraubt und in Brand gesteckt. Beim Auszug der Janitscharen aus der Hauptstadt sind mehr als tausend Menschen getötet worden. Den Gesandten des Kaisers, seine Frau und seine Töchter hat man geschlagen, bestohlen und von den Pferden heruntergezerrt, das alles unter den Augen des Sultans und seines Wesirs, und niemand wagte, dem Aufruhr Einhalt zu gebieten. So schwach und verwahrlost ist diese Regierung. Das ist das Schreckgespenst, vor dem man mir Angst machen möchte.

Man könnte meinen, der menschliche Geist bliebe sich immer gleich. Die Lächerlichkeit der vergangenen Kreuzzüge hat den Klerus von Podolien nicht gehindert, angestiftet vom päpstlichen Nuntius, ei-

nen Kreuzzug gegen mich zu predigen, und die Narren der sogenannten Konföderation haben mit einer
Hand das Kreuz genommen und sich mit der anderen
mit den Türken verbündet und ihnen zwei ihrer Provinzen versprochen. Warum? Um einem Viertel ihrer Nation die Bürgerrechte zu verweigern. Deshalb
brennen und plündern sie im eigenen Land. Der Segen des Papstes verheißt ihnen das Paradies. Folge-
richtig wären die Venezianer und der Kaiser zu ex-
kommunizieren, wenn sie gegen die Türken kämpfen, die heute die Verteidiger der Kreuzfahrer sind;
die Konföderierten bekämpfen jemanden, der sich
niemals am römischen Glauben vergriffen hat. Sie
werden es noch erleben, daß der Papst Einspruch
gegen das Souper einlegt, das Sie mir in Sofia vorschlagen. Philippopel können Sie aus der Liste der
Städte streichen; die Stadt ist in diesem Frühjahr
durch die osmanischen Truppen in Asche verwandelt
worden, weil man sie an der Plünderung hindern
wollte.

Leben Sie wohl, und seien Sie meiner ganz besonderen Hochachtung versichert.

Caterine

Ferney, 12. August 1769

Madame, der gute alte Simeon hat alles, was er
wünscht. Ich erfahre, daß Eure Kaiserliche Majestät
50000 Türken bei Chotin besiegt haben und allenthalben triumphieren.

Ich bitte mir zu sagen, wohin ich kommen soll, um vor Freude zu Ihren Füßen zu sterben. Ist es Jassy, Adrianopel oder Konstantinopel? Reiten kann ich nicht, ich gleiche nicht dem General Münnich, der noch mit achtzig Jahren ein vortrefflicher Reiter war, ich komme in einer Sänfte.

Da die Reise ein bißchen lang ist, nehme ich an, daß Eure Majestät schon in Kleinasien und bis Aleppo vorgestoßen sind, wenn ich noch in Skutari bin.

Ich glaube nicht, daß der geistvolle Mustapha noch weiterhin so höflich bleibt wie im Umgang mit Ihrem Gesandten und seinem Gefolge.[35] Ich denke, er hat sie bereits demütig um Verzeihung gebeten und daß Eure Majestät für immer das Verhalten dieser unverschämten Nation geändert hat; vielleicht befindet sich Mustapha selber jetzt im Haus der Sieben Türme.[36]

Sie allein haben Europa gerächt, und ich wundere mich, daß noch kein Fürst die so günstigen Umstände genutzt hat, um an Ihrem Ruhm teilzuhaben; im Gegenteil, man ist anscheinend neidisch. Was mich aber betrifft, so bleibe ich bis zum letzten Atemzug Ihr alter unnützer Ritter.

Wollen Eure Kaiserliche Majestät gnädigst den tiefen Respekt, die Dankbarkeit und die Anhänglichkeit des Eremiten von Ferney annehmen.

Petersburg, 4./15. August 1769

Monsieur, ich habe Ihren Brief vom 26. Februar erhalten und werde mein möglichstes tun, um Ihren Ratschlägen zu folgen. Wenn Mustapha nicht verprügelt wird, dann ist das gewiß nicht Ihr Fehler, auch nicht meiner oder der meiner Armee; meine Soldaten gehen in den Krieg gegen die Türken, als gingen sie auf eine Hochzeit.

Wenn Sie all den Wirrwarr sehen könnten, in dem sich der arme Mustapha befindet infolge des überstürzten Schrittes, zu dem er gegen den Rat seines Diwan[37] und verständigerer Leute getrieben wurde, dann könnten Sie ihn als Mensch gar wohl beklagen als einen in seinen Geschäften sehr unglücklichen Menschen.

Nichts beweist mir Ihre aufrichtige Anteilnahme an allem, was mich betrifft, mehr, als was Sie mir über die Neuerfindung der Kampfwagen berichten; aber unsere Militärs sind wie die in anderen Ländern auch: nicht erprobte Neuheiten kommen ihnen zweifelhaft vor.

Leben Sie guter Dinge, während meine tapferen Soldaten die Türken schlagen. Sie wissen, glaube ich, daß Asow an der Mündung des Tanais[38], von meinen Truppen bereits besetzt ist. Im letzten Friedensvertrag war bestimmt worden, daß der Platz beiderseits unbesetzt bleibt. Aus den Zeitungen werden Sie erfahren haben, daß wir die Tataren an drei verschiedenen Stellen zum Teufel gejagt haben, als sie in der

Ukraine plündern wollten. Diesmal sind sie ebenso
bettelarm, wie sie aus der Krim ausgezogen, wieder
heimgekehrt. Bettelarm sage ich, denn die Gefangenen, die wir machten, liefen in Lumpen herum und
nicht in Kleidern. Da sie also bei uns kein Glück
hatten, haben sie sich in Polen schadlos gehalten.
Tatsächlich haben ihre Verbündeten sie, die Schütz-
linge des päpstlichen Nuntius, dorthin eingeladen.

Es tut mir sehr leid, daß Ihre Gesundheit so gar
nicht meinen Wünschen entspricht. Wenn die Erfolge meiner Armeen zur Besserung etwas beitragen
können, dann werde ich nicht verfehlen, Sie von
allem, was uns Gutes widerfährt, zu unterrichten.
Bisher gibt es, Gott sei Dank, nur sehr Erfreuliches
zu vermelden. Von allen Seiten schickt man, was sich
an Türken und Tataren zeigt, verprügelt wieder
heim, ganz besonders die polnischen Aufrührer. Ich
hoffe, in Bälde Entscheidenderes zu hören als Plänke-
leien unter leichten Truppen.

Mit ganz besonderer Hochachtung

Caterine

Ferney, 2. September 1769

Madame, der Brief vom 14. Juli, mit dem Eure Kaiserliche Majestät mich beehrten, hat den alten Kavalier der Kriegerin und Gesetzgeberin Tomyris
entzückt; vor ihr würde die antike Tomyris wenig
bedeuten. Es ist wunderschön, eine so zahlreiche Kolonie wie die von Saratow aufblühen zu sehen, trotz

der Türken, der Tataren, der Kölnischen Zeitung
und der Post von Avignon.

Ihre beiden Edelsteine Asow und Taganrog, die
aus Peters des Großen Krone herausgefallen waren,
werden nun die Ihre aufs schönste zieren, und nie
wird, so denke ich, Mustapha Ihren Kopfschmuck in
Unordnung bringen.

So alt ich bin, so interessieren mich doch die schönen Kaukasierinnen, die Eurer Majestät den Treueid
geschworen haben und zweifellos ihren Liebhabern
denselben Eid schwören. Gott sei Dank wird Mustapha sie nicht auf die Probe stellen. Die beiden Teile,
die das Menschengeschlecht bilden, müssen Ihnen
sehr dankbar sein.

Ja, Eure Majestät haben zwei große Feinde, den
Papst und den Padischah[39] der Türken. Konstantin
hätte sich nicht träumen lassen, daß eines Tages seine
Stadt Rom einem Priester gehören würde und daß er
seine Stadt Konstantinopel für die Tataren erbaute.
Und ebensowenig konnte er voraussehen, daß eines
Tages an der Moskwa und an der Newa ein Reich
entstehen würde, ebenso groß wie das seinige.

Ihr alter Kavalier begreift wohl, daß es bei den
polnischen Konföderierten einige Fanatiker gibt, die
von Mönchen umgarnt werden. Die Kreuzzüge waren höchst lächerlich; aber daß ein päpstlicher Nuntius den Großtürken zu einem Kreuzzug gegen Sie
veranlaßt, das ist einer italienischen Posse würdig.
Darin liegt eine Mischung von Schrecken und Narrheit, der nichts gleichkommt. Von Politik verstehe

ich nichts. Ich vermute aber, daß es bei all dem Wahnsinn Leute gibt, die irgendwelche große Pläne haben.
Wenn Eure Majestät nur Ruhm wollten, dann möge
man Ihnen die Freude daran lassen; Sie haben ihn
wohl verdient. Aber es scheint, man will nicht, daß
Ihre Macht Ihrem Rufe gleiche; man sagt, das sei zu
viel auf einmal. Man kann die Menschen nicht zur
Bewunderung nötigen, ohne Neid zu erregen.

Ich sehe, daß ich in diesem Jahr Eurer Majestät
meine Aufwartung in den Staaten Mustaphas, des
würdigen Bundesgenossen des Papstes, noch nicht
machen kann. Ich muß meine Reise auf das nächste
Jahr verschieben.

Ich werde siebenundsiebzig Jahre alt und habe
nicht die Kraft eines Türken. Doch wüßte ich nicht,
was mich hindern sollte, bei schönem Wetter den
Stern des Nordens zu grüßen und den Halbmond zu
verwünschen. Unsere Madame Geoffrin hat ihre
Reise nach Warschau wohl überstanden, warum sollte ich nicht im April eine nach Petersburg machen?
Im Juni würde ich ankommen und im September
wieder heimreisen. Sollte ich unterwegs sterben,
dann ließe ich auf meinen Grabstein setzen: Hier ruht
der Bewunderer der erhabenen Katharina, dem die
Ehre widerfuhr zu sterben, als er ihr seine tiefste
Ehrerbietung erweisen wollte.

Ich werfe mich Eurer Kaiserlichen Majestät zu
Füßen.   Der Eremit von Ferney

Petersburg, 15./26. September 1769

Monsieur, nichts Schmeichelhafteres gibt es für mich als die Reise, die Sie unternehmen wollen, um mich zu besuchen. Ich würde die Freundschaft, die Sie mir schenken, schlecht vergelten, wenn ich in diesem Augenblick die hohe Befriedigung vergäße, die Ihr Besuch mir verschaffen würde. Beunruhigung würde ich aber empfinden, wenn ich bedenke, was alles bei einer so langen und auch beschwerlichen Reise Ihnen zustoßen könnte. Ich kenne die Anfälligkeit Ihrer Gesundheit, um so mehr bewundere ich Ihren Mut; doch wäre ich untröstlich, wenn Ihre Gesundheit durch ein Unglück auf dieser Reise Schaden nähme; weder ich noch ganz Europa könnten mir verzeihen. Sollte jemals der Epitaph realisiert werden, den zu verfassen Ihnen gefallen hat und auf dem Sie mich so munter ansprechen, man würde mir Vorwürfe machen, Sie einem solchen Unglück ausgesetzt zu haben. Es kommt hinzu, daß, wenn die Dinge so bleiben, wie sie zur Zeit sind, das Wohl meines Landes meine Anwesenheit in den südlichen Provinzen des Reiches erfordern könnte; dadurch würde der Reiseweg doppelt so lang werden und ebenso die bei so weiter Entfernung unvermeidlichen Unannehmlichkeiten. Ansonsten versichere ich Sie meiner vollkommensten Hochachtung, mit der ich bin

Caterine

Petersburg, 22. September / 3. Oktober 1769

Monsieur, aus Ihrem Brief an den Grafen Schuwalow
ersehe ich, daß die angebliche Verwüstung von Neu-
Serbien[40], die die fanatischen Gazetten so sehr her-
ausstreichen, Sie etwas beunruhigt hat. In Wahrheit
stießen die Tataren, die unsere Grenzen an drei Stellen angriffen, überall auf angemessenen Widerstand
und zogen sich zurück, ohne großen Schaden ange-
richtet zu haben. Der ganze Feldzug hat nur drei Tage
gedauert, bei außergewöhnlicher Kälte, bei Sturm
und Schnee; die Tataren hatten daher an Menschen
und Pferden große Verluste.

Aber was sagen Sie dazu, daß die schönen Kaukasierinnen, empört darüber, im Serail[41] von Konstantinopel wie Tiere im Stall eingesperrt zu sein, ihre
Väter und Brüder überredet haben, sich Rußland zu
unterwerfen. Tatsache ist, daß die Bergvölker mir
den Treueid geleistet haben. Es handelt sich um die
Bewohner der beiden Kabardeien.[42] Und das ist eine
Folge des Sieges, den unsere Kalmücken, von regulä-
ren Truppen unterstützt, über die Kubantataren errungen haben, Untertanen Mustaphas. Sie wohnen
in dem Lande, durch das der Fluß gleichen Namens
fließt, südlich des Tanais.

Adieu, leben Sie wohl, und amüsieren wir uns über
Mustapha den Siegreichen!

Caterine

ANSICHT VON ST. PETERSBURG

Übrigens höre ich, man habe in Konstantinopel und
in Paris den Verkauf meiner Instruktion für das Gesetzbuch verboten.

17. Oktober 1769

Madame, der sehr alte und sehr unwürdige Ritter
Eurer Kaiserlichen Majestät war von tausend Falschmeldungen, die hier umliefen und ihn beunruhigten,
geradezu niedergeschlagen.

Aber nun kommt die tröstende Nachricht, die sich
allenthalben verbreitet, daß Ihre Armee die Sklaven
des Mustapha am Dnjestr völlig geschlagen hat. Ich
lebe auf, ich verjünge mich, meine Gesetzgeberin hat
gesiegt; sie, die die Toleranz sichert, die die Künste
erblühen läßt, hat die Feinde der Kunst gestraft; sie
hat gesiegt, sie darf all ihren Ruhm genießen.

Ach, dieser Sieg war notwendig; die Menschen
urteilen ja nur nach dem Erfolg; der Neid ist zuschanden geworden. Eine gewonnene Schlacht ist nicht zu
widerlegen; Lorbeer auf einem Haupte voll Geist und
von überlegenem Verstande, das hat die allerschönste
Wirkung.

Man sagte mir, in der türkischen Armee gäbe es
auch Franzosen; ich will es nicht glauben. Ich möchte
mich nicht über meine Landsleute beklagen müssen.
Aber ich kannte einen Oberst, der in Korsika diente
und der eine Leidenschaft für Roßschweife[43] hatte;
ich sagte, er solle sich schämen, ich machte ihm klar,
wie wenig christlich seine Leidenschaft sei; ich führte

ihm die Überlegenheit des Neuen Testaments über
den Koran vor Augen; und insbesondere sagte ich
ihm, es sei ein Verrat an französischer Lebensart, für
Schurken, die die Frauen einsperren, gegen die Heldin unserer Tage zu kämpfen. Ich habe nichts mehr
von ihm gehört. Wenn er Ihr Gefangener ist, dann
bitte ich Eure Kaiserliche Majestät, ihm zu befehlen,
in meinem Schlößchen öffentliche Abbitte zu leisten,
an meinem Tedeum, oder vielmehr meinem Tede-
am, teilzunehmen und mit lauter Stimme zu erklären, daß Mustapha nicht würdig sei, Ihnen die
Schuhriemen zu lösen.

Habe ich überhaupt noch Stimme genug, Ihre Siege zu besingen? Ich habe die Ehre, Ihrer Akademie
anzugehören; ich schulde ihr einen Tribut. Ist nicht
Graf Orlow unser Präsident? Ich würde ihm irgendeine langweilige Pindarsche Ode schicken, wenn ich
ihn nicht in Verdacht hätte, französische Verse nicht
besonders zu mögen.

Auf also, Erbe der Cäsaren, Haupt des Heiligen
Römischen Reiches, Verteidiger der Katholischen
Kirche, auf denn! Welch schöne Gelegenheit! Stoße
hinein nach Bosnien, Serbien und Bulgarien! Auf, Ihr
Venezianer, bemannt Eure Schiffe, unterstützt die
Heldin Europas!

Und Ihre Flotte, Ihre Flotte! Der Nordwind geleite
sie, und dann soll der Westwind ihr die Einfahrt in
den Kanal von Konstantinopel ermöglichen. Leander
und Hero, die Ihr noch immer an den Dardanellen
weilt, segnet die Flotte von Petersburg! Schweigt, Ihr

Neider! Völker, bewundert die Heldin! So spricht der
Kranke von Ferney; aber es ist nicht Wahnsinn, es ist
Herzensüberschwang.

Eure Kaiserliche Majestät geruhen, den tiefen Respekt und die Freude Ihres sehr demütigen und untertänigen Eremiten anzunehmen.

Petersburg, 7./18. Oktober 1769

Monsieur, Sie werden sagen, ich falle Ihnen mit meinen Briefen lästig, und Sie haben recht. Doch Sie
haben mir mehr als einmal gesagt, Sie wünschten,
von einer Niederlage Mustaphas zu hören. Also
denn, der siegreiche Kaiser der Türken hat die ganze
Moldau verloren. Jassy ist genommen, und der Wesir
ist in großer Unordnung über die Donau geflohen.
Das hat mir ein Kurier heute morgen berichtet, und
das wird die Gazette de Paris, den Courrier d'Avignon und den Nuntius, der die Gazette de Pologne
herausgibt, zum Schweigen bringen.

Adieu, leben Sie wohl, und seien Sie überzeugt,
daß ich die Freundschaft erwidere, die Sie mir erweisen.

Caterine

Ferney, 30. Oktober 1769

Madame, Eure Kaiserliche Majestät geben mir das
Leben wieder, indem Sie Türken töten. Der Brief
vom 22. September, mit dem Sie mich beehrten, ließ

mich aus dem Bett springen mit dem Ruf: Allah,
Katharina! Ich hatte also recht, ich war noch mehr
Prophet als Mohammed. Gott und Ihre siegreichen
Truppen hatten mich also erhört, als ich Katharinam
laudamus, te Dominam confitemur sang. Der Engel
Gabriel hatte mich von der vollständigen Niederlage
Mustaphas benachrichtigt, auch von der Einnahme
von Chotin, und er hat mir den Weg nach Jassy
gewiesen.

Ich bin auf dem Gipfel der Freude; ich bin entzückt, ich danke Ihnen, und was zu meinem Glück
noch ganz besonders beiträgt, ist, daß Sie diesen ganzen Ruhm dem Herrn Nuntius verdanken. Hätte er
den Diwan nicht gegen Eure Majestät losgelassen,
Sie hätten Europa nicht gerächt.

So ist denn meine Gesetzgeberin ganz und gar
Siegerin. Ich weiß nicht, ob man in Paris und in
Konstantinopel versucht hat, Ihre Instruktion zu ver-
heimlichen; aber ich weiß, daß man sie vor den Franzosen geheimhalten sollte, denn sie ist ein zu schänd-
licher Vorwurf für unsere antiquierte, lächerliche
und barbarische Justiz, die sich fast ganz auf die
päpstlichen Dekretalien und auf das Kirchenrecht
gründet.

Ich kenne Ihre geheimen Pläne nicht; aber die Aus-
fahrt Ihrer Flotte reißt mich zur Bewunderung hin.
Wenn der Engel Gabriel mich nicht getäuscht hat,
dann ist das die schönste Unternehmung seit Hannibal.

Erlauben mir Eure Majestät, Ihnen die Kopie eines

Briefes an den König von Preußen zu übersenden; da
darin von Ihnen die Rede ist, halte ich es für meine
Pflicht, den Brief Ihrer Beurteilung zu unterwerfen.

Gott schenke mir Gesundheit! Dann werde ich
mich Ihnen zu Füßen legen für ein paar Tage im
nächsten Sommer oder selbst nur für einige Stunden,
wenn ich es besser nicht bewerkstelligen kann.

Eure Majestät verzeihe den Überschwang meiner
Freude; mit der tiefen Hochachtung eines Herzens,
das Ihnen gehört,

der Eremit von Ferney

Petersburg, 29. Oktober / 9. November 1769

Monsieur, ich bin ärgerlich, wenn ich durch Ihren
bewegenden Brief vom 17. Oktober erfahre, daß tausend falsche Nachrichten über mich Sie beunruhigt
haben. Wahrheit indessen ist, daß wir den glücklichsten Feldzug ohne Beispiel hinter uns gebracht haben. Die Aufhebung der Belagerung von Chotin
mangels genügender Verpflegung ist der einzige
Mißerfolg, der uns angelastet werden könnte. Aber
welche Folgen hatte er? Die vollständige Niederlage
der riesigen Armee, die Mustapha gegen uns ins Feld
geführt hatte.

Graf Orlow, der Befehlshaber der Artillerie, ist
nicht der Präsident der Akademie; das ist sein jünge-
rer Bruder, der sich einzig mit dem Studium der
Wissenschaften befaßt. Es gibt fünf Brüder, und es
wäre schwierig, den zu benennen, der die meisten

Verdienste hat, oder eine Familie zu finden, die durch Freundschaft enger miteinander verbunden wäre. Der Artillerist ist der zweite, zwei Brüder sind zur Zeit in Italien. Als ich dem Artillerie-Befehlshaber die Stelle in Ihrem Brief zeigte, wo Sie mir schreiben, Sie hätten ihn im Verdacht, französische Verse nicht zu schätzen, sagte er mir, er habe nicht genügend Kenntnisse in der französischen Sprache, um sie recht zu verstehen. Ich glaube, das stimmt, denn die Poesie seiner Muttersprache liebt er sehr.

Ich hoffe, daß Sie mir bald von meiner Flotte Nachricht geben. Vermutlich hat sie Gibraltar passiert. Nun muß man abwarten, wie es weitergeht. Diese Flotte im Mittelmeer, das ist etwas ganz Neues. Das weise Europa wird je nach Ausgang des Unternehmens urteilen.

Ich versichere Ihnen, daß Ihre Anteilnahme an allem, was mir widerfährt, mich aufs angenehmste berührt.

Ich weiß Ihre Freundschaft hochzuschätzen. Ich bitte Sie, sie mir zu erhalten und der meinigen versichert zu sein.

                                        Caterine

Ferney, 28. November 1769

Madame, der Brief vom 18. Oktober, womit Eure Kaiserliche Majestät mich beehren, hat mich um sechzehn Jahre verjüngt, so daß ich jetzt ein junger Mann von sechzig Jahren bin, bereit, mit Ihren Trup-

pen den Feldzug gegen Mustapha mitzumachen. Ich
war ganz schwach und aufgeschreckt durch die
Falschmeldungen einiger Gazetten, die behaupteten,
die Türken seien zurückgekehrt und wieder Herren
von Chotin und daß sie auch in Polen wieder einge-
fallen seien. Sie können nicht ahnen, von welch ungeheurem Druck der Brief Eurer Majestät mich befreit
hat.

Durch die zuletzt aus der Türkei in Marseille ange-
kommenen Schiffe erfuhren wir, daß die Zahl der
Unzufriedenen in Konstantinopel wächst und daß
der Serail sich genötigt sieht, die schlechte Stimmung
durch Lügen zu besänftigen. Ein trauriger Ausweg;
denn der Betrug wird alsbald entdeckt, und die Em-
pörung ist doppelt so groß. Vergeblich ließ man für
die angeblichen Siege die Kanonen der Sieben Türme
und von Topana Salut schießen, die Wahrheit durch-
dringt den Rauch der Kanonen und wird Mustapha
auf seinen Zobelteppichen erschrecken.

Ich würde mich nicht wundern, wenn dieser idiotische Tyrann (man verzeihe mir diese Formulie-
rung) im Verlauf der nächsten vier Monate entthront
wäre, dann, wenn Ihre Flotte nahe den Dardanellen
ist, und daß sein Nachfolger Eure Majestät demütig
um Frieden bitten würde. Es ist nicht meine Sache,
die Zukunft zu erkennen, noch weniger sogar als die
Gegenwart. Aber ich kann mir nicht vorstellen, daß
die Venezianer von einer so schönen Gelegenheit
nicht profitieren wollen. Mir scheint, daß Eure Majestät Mustapha von allen Seiten bezwingt.

Hat man einmal den Degen gezogen, dann kann niemand voraussehen, wie die Sache endet. Ich bin wahrlich kein Prophet, Gott bewahre, aber seit langem sage ich, daß, sollte das Türkenreich jemals vernichtet werden, es nur durch Rußland geschehen wird. Ich amüsiere mich bei dem Gedanken, daß Mustapha seine christliche Freundschaft mit dem päpstlichen Nuntius in Polen noch teuer bezahlen wird. Alles, was ich gewiß weiß, ist, daß, Gott sei Dank, Eure Majestät sich mit Ruhm bedeckt haben. Ich bin gar nicht mehr gegen die aufgebracht, die Sie bekämpfen, denn ihre Demütigung macht mir viel Vergnügen. Und nicht nur haben Sie die Türken besiegt, auch diejenigen, die es wagten, auf Ihre Standhaftigkeit und Seelengröße, die ich stets bewunderte, neidisch zu sein.

Eure Kaiserliche Majestät mögen meinen Dank, meine Freude, meine guten Wünsche und meine Begeisterung für Ihre Person wie auch meine größte Hochachtung huldreich entgegennehmen.

Petersburg, 2./13. Dezember 1769

Monsieur, wir sind weit davon entfernt, aus der Moldau und aus Chotin vertrieben zu sein, wie die Gazette de France berichtet. Erst vor einigen Tagen erhielt ich die Nachricht von der Einnahme von Galatz, einem befestigten Platz an der Donau, wo nach Angaben von Gefangenen ein Seraskier[44] und ein

Pascha getötet wurden. Bewahrheitet hat sich, daß sich unter den Gefangenen der Fürst der Moldau, Maurocordatus, befindet. Drei Tage später haben unsere leichten Truppen aus Bukarest, der Hauptstadt der Walachei, den Hospodar, seinen Bruder und seinen Sohn nach Jassy zum dort kommandierenden Generalleutnant Stoffel überführt. Alle diese Herren werden den Karneval nicht in Venedig, sondern in Petersburg feiern. Bukarest ist zur Zeit von meinen Truppen besetzt. Es verbleiben den Türken in der Moldau diesseits der Donau keine Stützpunkte mehr.

Ich schildere Ihnen Einzelheiten, damit Sie sich ein Bild vom Stand der Dinge machen können, die ganz gewiß nichts Beunruhigendes für alle die haben, die sich, wie Sie, recht für meine Angelegenheiten interessieren.

Ich denke, daß meine Flotte in Gibraltar ist, wenn sie die Meerenge noch nicht passiert hat. Sie bekommen früher Nachrichten als ich. Gott erhalte Mustapha! Er führt seine Geschäfte so gut, daß ich nicht wollte, ein Unglück stieße ihm zu.

Seine Freunde, seine Verbündeten, alles trägt dazu bei. Seine Regierung wird von seinen Untertanen so geliebt, daß die Einwohner von Galatz im Augenblick des Sturms zu unseren Truppen überliefen, um über den elenden Rest des türkischen Korps herzufallen, der aus der Stadt floh, so rasch die Beine sie trugen.

Das ist es, was ich Ihnen auf Ihren liebenswürdigen

Brief vom 28. November zu antworten habe. Erhalten Sie mir bitte die Gesinnung, die ich so sehr zu schätzen weiß und die ich für Sie teile.

Caterine

Ferney, 2. Januar 1770

Madame, ich erfahre, daß die Flotte Eurer Kaiserlichen Majestät in guter Verfassung in Port Mahon ist; dazu möchte ich Ihnen meine große Freude bezeugen.

Ich höre, man baue auf Ihren Befehl in Asow Galeeren und Brigantinen. Mustapha wird sich wundern, wenn er sich gleichzeitig im Schwarzen und im Ägäischen Meer angegriffen sieht, auch wenn er gar nicht weiß, wo das Schwarze und das Ägäische Meer liegen, ebensowenig wie sein Großwesir und sein Mufti.

Ich kannte einen Gesandten der Hohen Pforte, der Intendant von Rumelien[45] gewesen war. Ich bat ihn um Neuigkeiten aus Griechenland; er antwortete, von einem solchen Lande habe er nie gehört. Ich sprach von Athen, er kannte es auch nicht.

Ich muß Eurer Majestät noch einmal sagen, daß Ihr Projekt das größte und erstaunlichste ist, das je in Angriff genommen wurde; selbst Hannibals Expedition reicht da nicht heran. Ich hoffe sehr, daß Ihre glücklicher verläuft als seine. Was auch können die Türken Ihnen entgegenstellen? Sie gelten als die schlechtesten Matrosen Europas und haben gegenwärtig sehr wenig Schiffe. Leander und Hero werden Ihnen von den Höhen der Dardanellen zur Seite stehen.

Der Mann, der so gern in der Armee des Großwesirs dienen wollte, hat seine Absicht nicht ausgeführt. Ich hatte ihm geraten, lieber einen Feldzug in Ihren Armeen mitzumachen. Er wollte, sagte er, sehen, wie die Türken Krieg führen; er hätte es besser unter Ihren Fahnen sehen können, er wäre Zeuge ihrer Flucht geworden.

Die Georgier haben ein Manifest veröffentlicht, in dem deutlich erklärt wird, sie wollten nicht länger Mustapha mit ihren Töchtern beliefern. Ich wünsche, daß das stimmt und daß alle ihre Töchter für Ihre tapferen Offiziere da sind; sie verdienen es, denn Schönheit soll der Lohn der Tapferkeit sein.

Glücklich bin ich, daß die Truppen Eurer Majestät von der einen Seite bis zur Donau vorgedrungen sind und von der anderen bis Erzerum. Ich danke Gott, wenn ich daran denke, daß Sie das alles dem Bischof von Rom und seinem apostolischen Nuntius verdanken; er hat gewiß nicht erwartet, Ihnen so große Dienste leisten zu können.

Ich danke Eurer Majestät dafür, daß ich die fünf Brüder kennenlernen durfte, die Ihren Hof zieren. Ich glaube wirklich, sie werden Sie nach Konstantinopel begleiten.

Im Verlauf von vier Monaten schrieb ich zwei Briefe an Herrn v. Schuwalow, blieb aber ohne Antwort. Es ist wirklich viel vergnüglicher, mit Eurer

Majestät zu tun zu haben, denn Sie geruhen zu schreiben; Sie wissen, mit welcher Freude mich Ihre Siegesnachrichten überschütten. Ich habe das Vergnügen, sie ganz sachte jenen zur Kenntnis zu bringen, von denen man annimmt, daß sie sich darüber ärgern. Das Publikum betet für Ihr Wohlergehen, liebt und bewundert Sie. Möge das Jahr 1770 noch glorreicher sein als 1769!

Ich werfe mich Eurer Kaiserlichen Majestät zu Füßen.

Der Alte der Alpen

8./19. Januar 1770

Monsieur, ich bin sehr dankbar, daß Sie meine Freude über die Ankunft unserer Schiffe in Port Mahon mit mir teilen. Nun sind sie ihren Feinden näher als ihren eigenen Häfen. Aber sie müssen diese Fahrt fröhlich gemacht haben, trotz der Stürme und der vorgeschrittenen Jahreszeit, denn die Matrosen haben Lieder verfaßt.

Die Georgier haben in der Tat den Schild gegen die Türken erhoben und verweigern ihnen den jährlichen Tribut an Nachwuchs für den Serail. Heraklius, der mächtigste ihrer Fürsten, ist ein Mann von Kopf und Mut. Er hat einst unter dem berühmten Schah Nadir zur Eroberung von Indien beigetragen. Diese Geschichte hörte ich vom Vater des Heraklius selbst, der 1762 hier in Petersburg starb.

Meine Truppen haben in diesem Herbst den Kau-

kasus überschritten und sich mit den Georgiern
vereinigt. Es gab da und dort Scharmützel mit den
Türken; die Nachrichten darüber erschienen in den
Zeitungen. Im Frühling wird man sehen, wie es weitergeht. Von der anderen Seite setzen wir uns in
der Moldau und der Walachei verstärkt fest und sind
dabei, das Ufer diesseits der Donau zu säubern.

Doch was das beste ist, man spürt im Reich so
wenig vom Krieg, daß man sich nicht an einen Karneval erinnern kann, bei dem man so sehr darauf aus
war, Belustigungen zu erfinden, wie in diesem Jahr.

Ich weiß nicht, ob das auch in Konstantinopel der
Fall war. Vielleicht erfindet man dort Hilfsmittel, um
den Krieg fortzusetzen. Ich neide ihnen dieses Glück
nicht; aber mich beglückwünsche ich dazu, es nicht
nötig zu haben, und ich mokiere mich über diejenigen, die behaupteten, es fehle mir an Soldaten und an
Geld. Um so schlimmer für die, welche sich gerne
täuschen; leicht finden sie für ihr Geld Schmeichler,
die ihnen etwas weismachen.

Da meine pünktliche Berichterstattung Ihnen
nicht lästig fällt, so werde ich damit gewiß auch im
Jahre 1770, das für Sie glücklich sein möge, fortfahren.

Möge Ihre Gesundheit sich so festigen, wie es
Asow und Tagenrog bereits sind. Seien Sie meiner
Freundschaft und Dankbarkeit versichert.

Caterine

Ferney, 2. Februar 1770

Madame, Eure Majestät haben mich gütigst wissen lassen, daß die Hospodare der Walachei und der Moldau ihren Karneval nicht in Venedig feiern werden; aber könnten Eure Majestät sie nicht mit irgendeinem Admiral von Tunis oder von Algier soupieren lassen? Es heißt nämlich, daß diese afrikanischen Dummköpfe sich ein bißchen zu sehr einigen Ihrer Schiffe genähert und daß Ihre Kanonen sie in starke Unordnung versetzt hätten. Das ist ein gutes Vorzeichen; Eure Majestät sind siegreich zu Wasser und zu Lande, und das auf Meeren, die Ihre Flotten vorher noch nie gesehen hatten.

Nein, ich will nicht mehr an einer vollständigen Revolution zweifeln. Die türkischen Kriegsschiffe werden nicht mehr Widerstand leisten als die algerischen. Und was die Sultaninnen des Serails des Mustapha betrifft, so gehören sie von Rechts wegen den Siegern.

Man versichert mir, daß Eure sehr Kaiserliche Majestät jetzt Herrin des Schwarzen Meeres sind, daß Herr v. Tottleben Wunder vollbringt mit den Völkern des Kaukasus und daß Sie überall triumphieren.

Ich bin glücklicher, als Sie sich vorstellen können; denn wenn ich auch weder Zauberer noch Prophet bin, so hatte ich doch hartnäckig daran festgehalten, daß einige dieser großen Ereignisse sich ereignen werden, nicht alles; so sah ich nicht voraus, daß eine

Flotte aus der Newa auslaufen würde, um zum Marmarameer zu segeln.

Dieses Unternehmen ist allerdings mehr wert als die Kriegswagen des Cyrus und noch mehr als die des Salomo, die ihm zu gar nichts dienten; meine Wagen streichen die Flagge vor ihren Schiffen.

Wenn man aber Krieg führt von einem Pol zum andern, brauchen dann Eure Majestät nicht einige Offiziere? Der König von Sardinien hat soeben ein Hugenottenregiment abgemustert, das ihm und seinem Vater seit 1689 diente. Hier hat die Religion über die Dankbarkeit triumphiert. Vielleicht wünschen sich einige Offiziere, einige Sergeanten dieses Regiments sehnlichst, unter Ihren ruhmreichen Fahnen zu dienen. Sie könnten beispielsweise Montenegriner an Zucht und Ordnung gewöhnen, falls Ihre kriegerischen Truppen keine Fremden wollten. Ich kenne einen dieser Offiziere, jung, tapfer und klug, der sich lieber für Sie als für den Großtürken und seine Freunde schlagen würde. Doch ich darf nur bewundern und muß schweigen.

Wollen Sie die überschwengliche Freude, die grenzenlose Dankbarkeit und den tiefen Respekt des alten Eremiten der Alpen gnädig aufnehmen. Eure Kaiserliche Majestät sind zu gerecht, um Ihrem Kammerherrn, Graf Schuwalow, zu zürnen, weil er auf meine enthusiastischen Briefe nicht geantwortet hat.

18. Februar / 1. März 1770

Monsieur, auf Ihren Brief vom 2. Februar möchte ich Ihnen mitteilen, daß der Hospodar der Moldau verstorben ist. Der Hospodar der Walachei, der sich hier befindet, ist ein Mann von Geist. Weiterhin sind wir die Herren dieser beiden Provinzen, auch wenn die Gazetten uns oft daraus verjagen.

Der Sultan hatte einen neuen Hospodar in partibus infidelium[46] ernannt und ihm befohlen, sich mit einer ungeheuer zahlreichen Armee in Marsch zu setzen und Bukarest wiederzugewinnen; er fand aber nur sechs-, siebentausend Mann, mit denen er, wie es sich gehört, im Januar geschlagen wurde, und er mußte befürchten, in Gefangenschaft zu geraten. In der letzten Woche erhielt ich die Nachricht von der Einnahme von Giurgiu an der Donau und von der Niederlage eines türkischen Korps dort von sechzehntausend Mann. Wir haben das Tedeum angestimmt zur Feier dieses und anderer Erfolge seit dem 4. Januar.

Ich höre, daß meine Flotte aus Mahon ausgelaufen ist. Ich hoffe, daß wir bald Näheres erfahren und daß die Flotte so frei ist, diejenigen Lügen zu strafen, die behaupten, sie sei handlungsunfähig. Ich finde es sehr amüsant, daß der Neid zu Verleumdungen greift, um sie der Welt aufzuschwätzen. Ein Verbündeter dieser Art wird immer Bankrott machen. Den wenigen Schiffen, die die Türken besitzen, fehlt es an Matrosen. Die Muselmanen haben die Lust verloren, sich für die Launen Seiner Hoheit töten zu lassen.

Herr Tottleben hat den Kaukasus überschritten und Winterquartier in Georgien bezogen. Da aber die schlechte Jahreszeit dort nur kurz ist, hoffe ich, daß er alsbald den Feldzug eröffnen wird.

Als das erste Geschwader meiner Flotte in England vor Anker ging, machte sich Graf Tschernyschew, damals Gesandter am britischen Hof, Sorgen wegen der Überholung einiger Schiffe. Der englische Admiral aber beruhigte ihn. Niemals habe es ein Unternehmen zur See von solcher Bedeutung ohne derartige Schwierigkeiten gegeben; für uns, meinte er, sei das neu, für sie aber etwas ganz Alltägliches.

Ich wünsche, daß Sie das Vergnügen haben, Ihre Prophezeiungen erfüllt zu sehen; wenige Propheten können sich eines solchen Erfolges rühmen...

Seien Sie meiner Freundschaft und meiner größten Hochachtung versichert.

Caterine

Ferney, 10. März 1770

Madame, ich hätte die Ehre gehabt, Eurer Kaiserlichen Majestät eher zu danken, wenn ich nicht schrecklich krank gewesen wäre. Ich habe nicht die Kraft Ihrer Untertanen, die sie jetzt sehr nötig haben. Ich wünsche vor allem, daß sie die Kraft haben, die Türken weiterhin tüchtig zu schlagen.

Euer Majestät haben ein großes Wort gesprochen: «Mir fehlt es weder an Soldaten noch an Geld.» Das glaube ich gern, denn Sie lassen in Genf Gemälde

kaufen[47] und zahlen dafür einen sehr hohen Preis.
Der Hof von Frankreich gleicht Ihnen nicht; er hat
kein Geld, aber er nimmt es von uns.

Der Brief, mit dem Eure Majestät mich zu beehren
geruhten, war für mich sehr notwendig, um all die
Gerüchte zuschanden werden zu lassen, die man so
eifrig verbreitet. Ich mache mir ein Vergnügen daraus, die Kolporteure schlechter Nachrichten mürbe
zu machen.

Der König von Preußen hat mir soeben fünfzig
sehr hübsche französische Verse geschickt; lieber wäre mir, er schickte Ihnen fünfzigtausend Soldaten, um
einen Ablenkungsangriff zu machen, und daß Sie
dann über Mustapha mit all Ihren vereinten Kräften
herfielen. Die Zeitungen melden, daß das dicke
Schwein sich an die Spitze von dreihunderttausend
Mann setzen werde. Ich denke, man wird von dieser
Zahl erhebliche Abstriche machen müssen. Dreihunderttausend Kämpfer mit allem, was eine so große
Armee an Diensten und Verpflegung benötigt, würden auf etwa fünfhunderttausend ansteigen. Das paßt
in die Zeiten von Cyrus und Tomyris und als Salomo
vierzigtausend Kriegswagen hatte, dazu zwei oder
drei Milliarden Rubel baren Geldes, von seinen Flotten in Ophir gar nicht zu reden.

Jetzt aber leben wir in einer Zeit, in der die Flotten
Eurer Majestät, etwas realer als die von Salomo, im
Begriff sind, sich auszuzeichnen. Im Frühling werden Land und Meere von wahren und falschen Nachrichten widerhallen. Flehentlich bitte ich Eure Maje-

stät, gütigst anzuordnen, daß man mir die wahren
Nachrichten zukommen lasse. Mit einer Hand ein
neues Gesetzbuch schreiben, mit der anderen Mustapha schlagen, das ist so neu und schön, daß Sie gewiß
meine ungeheure Wißbegierde verzeihen.

Noch um eine weitere Gnade bitte ich Sie, sich
nämlich mit der Vollendung dieser beiden großen
Aufgaben zu beeilen, damit ich das Vergnügen haben
werde, mit Peter dem Großen darüber zu plaudern,
dem ich alsbald meine Aufwartung im Jenseits machen werde.

Hoffentlich kann ich mit ihm auch von einem
jungen Fürsten Golizyn sprechen, der mir die Ehre
erweist, heute abend in meiner Hütte zu Ferney zu
übernachten. Ich bin stets von der außerordentlich
feinen Lebensart Ihrer Untertanen angetan. Sie zeigen ebensoviel Anmut des Geistes wie Tapferkeit des
Herzens. Zu Zeiten Katharinas I. war man noch nicht
so kultiviert. Sie haben in Ihr Reich alle Tugenden der
Fürstin, Ihrer Frau Mutter, eingebracht und sie noch
schöner werden lassen.

Leben Sie wohl! Vollenden Sie all Ihre Werke, seien
Sie der Ruhm dieses Jahrhunderts und Europas. Ich
empfehle Mustapha Ihren tapferen Truppen; könnte
nicht auch er den Karneval 1771 mit Candide in
Venedig verbringen?

Von Graf Schuwalow, Ihrem Kammerherrn, erhielt ich einen Brief, aus dem ich ersehe, daß er meine
bekommen hat und daß die polnischen Wirren sie
nicht irgendwo festgehalten haben.

FRIEDRICH DER GROSSE

Möchte Eure Kaiserliche Majestät meine tiefste Ehrerbietung, meine Bewunderung und meinen Enthusiasmus immer gnädigst aufnehmen.

Petersburg, 20./31. März 1770

Monsieur, vor drei Tagen erhielt ich Ihren Brief vom 10. März. Ich wünsche mir, daß, wenn meiner Sie erreicht, Ihre Gesundheit ganz wiederhergestellt sein wird und daß Sie noch älter als Methusalem werden. Ich weiß nicht recht, ob die Jahre dieses Ehrenmannes zwölf Monate hatten; ich möchte, daß Ihre Jahre dreizehn haben, wie das Jahr der Zivilliste in England.

Aus dem beiliegenden Blatt ersehen Sie, wie der Sommer- und der Winterfeldzug verlaufen sind, worüber man zweifellos tausend Falschmeldungen verbreiten wird. Das ist, um seine Zwecke zu erreichen, der letzte Ausweg einer kraftlosen und ungerechten Sache. Nachdem die Gazetten von Paris und Köln so viele von uns verlorenen Schlachten in die Welt gesetzt haben, die tatsächlichen Ereignisse sie aber Lügen strafen, haben sie sich jetzt ausgedacht, meine Armee an der Pest sterben zu lassen. Finden Sie das nicht sehr komisch? Im Frühjahr werden offensichtlich die an der Pest Verstorbenen wieder zum Kampfe auferstehen. In Wahrheit hat niemand von unseren Soldaten die Pest gehabt.

Für Ihre Freundschaft bin ich sehr dankbar; Sie möchten die ganze Christenheit zu den Waffen rufen,

um uns beizustehen. Ich schätze sehr die Freundschaft des Königs von Preußen, aber ich hoffe, die
50000 Mann, die er mir nach Ihrem Wunsche gegen
Mustapha stellen soll, nicht nötig zu haben.

Da Sie die Zahl von 300000 Mann für viel zu hoch
halten, an deren Spitze angeblich der Sultan persönlich marschieren wird, so muß ich Ihnen etwas über
die türkische Bewaffnung im letzten Jahr erzählen;
dann werden Sie dieses Phantom nach seinem wahren Wert beurteilen können.

Im Oktober hielt es Mustapha für angebracht,
Rußland den Krieg zu erklären; er war darauf
ebensowenig vorbereitet wie wir. Als er begriff, daß
wir uns kräftig verteidigten, wunderte er sich; denn
man hatte ihm Hoffnung auf vieles gemacht, was
nicht eintraf.

Also befahl er, daß aus den verschiedenen Provinzen seines Reiches sich 1 100000 Mann nach Adrianopel begeben, um Kiew zu erobern, den Winter in
Moskau zu verbringen und Rußland zu vernichten.

Allein die Moldau erhielt den Befehl, der riesigen
Armee der Muselmanen eine Million Scheffel Getreide zu liefern. Der Hospodar antwortete, daß die Moldau selbst in den fruchtbarsten Jahren so viel nicht
geerntet habe und daß ihm das unmöglich sei. Aber
er erhielt einen weiteren Befehl, die erteilten Aufla-
gen auszuführen, und man versprach ihm Geld. Der
Artillerietrain für diese Armee war der Menge entsprechend. Er sollte aus sechshundert Kanonen aus
den Arsenalen bestehen. Aber als es darum ging, sie

in Marsch zu setzen, blieb der größte Teil liegen, und nur mit etwa sechzig Kanonen konnte man antreten.

Schließlich fanden sich im März mehr als sechshunderttausend Soldaten in Adrianopel ein; aber da es an allem fehlte, verbreitete sich allgemeine Flucht. Gleichwohl überschritt der Wesir die Donau mit vierhunderttausend Mann. Vor Chotin, am 28. August, hatte er noch hundertachtzigtausend. Das übrige kennen Sie. Aber vielleicht wissen Sie nicht, daß der Wesir wieder über die Donaubrücke zurückging und keine fünftausend Soldaten mehr hatte, als er sich nach Balada[48] zurückzog. Das war alles, was ihm von dieser ungeheuren Armee verblieben war. Wer nicht umgekommen war, floh, entschlossen, wieder nach Hause zu gehen.

Vermerken Sie bitte auch, daß beim Vor- und Rückmarsch die Türken ihre eigenen Provinzen plünderten und die Orte anzündeten, wo sie auf Widerstand stießen. Was ich sage, ist wahr; ich habe die Dinge eher heruntergespielt als übertrieben, weil sie sonst allzu unglaubwürdig erschienen.

Von meiner Flotte weiß ich nur, daß ein Teil aus Mahon ausgelaufen ist und ein anderer England jetzt verläßt, wo man überwinterte. Ich denke, Sie werden eher Nachrichten erhalten als ich. Aber ich werde nicht verfehlen, Sie zu gegebener Zeit von dem, was ich erfahre, zu benachrichtigen, noch eifriger, als Sie es wünschen.

Sie bitten mich, unverzüglich den Krieg und die Gesetzgebung zum Abschluß zu bringen, damit Sie

die Nachricht davon Peter dem Großen in der andern
Welt noch überbringen können. Erlauben Sie mir zu
sagen, daß das für mich kein Motiv ist, die Sache
rasch zu beenden. Meinerseits bitte ich Sie ernstlich,
dieses Vorhaben so lange wie möglich zurückzustellen. Betrüben Sie nicht Ihre Freunde auf dieser Welt
aus Liebe zu denen in der anderen. Ob hier unten
oder dort oben, jeder hat die Wahl, seine Zeit in der
Gesellschaft zu verbringen, die ihm gefällt; ich werde
dort mit einem fertigen, zu meiner Befriedigung verfaßten Lebensplan ankommen. Im voraus erwarte
ich, daß Sie mir im Tageslauf einige Viertelstündchen
an Konversation zugestehen; Heinrich IV. soll mit
von der Partie sein, auch Sully, nicht aber Mustapha.

Immer höre ich gern, daß Sie meiner Mutter gedenken, die zu meinem großen Schmerz so früh sterben mußte.

Seien Sie all der guten Gedanken, die Sie kennen,
versichert, wie auch der Hochachtung, die ich immer
für Sie empfinden werde.

Caterine

Ferney, 10. April 1770

Madame, durch den Brief vom 1. März, mit dem Eure
Kaiserliche Majestät mich zu beehren geruhten, hat
meine Begeisterung sich verdoppelt. Es gibt keinen
griechischen Priester, der über Ihre fortdauernde
Überlegenheit über die Beschnittenen entzückter
wäre als ich Elender, der in der römischen Kirche

getauft ist. Ich fühle mich in die alten heroischen Zeiten versetzt, wenn ich eine Ihrer Armeen jenseits des Kaukasus sehe, die andere an den Ufern der Donau und Ihre Flotte im Ägäischen Meer. Der arme Hospodar der Moldau hat nicht lange die Ehre gehabt, Tomyris zu sehen. Der Hospodar der Walachei wird, wenn er Verstand hat, an Ihrem Hofe bleiben.

Ihren Feinden bleibt nichts anderes übrig, als zu lügen. Die Zeitungsschreiber gleichen M. de Pourceaugnac[49], der gesagt hat: Er hat mir eine Ohrfeige verpaßt, aber ich habe ihm verdiente Vorwürfe gemacht.

Ich stelle mir ernstlich vor, daß die große Armee Eurer Kaiserlichen Majestät im Juni auf den Ebenen von Adrianopel stehen wird. Bitte, verzeihen Sie mir, wenn ich es wage, nochmals auf die Kriegswagen der Tomyris zurückzukommen. Die man Ihnen zu Füßen legen wird, sind von ganz anderer Bauart als die in der Antike. Ich verstehe zwar überhaupt nichts vom Mordmetier. Aber gestern haben mir zwei ausgezeichnete deutsche Mörder versichert, daß diese Kriegswagen in einer ersten Schlacht von unfehlbarer Wirkung seien und daß es für ein Bataillon oder eine Schwadron unmöglich wäre, dem Ansturm und der ungewohnten Neuheit eines solchen Angriffs zu widerstehen. Die Römer mokierten sich über Kriegswagen und hatten recht; sie bedeuteten nur noch einen schlechten Scherz, wenn man an sie gewöhnt war. Aber ihr erster Anblick muß gewiß in Schrecken versetzen und alles in Unordnung bringen. Und im übrigen weiß ich nicht, was weniger kostspielig und leichter machbar wäre. Ein Versuch mit dieser Maschine mit nur drei oder vier Schwadronen kann viel ausrichten ohne irgendwelche Nachteile.

Es sieht aber ganz so aus, als ob ich mir etwas vormache, da Ihr Hof nicht meiner Meinung ist; ich bitte jedoch um einen einzigen Grund, der gegen diese Erfindung spricht. Ich jedenfalls kann keinen erkennen.

Geruhen Sie denn, die Sache nochmals prüfen zu lassen. Ich spreche nur im Sinne erfahrenster Offiziere. Sie sagen, es gebe nur spanische Reiter, die ein derartiges Verfahren nutzlos machen könnten. Was Kanonen betrifft, so ist das Risiko für beide Seiten gleich; und schließlich läuft man nur Gefahr, je Schwadron zwei zweirädrige Karren, vier Pferde und vier Mann zu verlieren. Nochmals, ich bin kein Mörder; aber ich glaube, ich könnte einer werden, um Ihnen dienlich zu sein.

Vor zwei Wochen haben sich die Offiziere vom Regiment Montfort, die ich für den Dienst bei Eurer Kaiserlichen Majestät angeworben hatte, anders entschieden. Die einen sind in den savoyischen Dienst zurückgekehrt, die anderen sind nach Frankreich gegangen. Einer hat die Ehre, Hauptmann in der Armee von Genf zu werden, die aus sechshundert Mann besteht. Genf stellt zur Zeit das grausamste Kriegstheater diesseits des Rheins dar. Vier Personen wurden hinterrücks von der militanten Gemeinde Cal-

vins getötet. Ich könnte mir denken, daß die griechische Kirche es künftig ebenso machen und nur noch
die Rücken der Muselmanen sehen wird; in diesem
Fall werden die Kriegswagen allerdings nur noch
dazu taugen, hinter ihnen herzufahren.

Ich lege mich Eurer Majestät zu Füßen, wie der
Hospodar der Walachei, und beneide ihn um sein
Geschick...

Mögen Eure Kaiserliche Majestät den tiefen Respekt, die Dankbarkeit und die Bewunderung des
alten Eremiten von Ferney stets gütigst annehmen.
Von Graf Schuwalow, Ihrem Kammerherrn, bekam
ich einen freundlichen Brief; aber er verrät mir nicht
den Tag, an dem Ihr Hof sich in Stambul befindet.

Ferney, 14. April 1770

Madame, Eure Kaiserliche Majestät mögen mir meine Aufdringlichkeit verzeihen. Ich muß Ihnen sagen,
was Sie ohnehin wissen, daß Sie den Menschen vom
Baltischen Meer bis zu den Alpen die Köpfe verdrehen.

So bekamen Sie den Brief eines Erleuchteten, der
im Alten Testament und in der Apokalypse heraus-
fand, daß in diesem Jahr Mustapha noch abgesetzt
wird. Der Mann erkennt bei den Propheten, was ich
bei Ihren Soldaten erkenne.

Ein anderer Enthusiast hat ein kleines Gedicht verfaßt, dessen Übersetzung ich beifüge.

Weitere Enthusiasten bestehen ständig auf den

Kriegswagen, vorausgesetzt, es kommt zu einer
Schlacht auf der Ebene von Adrianopel. Es bleibt
Ihrem überlegenen Verstand überlassen, die Vorstellungen, die Sie wecken, zu beurteilen. Bleiben Sie
immer siegreich, alle Nationen werden Sie preisen.
Sollten Sie, was ich nicht glaube, einen Rückschlag
erleiden, der Eremit von Ferney verharrt ohne Wan-
ken in seiner Bewunderung für den Geist und den
Mut Eurer Kaiserlichen Majestät in tiefem Respekt,
mit allen guten Wünschen, in Dankbarkeit und in
seinem aufrichtigen Haß gegen Mustapha.

Der demütige und gehorsame Eremit von Ferney,
der begeisterte Anhänger Ihrer Kaiserlichen Majestät
Katharina II., der ersten unter allen Frauen, die so
viele Männer beschämt.

Ferney, 18. Mai 1770

Madame, das Eis meines Alters läßt nur noch wenig
Feuer zu; es brennt für Ihre Sache. In Rom und in
Frankreich ist man ein bißchen für Mustapha, ich bin
für Katharina und werde als solcher sterben. Der
Brief vom 3. Mai, mit dem Eure Kaiserliche Majestät
mich zu beehren geruhen, erfüllt mich mit über-
schwenglicher Freude. Die Nachrichten aber, die
heute verbreitet werden, bedrücken und bekümmern
mich. Von Veränderungen ist die Rede, die mir zuwi-
der sind. Es heißt, daß die Türken die Donau wieder
überschritten und die Walachei wieder zurückge-
wonnen haben; also muß man sie eben nochmals

schlagen. Aber ich wollte doch einen Sieg in der
Ebene von Adrianopel. Die Türken sollen auch eine
Flotte nach Morea entsenden. Und man fügt an, daß
die Zahl der Lakedämonier klein sei; kurzum, man
verschafft mir tausend Ängste. Als Antwort darauf
verfluche ich Mustapha und bete zur heiligen Jungfrau, sie möge den Gläubigen helfen. Ich bin sicher,
daß Ihre Maßnahmen in Griechenland wohlbedacht,
daß die Spartaner mit Waffen versorgt wurden, daß
die Montenegriner sich mit Ihnen verbünden werden, daß der Haß gegen die türkische Tyrannei sie an-
feuert und daß Sie mit Ihren Truppen an der Spitze un-
besieglich sind. Die Venetianer werden ihr Spiel spielen, aber erst, wenn Sie die Partie gewonnen haben.

Wenn Ägypten das Joch Mustaphas abgeworfen
hat, so zweifle ich nicht, daß Eure Majestät an dieser
Revolution beteiligt waren. Wer Flotten von der Newa bis zum Peloponnes segeln läßt, wird gewiß auch
einen geschickten Unterhändler ins Land der Pyramiden entsandt haben.

Das Ägäische Meer soll von Ihren Schiffen voll
sein; so kann Stambul weder aus Ägypten noch aus
Griechenland Lebensmittel beziehen. Sie greifen das
Riesenreich von Kolchis bis Memphis an. Meine Ide-
en sind weniger groß als das, was Eure Majestät
bisher getan haben, es läßt mich aber dennoch hoffen;
die Geschichte mit den Kriegswagen des Cyrus auf
einem trockenen Gelände in der Ebene von Adrianopel und der Umgebung von Stambul gefällt mir
noch immer.

Ich finde nicht, daß die Genfer Gemälde zu teuer sind; ich finde Eure Kaiserliche Majestät nur sehr großzügig. Ich wünschte mir lieber hundert Hauptleute mehr anstatt hundert Gemälde. Ich möchte, daß alles für Ihren Triumph geschieht und daß Sie Ihr Gesetzeswerk schöner als das des Justinian in der Stadt, in der er es unterzeichnete, zum Abschluß bringen.

Wenn Eure Majestät mich wieder gesund machen und mein Leben verlängern wollen, dann beschwöre ich Sie, mir irgendeine gute Nachricht zukommen zu lassen, die dem Bruder Ganganelli nicht gefallen wird, um so mehr aber dem Kapuziner von Ferney, der die Türken mit seinem Ordensband erwürgen könnte.

Ich verdopple meine guten Wünsche, meine Seele liegt zu Füßen Eurer Kaiserlichen Majestät.

Auf meinem Landsitz in
Zarskoje Selo, 26. Mai / 6. Juni 1770

Monsieur, ich antworte rasch auf Ihren Brief vom 18. Mai, den ich gestern abend erhielt, denn ich sehe, daß Sie leiden. Die Gerüchte von den Niederlagen, die, wie die Anhänger Mustaphas verbreiten, meine Armee angeblich erlitten hat, der Verlust der Walachei, sind Märchen, die mich nur deshalb verdrießen, weil Sie befürchten, sie seien wahr. Gott sei Dank, nichts von alledem stimmt. Mit der letzten Post teilte ich Ihnen die Nachrichten mit, die ich aus Morea

DIE KOLONNADE DES LUSTSCHLOSSES
ZARSKOJE SELO BEI PETERSBURG

erhalten hatte und die fürs erste recht befriedigend erscheinen. Ich hoffe, daß auf Ihre Fürbitte die Heilige Jungfrau die Gläubigen nicht im Stich läßt.

Schlafen Sie also ruhig. Die Angelegenheiten Ihrer Favoritin (nach all Ihren immerwährenden Freundschaftsbeweisen nehme ich beherzt diesen Titel an) sind auf gutem Wege; ich bin zufrieden und fürchte die Türken weder zu Wasser noch zu Land.

Die türkische Flotte, von der man so viel hermacht, ist vortrefflich ausgerüstet. Da es keine Matrosen gibt, wurden die Kriegsschiffe mit Gärtnern des Serails bemannt.

Wenn wir uns kräftig geschlagen haben, wird es wieder Frieden geben, und es kommt die Zeit, in der ich mein Gesetzbuch zu vollenden hoffe.

Leben Sie wohl, lassen Sie es sich gut gehen, und seien Sie versichert, daß die Dankbarkeit, die ich für alle Zeichen Ihrer Freundschaft empfinde, nicht gesteigert werden könnte. Nichts auch gleicht meiner Hochachtung.

Caterine

9./20. Mai 1770

Monsieur, Ihre beiden Briefe vom 10. und 14. April sind mit ihren Anlagen hintereinander hier eingetroffen. Sogleich habe ich zwei Kriegswagen nach der Zeichnung und der Beschreibung, die Sie mir geschickt haben, in Auftrag gegeben und bin Ihnen sehr verpflichtet. Ich werde sie in meiner Gegenwart ausprobieren, natürlich ohne daß sie irgend jemandem dabei Schaden zufügen. Unsere Militärs sind sich darin einig, daß diese Kriegswagen gegen reguläre Truppen effektiv sein können; sie sagen aber, daß im vergangenen Feldzug die Kampfesweise der Türken darin bestand, entfaltet unsere Truppen zu umgehen, und daß niemals eine Schwadron oder ein Bataillon geschlossen beisammenblieb. Nur die Janitscharen wählen gedeckte Stellungen wie Gehölze, Hohlwege und anderes, um daraus anzugreifen, aber in diesem Fall sind dann Kanonen am wirksamsten. Manchmal haben unsere Soldaten sie mit dem Bajonett empfangen und abgeschlagen.

Sie haben recht, die griechische Kirche sah bisher überall die Rücken der Muselmanen, auch in Morea. Obgleich ich noch keine direkten Nachrichten von meiner Flotte habe, wiederholen die Zeitungen so oft, sie hätte sich des Peloponnes bemächtigt, so daß man glauben muß, es sei etwas daran. Die Hälfte der Flotte war noch nicht dort, als die Landung begann.

Glauben Sie mir, daß mir unendlich an Ihrer Freundschaft und Ihren wiederholten Beweisen gelegen ist. Sehr dankbar bin ich für Ihre Anteilnahme an diesem Krieg, der schließlich auch einmal zu Ende geht. Wir haben mit Mustapha nah und fern zu tun, wie es der Vorsehung gefällt.

Wie auch immer, seien Sie bitte überzeugt, daß Katharina II. niemals aufhören wird, allergrößte Hochachtung für den berühmten Eremiten von Ferney zu empfinden.

Caterine

Ferney, 4. Juli 1770

Madame, ich erhielt den Brief vom 27. Mai, mit dem
Eure Kaiserliche Majestät mich beehren. Ich bewundere Sie in allem; meine Bewunderung ist zwar ohne
Nutzen, aber sie möchte Ihnen dienen. Nochmals,
ich bin kein Fachmann, aber ich wette mein Leben,
daß auf ebenem Gelände diese Kriegswagen, unterstützt von Ihren Truppen, ein feindliches Bataillon
oder eine Schwadron in üblicher militärischer Ordnung vernichten würden; darin sind sich ja auch Ihre
Offiziere einig, und so ein Fall kann eintreten. Es ist
kaum anzunehmen, daß in einer Schlacht alle türkischen Korps in Unordnung und aufgelöst gegen die
Flanken Ihrer Armee angreifen; doch wenn sie wirklich auf eine so irreguläre Art kämpfen, wie Wilde
ohne Disziplin, dann freilich brauchen sie die Kriegswagen der Tomyris nicht; die Unwissenheit und das
Ungestüm der Türken genügen, um sie zu schlagen,
wie Sie sie immer geschlagen haben.

Ich weiß nicht, ob Eure Majestät, da ich diese
Zeilen schreibe, bereits Herrin von Braila und Bender[50] sind; doch vielleicht sind beide Plätze schon
genommen, und wir haben noch nichts darüber gehört.

Die Zeitungen bereiten mir immer Sorgen, die
meiner Anhänglichkeit an Sie gleichen; ich fürchte,
die Türken sind auf dem Peloponnes stark. Immer
mehr höre ich von einer angeblichen Revolution in
Ägypten; das alles beunruhigt mich wegen meiner

lieben Griechen und wegen Ihrer siegreichen Armee, die mir nicht weniger lieb ist. Frankreich entsendet eine Flotte gegen Tunesien. Mir wäre es lieber, es schickte dreißig Linienschiffe gegen Konstantinopel.

Ihre Unternehmung in Griechenland ist zweifellos der schönste Feldzug seit zweitausend Jahren; aber er muß vollständig gelingen, denn es genügt nicht, daß er Ihnen unendlichen Ruhm verleiht. «Où est le profit, là est la gloire»,[51] sagte unser König Ludwig XI., der Ihnen in nichts gleichkam.

Ich gäbe alles, was ich habe, um Eure Kaiserliche Majestät auf dem Sofa des Mustapha sitzen zu sehen. Sein Palast ist ziemlich häßlich, seine Gärten ebenso; Sie würden alsbald aus diesem Gefängnis den herrlichsten Ort der Welt gemacht haben. Lassen Sie mich gnädigst wissen, ob Sie erwarten, dorthin zu gelangen. Mir scheint, es bedürfe nur noch einer Schlacht, die dann entscheidend wäre.

Ich kann mich von meinem Staunen gar nicht erholen. Eure Majestät ist gezwungen, Armeen in der Walachei, in Polen, in Bessarabien und in Georgien zu führen und finden noch Zeit, mir zu schreiben; ich bin betäubt, bin verwirrt und um so dankbarer.

Geruhen Sie immer, meinen tiefen Respekt und meine Begeisterung für Eure Kaiserliche Majestät entgegenzunehmen.

Der sehr alte Eremit von Ferney

Ferney, 13. Juli 1770

Madame, Eure Kaiserliche Majestät haben mich mit
Ihrem Brief vom 27. Mai, mit dem Sie mich beehrten, getröstet; aber am 30. Mai wurde meine Freude
durch lauter schlechte Nachrichten vergiftet. Heute
bin ich wie neu geboren. Es heißt, Ihre siegreichen
Truppen hätten Korinth genommen. Dann könnten
sie rasch nach Thessalien und Mazedonien vorsto-
ßen. Diese gebirgigen Gegenden sind zwar für den
Einsatz meiner Kriegswagen nicht geeignet, aber auf
der Ebene von Adrianopel gibt es ein Rendezvous.

Es werden auch sehr angenehme Nachrichten aus
Venedig gemeldet. Wenn diese Republik endlich
Stellung bezieht, dann beweist das unzweifelhaft,
daß es um Ihre Angelegenheiten bestens steht. Sie
haben gleichzeitig Venedig und Griechenland auf die
rechte Bahn gebracht. Kein Hof in Europa hat vorausgesehen, was eintrat, seitdem der päpstliche Nuntius den Mufti Mohammeds gegen Eure Majestät
losließ.

Unsere kleinen Kriege in Deutschland sind Kin-
derspiele im Vergleich mit dem grandiosen Schauspiel, das Sie der ganzen Erde bieten. Gleichzeitig
interessiert das Rom und Peking.

Früher wußte man gar nicht, daß es ein Braila gibt.
Wollen Sie es bitte erobern, ich beschwöre Sie, und
dann die Donau überschreiten, die an Papisten, Protestanten und Beschnittenen vorbeifließt.

Geben Sie den armen Griechen ihren Jupiter, ihren

Mars, ihre Venus wieder; berühmt waren sie unter
diesen Göttern. Ich weiß nicht, durch welches Miß-
geschick sie so heruntergekommen sind, seitdem sie
Christen wurden. Ich hoffe, so christlich sie auch
sind, daß sie unter Ihren Fahnen den alten Mut wiedergewinnen.

Wenn Eure Majestät in diesem Jahr Konstantinopel noch nicht erobern können, worüber ich ärgerlich bin, dann besetzen Sie wenigstens ganz Griechenland, und Sie können eine offene Verbindung
zwischen Korinth und Moskau herstellen. Das wird
für die Landkarten eine Zierde sein und wird mich
etwas darüber trösten, daß ich nicht dazu kam, mich
Ihnen am Bosporus zu Füßen zu legen.

Nehmen Sie meinen tiefen Respekt und meine
Bewunderung für Eure Kaiserliche Majestät entgegen.

                         Der alte Eremit von Ferney

                              Ferney, 20. Juli 1770

Madame, aus Ihrem Brief vom 6. Juni, vermutlich
neuen Stils, ersehe ich, daß Eure Kaiserliche Majestät
Mitleid mit meiner Leidenschaft für Sie haben. Sie
trösten mich, aber Sie geben mir auch einige Ängste,
um Ihren Anbeter in Atem zu halten. Mein Trost sind
Ihre Siege, meine Befürchtungen, daß Eure Majestät
im kommenden Winter Frieden schließen.

Ich glaube, die Nachrichten aus Griechenland erreichen uns über Marseille etwas früher, als Sie sie

durch Kuriere bekommen. Danach wurden die Türken viermal geschlagen, und der ganze Peloponnes
gehört Ihnen.

Und wenn Ali Bey tatsächlich die Macht über
Ägypten gewonnen hat, dann sind zwei große Stük-
ke aus dem Halbmond der Türken herausgebrochen;
der Stern des Nordens ist gewiß mächtiger als ihr
Mond. Warum also Frieden machen, wenn man seine
Eroberungen so weit vorantreiben kann?

Eure Majestät werden sagen, ich dächte nicht wie
ein Philosoph und daß der Friede das größte aller
Güter sei. Niemand ist von dieser Wahrheit über-
zeugter als ich; aber erlauben Sie mir bitte, ganz
dringlich zu wünschen, daß dieser Friede von Ihnen
in Konstantinopel unterzeichnet werde. Ich bin überzeugt, daß, wenn Sie noch eine Schlacht diesseits
oder jenseits der Donau gewinnen, Ihre Truppen ge-
radewegs gegen die Hauptstadt marschieren können.

Die Venezianer müssen sicherlich von dieser Lage
profitieren; sie haben Schiffe und einige Truppen. Als
sie Morea eroberten[52], wurden sie nur durch eine
Diversion des Kaisers in Ungarn unterstützt. Heute
haben sie einen viel mächtigeren Schutz; ich meine,
man darf jetzt keine Zeit verlieren. Mustapha muß
Sie um Verzeihung und die Venezianer müssen Sie
um Ihre Gesetze bitten.

Ich fürchte noch, daß die christlichen Fürsten, die
sogenannten, auf den Stern des Nordens eifersüchtig
sind; aber das sind Geheimnisse, in die einzudringen
mir nicht erlaubt ist.

Außerdem fürchte ich, daß Ihre Finanzen auch
durch Ihre Siege in Unordnung geraten sind, glaube
allerdings, daß die Finanzen von Mustapha durch
seine Niederlagen noch zerrütteter sind. Ich höre,
Eure Majestät nehmen eine Anleihe bei den Hollän-
dern auf; der türkische Padischah kann bei niemandem borgen, und darin liegt ein weiterer Vorteil
Eurer Majestät ihm gegenüber.

Ich gehe von meinen Ängsten zu meinen Tröstungen über. Wenn Sie Frieden schließen, dann wird er,
dessen bin ich gewiß, ungemein ruhmvoll sein. Sie
werden die Moldau, die Walachei, Asow und die freie
Schiffahrt auf dem Schwarzen Meer, wenigstens bis
Trebisonde[53], behalten. Aber was wird aus meinen
armen Griechen, was aus meinen spartanischen Legionen?

Sie werden die korinthischen Spiele wieder ins
Leben rufen, bei denen die Römer den Griechen
durch öffentliches Dekret ihre Freiheit garantierten;
das wird die glorreichste Tat Ihres Lebens werden.
Aber wie will man die Wirkungskraft eines solchen
Dekrets durchsetzen, wenn in Griechenland keine
russischen Truppen mehr bleiben? Ich möchte außerdem, daß der Lauf der Donau und die Schiffahrt auf
diesem Fluß Ihnen zustehen, längs der Walachei, der
Moldau und selbst Bessarabiens. Erbitte ich zu viel
oder zu wenig? Die Entscheidung liegt bei Ihnen. Sie
werden eine Medaille prägen lassen, die Ihre Erfolge
und Ihre Wohltaten verewigen wird. Alsdann wird
sich Tomyris in Solon verwandeln und ihre Gesetze,

so wie es Ihnen gefällt, zum Abschluß bringen. Diese
Gesetze werden das schönste Denkmal Europas und
Asiens sein, denn in allen anderen Staaten sind sie zu
spät gemacht worden, wie man leckgeschlagene
Schiffe notdürftig ausbessert; sie sind zahllos, weil sie
auf Grund stets neuer Bedürfnisse verfaßt wurden,
sie sind widersprüchlich, weil die Bedürfnisse sich
immer wieder ändern; sie sind schlecht formuliert,
weil sie fast immer von Pedanten unter barbarischen
Regierungen geschrieben wurden. Sie gleichen unseren auf gut Glück regellos erbauten Städten, Paläste
und Hütten durcheinander in engen und krummen
Straßen.

Eure Majestät aber gibt Gesetze über zweitausend
Meilen Landes, nachdem Sie Mustapha hinter die
Ohren geschlagen haben.

Das sind die Tröstungen des alten Eremiten, der
bis zu seinem letzten Atemzug von tiefer Hochachtung für Sie durchdrungen ist, von wahrster Bewunderung und von grenzenloser Ergebenheit für Eure
Kaiserliche Majestät.

Petersburg, 10./21. Juli 1770

Monsieur, auf Ihren Brief und Ihre Fragen vom 4. Juli
teile ich Ihnen mit, daß, wie Sie es wünschen, Graf
Rumjanzew, der meine Armee in der Moldau befehligt, den vollständigsten Sieg über unsere Feinde am
7. des Monats, zwölf Meilen im Umkreis der Donau,
errungen hat.[54] Unser rechter Flügel war an den

Pruth angelehnt. Das Türkenlager war von vier Verschanzungen umgeben, die alle bei Tagesanbruch im Bajonettangriff erstürmt wurden. Das Blutbad dauerte vier Stunden; dann waren meine Truppen im Besitz des Schlachtfeldes, des Lagers der Türken, von dreißig Kanonen, einer großen Menge von Lebensmitteln, von Kriegsgerät und vieler Gefangener.

Unsere Verluste sind unbeträchtlich; es gibt nicht einen verwundeten oder getöteten Offizier. Als der Kurier aufbrach, wurden viele Feinde noch verfolgt. Die türkische Armee zählte achtzigtausend Mann, an ihrer Spitze der Khan der Krim und drei Paschas.

Graf Rumjanzew zeigt mir an, daß er im Zelt des Khan, das das schönste aller denkbaren Zelte sein muß, das Tedeum singen ließ. Die Belagerung von Bender wird in diesem Augenblick begonnen, dann sieht man weiter.

Ich hätte Sie nicht mit all diesen Kriegssachen unterhalten, wenn Sie nicht wünschten, unterrichtet zu werden.

Seien Sie überzeugt, wie sehr ich Ihre Freundschaft schätze; ich werde sie stets angelegentlich erwidern, was auch immer ich treibe.

Caterine

22. Juli / 2. August 1770

Monsieur, vor zehn Tagen teilte ich Ihnen mit, daß Graf Rumjanzew den Khan der Krim zusammen mit einem ansehnlichen türkischen Korps geschlagen hat, daß man ihre Zelte, ihre Artillerie usw. an dem Larga genannten Flüßchen erbeutete. Heute habe ich das Vergnügen, Sie darüber zu informieren, daß gestern abend ein Kurier des Grafen mir meldete, meine Armee habe am gleichen Tage, als ich Ihnen schrieb (21. Juli), einen vollständigen Sieg über die Armee des Herrn Mustapha unter dem Befehl des Wesirs Ali Bey, des Aga der Janitscharen, und von sieben oder acht Paschas errungen.[55] Sie wurden in ihren Verschanzungen bezwungen; ihre Artillerie, etwa hundertdreißig Kanonen, ihr Lager, ihr Gepäck, ihre Munition, alles fiel in unsere Hände. Ihre Verluste sind beträchtlich; unsere so gering, daß ich sie gar nicht zu erwähnen wage, so märchenhaft erscheint mir diese Tatsache. Und doch währte der Kampf fünf Stunden.

Graf Rumjanzew, den ich wegen dieses Sieges zum Feldmarschall ernannt habe, berichtet mir, daß wie die alten Römer auch meine Armee niemals frage, wie viele Feinde es gebe, sondern nur, wo sie sind. Diesmal betrug die Zahl der Türken hundertfünfzigtausend, verschanzt auf den Höhen über dem Kagul, eines Bachs, fünfundzwanzig Werst von der Donau entfernt, Ismail[56] im Rücken.

Aber damit nicht genug; ich habe gewisse Meldungen, wenn auch noch nicht bestätigt, daß meine Flotte die der Türken vor Nauplia[57] geschlagen und die feindlichen Schiffe, die sie nicht versenkte, in alle Winde zerstreut habe.

Die Belagerung von Bender ist noch am 2. Juli

eröffnet worden. Fürst Prosorowskij hat ungeheure Beute an Vieh aller Art zwischen Otschakow[58] und Bender gemacht. Meine Flotte in Asow wächst an Größe und Hoffnung im Angesicht von Herrn Mustapha.

Von Braila kann ich Ihnen nichts sagen, außer daß es ein altes Schloß am Ufer der Donau ist, das General Renne am Tage der Schlacht am Pruth 1711 erobert hatte.

Es hängt nur von den Griechen ab, Griechenland wieder zum Leben zu erwecken. Ich habe mein möglichstes getan, um die geographischen Karten durch die Verbindung Korinth – Moskau zu verzieren. Was daraus wird, weiß ich nicht.

Damit Sie etwas zu lachen haben, will ich Ihnen sagen, daß der Sultan Zuflucht gesucht hat bei den Propheten, den Zauberern, den Wahrsagern und den Narren, die bei den Muselmanen als Heilige gelten. Man prophezeite ihm, der 21. Juli werde für das Reich der Osmanen ein äußerst glücklicher Tag sein. Sogleich sandte Seine Hoheit einen Kurier an den Wesir und befahl ihm, noch an jenem Tag die Donau zu überschreiten und aus dieser glücklichen Konstellation Nutzen zu ziehen. Wir werden sehen, ob die Schläge den Sultan zur Vernunft bringen können und ob sie ihn von seinen Täuschungen und Lügen freimachen.

Ihre lieben Griechen haben bei mehreren Gelegenheiten Beweise ihres alten Mutes gegeben, und an Verstand fehlt es ihnen auch nicht.

Leben Sie wohl, bewahren Sie mir Ihre Freundschaft, und seien Sie meiner Freundschaft versichert.

Caterine

Ferney, 11. August 1770

Madame, jeder Brief, mit dem Eure Kaiserliche Majestät mich beehren, kuriert das Fieber, in das mich die
Nachrichten aus Paris versetzen. Man behauptete,
Ihre Truppen hätten überall große Verluste erlitten,
daß sie Morea und die Walachei ganz hätten räumen
müssen, daß die Pest in Ihren Armeen ausgebrochen
sei und daß es nach Erfolgen lauter Rückschläge gegeben habe. Eure Majestät sind mein Arzt; Sie machen mich wieder ganz gesund. Sobald ich Bescheid
weiß, verfehle ich nicht, sogleich den wahren Stand
der Dinge zu beschreiben; ich mache die Gesichter
derer länger, die meines betrübten.

Seien Sie so gütig, mir die Gesundheit zu erhalten,
die Sie mir nun wiedergegeben haben; man darf einen Kranken auf dem Wege der Genesung nicht verlassen. Noch habe ich kleine Nachwehen des Fiebers,
wenn ich sehe, daß die Venezianer sich nicht entschließen können, die Georgier keine Armee aufge-
stellt haben und daß von der Revolution in Ägypten
nichts Gewisses zu hören ist. Auch Braila und Bender
machen mir noch schlaflose Nächte; in meinen Träumen sehe ich Ihre Garnisonen kriegsgefangen und
fahre erschreckt aus dem Schlafe.

Eure Majestät werden sagen, ich sei ein sehr ungeduldiger Kranker und daß die Türken noch viel krän-
ker seien als ich. Ohne meine Humanitätsprinzipien
würde ich wünschen, sie alle ausgerottet zu sehen
oder wenigstens so weit verjagt, daß sie niemals wie-
derkommen.

Wir Franzosen sind mehr wert als sie: Wir reden
entsetzlich viel Unsinn, machen viel her, aber alles
geht rasch vorüber; nach einer Woche erinnert man
sich nicht mehr. Die Heiterkeit unserer Nation
scheint unverwüstlich zu sein; Paris erfährt, daß ein
Erdbeben dreißig Meilen Landes auf San Domingo
vernichtet habe; ach, wie schade, sagt man und geht
in die Oper. Die ernstesten Angelegenheiten werden
ins Lächerliche verkehrt.

Wir sind jetzt in der besten Jahreszeit, in einer
allerliebsten Zeit, um die Türken zu schlagen. Greifen diese Barbaren immer noch wie die Husaren an?
Erscheinen sie niemals in geschlossenen Formatio-
nen, um von einigen meiner babylonischen Kriegswagen der Länge nach durchbohrt zu werden?

Ich wollte wenigstens dazu beigetragen haben, ein
paar Türken zu töten; für einen Christen soll das
doch ein Gott sehr wohlgefälliges Werk sein. Das
stimmt zwar nicht mit meinen Grundsätzen von Toleranz überein; aber die Menschen sind nun einmal
aus Widersprüchen zusammengeknetet, und im übrigen verdrehen mir Eure Majestät den Kopf.

Nochmals, aus Barmherzigkeit, ein paar Nachrichten über fünf oder sechs eroberte Städte und fünf

oder sechs gewonnene Schlachten, und wäre es auch nur, um den Neid zum Schweigen zu bringen.

Ich lege mich Eurer Kaiserlichen Majestät zu Füßen mit tiefstem Respekt und lebhaftester Ungeduld.

Der Eremit von Ferney

9./20. August 1770

Monsieur, Sie sagen in Ihrem Brief vom 20. Juli, daß ich Sie ängstige und in Atem halte und daß meine Siege Ihre Tröstungen seien; hier denn also eine kleine Dosis solcher Art.

Soeben empfing ich einen Kurier, der mir Nachricht von den Folgen der Schlacht am Kagul überbrachte. Meine Truppen sind bis an die Donau vorgerückt und haben Stellung am Ufer gegenüber von Isutschka[59] bezogen. Der Wesir und der Aga der Janitscharen haben sich ans andere Ufer gerettet. Aber der Rest, der es ihnen gleichtun wollte, wurde getötet, ertrank und wurde in alle Winde verstreut. Die Brücke wurde abgerissen, und an die zweitausend Janitscharen gerieten in Gefangenschaft. Zwanzig Kanonen, fünftausend Pferde, eine ungeheure Beute und eine große Menge Lebensmittel aller Art sind in unsere Hände gefallen. Die Tataren haben sich auf der Stelle an Feldmarschall Graf Rumjanzew mit der Bitte gewandt, sie in die Krim zurückkehren zu lassen. Er ließ ihnen antworten, daß er ihre Unterwerfung verlange, und sandte ein starkes Korps auf dem linken Flügel in Richtung Ismail, um sanften Druck auf sie auszuüben. Es wird lange dauern, bis wir wissen, ob sie mit diesem Vorschlag einverstanden sind.

Sie wollen nicht Frieden, beruhigen Sie sich, bis jetzt ist davon auch keine Rede. Mit Ihnen bin ich darin einig, daß der Friede eine gute Sache ist; als er bestand, glaubte ich, es sei das Nonplusultra des Glücks. Aber nun führe ich schon zwei Jahre Krieg und sehe, daß man sich an alles gewöhnt. Tatsächlich hat der Krieg auch sein Gutes. Doch finde ich es schlimm, daß man seinen Nächsten nicht mehr liebt wie sich selbst. Ich war mit dem Gedanken vertraut, daß es nicht anständig ist, den Menschen Böses anzutun; heute aber tröste ich mich ein wenig, indem ich zu Mustapha sage: «Tu l'as voulu, George Dandin.»[60] Und nach dieser Überlegung fühle ich mich wohl wie zuvor.

Große Ereignisse haben mir immer gefallen, aber Eroberungen haben mich nie in Versuchung geführt. Ich sehe auch gar nicht, daß der Friede nahe ist. Lächerlich ist es, den Türken einreden zu wollen, wir könnten den Krieg nicht mehr lange aushalten. Wenn Verblendung diese Leute nicht leitete, wie könnten sie dann vergessen, daß Peter der Große dreißig Jahre lang Krieg aushielt, teils auch gegen die Türken, teils gegen die Schweden, die Polen, die Perser, ohne daß das Reich darüber in äußerste Not geraten wäre. Im Gegenteil, Rußland ist aus all diesen Kriegen immer nur blühender hervorgegangen, und es sind die Krie-

PETER ALEXANDROWITSCH GRAF RUMJANZEW

ge, die Handel und Gewerbe in Schwung gebracht haben. Bei uns ist jeder Krieg der Vater irgendeiner neuen Quelle gewesen, die Handel und Verkehr stark belebte.

Ihr Friedensplan scheint mir etwas der Fabel vom teilenden Löwen zu ähneln; Sie behalten alles für Ihre Favoritin. Aus dem Frieden darf man die Legionen von Sparta nicht ausschließen, über die korinthischen Spiele reden wir später.

Im Augenblick, da ich diesen Brief beende, erhalte ich die Nachricht von der Einnahme von Ismail unter ganz ungewöhnlichen Umständen. Bevor der Wesir über die Donau ging, sprach er zu seinen Truppen und sagte, daß es unmöglich sei, den Russen länger zu widerstehen; daher sei er gezwungen, sich ans andere Ufer der Donau zu begeben, und er werde ihnen so viele Kähne schicken, wie er nur könne, damit sie sich retteten. Falls er aber sein Versprechen nicht halten könne und wenn die russischen Truppen sie angriffen, dann riete er ihnen, die Waffen zu strekken; er versicherte ihnen, die Kaiserin von Rußland werde sie menschlich behandeln. Alles, was man ihnen bisher über die Russen eingeredet habe, sei von den Feinden beider Reiche erfunden worden.

Sobald meine Truppen vor Ismail erschienen, verließen die Türken die Stadt, und die, welche blieben, legten die Waffen nieder. So vollzog sich die Kapitulation in einer halben Stunde. Wir erbeuteten achtundneunzig Kanonen und umfangreiche Magazine jeder Art. Man schätzt, daß wir vom 21. bis 27. Juli, also seit der Schlacht am Kagul, an die achttausend Gefangene gemacht und seit dem letzten Jahr dem Feinde etwa fünfhundert Kanonen abgenommen haben.

Graf Rumjanzew hat vom rechten Flügel ein Korps gegen Ihr Braila in Marsch gesetzt, eine Stadt, die, Ihren Absichten gemäß, genommen werden wird; ein anderes Korps auf dem linken Flügel soll sich der Stadt Kilia[61] bemächtigen.

Sind Sie nun zufrieden? Bitte seien Sie es um meiner Freundschaft willen, wie ich es auch wegen Ihrer bin.

Caterine

Ferney, 28. August 1770

Madame, meine Ängste sind verschwunden trotz aller Anstrengungen der polnischen Dissidenten und der Zeitungsschreiber in den andern Ländern; Ihr vollständiger Sieg über die Osmanen am Pruth ist für sie eine schreckliche Antwort.

Erlauben mir Eure Kaiserliche Majestät, Ihnen meine äußerste Freude zu bezeugen. Wegen der Griechen bin ich nicht mehr in Sorge, deretwegen ich so sehr in Schrecken versetzt wurde. Ich denke, daß Sie nach wie vor Navarino[62] und mehrere andere Plätze beherrschen. Daß Ihre Truppen, wie es heißt, dieses Land geräumt haben, ist unglaubwürdig, da Sie die Türken zu Wasser und zu Lande schlagen; und selbst wenn die Teilung Ihrer Streitkräfte sie zwänge, die

Eroberung Griechenlands zu verschieben oder gar
aufzugeben, so wäre es noch immer ein für Sie höchst
ruhmreiches Unternehmen gewesen. Ich bleibe dabei, daß nichts Größeres seit Hannibal getan wurde,
und Hannibal, auch wenn er schließlich nach Afrika
zurückkehren mußte, hat deswegen kein geringeres
Ansehen. Wenn es Ihnen nur gelungen wäre, Angst
und Schrecken bis vor die Tore von Konstantinopel
zu verbreiten, Ihre Truppen bis nach Korinth zu führen und Ihre Staaten mit einer großen Zahl griechischer Familien zu bevölkern, so hätten Sie noch immer einen großen Erfolg gehabt. Aber Ihr letzter Sieg
läßt mich nun alles hoffen.

Wenn Sie Ihre Eroberungen fortsetzen wollen,
dann werden Sie sie meines Erachtens ausdehnen,
wohin es Ihnen beliebt. Und wenn Sie Frieden wollen, so werden Sie es sein, der ihn diktiert. Ginge es
nach mir, so wünsche ich stets, daß Eure Majestät
sich in Konstantinopel krönen mögen. Verzeihen Sie
meine Hartnäckigkeit; sie ist fast so stark wie meine
Anhänglichkeit an Ihre Person und Ihren Ruhm.
Und da Sie nun einmal die mich beherrschende Leidenschaft geworden sind, schmeichle ich mir, daß
Eure Kaiserliche Majestät stets mit Güte den tiefen
Respekt und die unverbrüchliche Ergebenheit des
alten Eremiten von Ferney aufnehmen werden.

18./29. August 1770

Monsieur, auf die Gefahr hin, Ihnen zu oft lästig zu fallen, muß ich Ihnen doch sagen, daß ich gestern davon benachrichtigt wurde, Generalmajor Graf Tottleben habe den Türken die beiden Forts jenseits des Kaukasus, Scheripan und Bagdat, entrissen. Festung und Stadt Cotatis, auf der Landzunge von Kutais am Phase[63], der ins Schwarze Meer mündet, hat er eingeschlossen. Meine Truppen stehen nur noch sechzig Werst vom Meer entfernt. Das alte Trebisonde liegt zu ihrer Linken. Salomon, Fürst von Imeretia[64] handelt einvernehmlich mit dem Grafen. Die Gattin des Fürsten kam ins russische Lager und bat den General, er möge bei der Einnahme von Bagdat[65] ihr die Ehre antun, als erste die Stadt betreten zu dürfen. Sie können sich denken, daß ihr die Bitte nicht abgeschlagen wurde.

Dieses Bagdat ist nicht so schön, auch nicht so groß wie das von «Tausendundeine Nacht». Finden Sie aber nicht, daß Mustapha übel zugerichtet ist und daß die Gazetten arge Lügner sind?

Ich vergaß, Ihnen zu schreiben, daß vor der Eroberung dieser Städte Fürst Heraklius die Türken bei Achalzich[66] geschlagen hat.

Ich empfehle mich Ihrer Freundschaft und Ihren Gebeten; niemand wüßte dies höher zu schätzen als Ihre Favoritin

Caterine

Ferney, 5. September 1770

Madame, ich war so erfüllt von den Siegen Eurer Kaiserlichen Majestät, so von Begeisterung und Ruhm erhoben, daß ich vergaß, Ihnen die Verse zu schicken, die der König von Preußen mir über Ihre verehrungswürdige Person und über den wenig verehrungswürdigen Mustapha schrieb. Hier sind sie:

> Si monsieur le mamamouchi
> Ne s'était point mêlé des troubles de Pologne,
> Il n'aurait point avec vergogne
> Vu ses spahis mis en hachi;
> Et de certaine impératrice
> (Qui vaut seule deux empereurs)
> Reçu pour prix de son caprice
> Des leçons qui devraient rabaisser ses hauteurs.
> Vous voyez comme elle s'acquitte
> De tant de devoirs importants;
> J'admire avec le vieil ermite
> Ses immenses projets, ses exploits éclatants:
> Quand on possède son mérite,
> On peut se passer d'assistants.[67]

Ich habe nicht die Ehre, wie die gekrönten Häupter zu denken. Ich glaube aber fest, daß zehntausend Mann Hilfstruppen in Griechenland und an der Donau keineswegs schädlich gewesen wären. In Ihrer Lage war es wichtiger, unterstützt als gelobt zu werden. Ihr Ruhm wuchs zwar um so höher, aber die Eroberungen wurden verzögert.

Die letzten Briefe aus Venedig besagen, daß die gläubigen Muselmanen sich in einem Volksaufstande gegen die Franken erhoben und daß sie den Gesandten Frankreichs und fast alle seine Bediensteten getötet haben; daß der englische Gesandte der Volkswut nur dadurch entkommen konnte, daß er sich als Matrose verkleidete; daß der venezianische Gesandte sich lange in seinem Hause verteidigt und schließlich der Sultan ihm eine Wache von tausend Mann gestellt habe.

Wenn diese Nachrichten wahr wären, was ich nicht glauben kann, welche Fürsten Europas würden nicht sogleich zu den Waffen greifen, um das verletzte Menschenrecht zu rächen? Sie allein verteidigen es; so werden auch Sie allein unsterblichen Ruhm genießen.

Erlauben mir Eure Kaiserliche Majestät, mich Ihnen zu Füßen zu legen.

Der alte Eremit von Ferney

Petersburg, 31. August / 11. September 1770

Monsieur, auch wenn ich diesmal in Beantwortung Ihres Briefes vom 11. August von keinen großen Kriegstaten berichten kann, so wird es Ihrer Genesung doch hoffentlich nicht schaden, wenn ich Ihnen sage, daß nach der Einnahme von Ismail die Tataren des Budschak[68] und von Belgorod[69] sich von der Pforte getrennt haben. Sie schickten Beauftragte zu den beiden Generalen meiner Armeen, um zu kapitulieren, und sie haben sich dann unter den Schutz Rußlands begeben. Sie stellten Geiseln, leisteten den Eid auf den Koran, die Türken und den Khan der Krim nicht mehr zu unterstützen; sie erkennen den Khan auch nicht mehr an, es sei denn, er unterwerfe sich zu den gleichen Bedingungen, das heißt, ruhig unter dem Schutze Rußlands zu leben und sich von der Pforte zu trennen. Man weiß nicht, was aus dem Khan geworden ist. Es sieht aber so aus, als werde er und mindestens ein großer Teil seiner Leute dieselbe Partei ergreifen.

Von Anfang an haben die Tataren diesen Krieg als ungerecht angesehen; sie hatten über nichts zu klagen, aber die Unterbrechung des Handels mit der Ukraine hat sie viel mehr gekostet, als sie von Raubzügen an Gewinn erwarten konnten.

Die Muselmanen sagen, in den beiden letzten Schlachten hätten sie fast vierzigtausend Mann verloren; das ist ganz entsetzlich, ich gestehe es; aber wenn es sich um Schlachten handelt, ist es besser zu siegen, als besiegt zu werden.

Ich würde nicht wagen, Sie zu fragen, ob Sie zufrieden sind, weil ich überzeugt bin – Ihre Freundschaft für mich sei noch so groß –, daß Sie das Unglück so vieler Menschen nicht ohne Trauer ertragen. Dennoch hoffe ich, daß Ihre Freundschaft Sie über das Ungemach der Türken hinwegtrösten wird. Sie werden tolerant und menschlich bleiben, in Ihren Empfindungen gibt es keinen Widerspruch. Es ist aber nicht möglich, daß Sie die Feinde der Künste lieben. Bewahren Sie mir bitte Ihre Freundschaft, und glauben Sie mir, daß ich dafür sehr dankbar bin.

Caterine

PS: Von einem neuen Phänomen muß ich Ihnen noch erzählen: Viele türkische Deserteure sind in unsere Armee eingetreten. Dafür hat es offensichtlich bisher noch kein Beispiel gegeben. Die Deserteure erklären, bei uns würden sie besser behandelt als bei den eigenen Leuten.

Ferney, 14. September 1770

Madame, wir erfuhren über Venedig und Marseille von Ihren beiden Seesiegen bei Nauplia und bei der Insel Chios. Im Augenblick erhalte ich unter dem Beifall von Hunderttausenden die Einzelheiten, die Eure Kaiserliche Majestät mir vom Sieg des Feldmarschalls Rumjanzew über den Wesir Ali Bey[70] mitzuteilen geruhen und über so viele Paschas und ihre hundertfünfzigtausend Soldaten.

Wenn ich an den Krankheiten, die mich überwältigen, sterbe, so sterbe ich halbwegs zufrieden, da Mustapha halbwegs entthront ist. Ich bin froh, daß er gleichzeitig Propheten und Narren um Rat fragt. Diese Leute sind zu allen Zeiten von der gleichen Art gewesen; der einzige Unterschied besteht darin, daß die Propheten noch gefährlichere Narren waren. Die strenggläubigen Muselmanen erkennen vierhundertvierzigtausend an, wobei sie alle Helden des Alten Testaments hinzuzählen; das wäre eine viel stärkere Armee als die von Ali Beg oder Ali Bey.

Mehr denn je sehe ich ein, daß die Kampfwagen des Cyrus für Ihre siegreichen Truppen ganz unbrauchbar sind. Wenn Sie auf Ali Bey abermals stoßen, dann werden Sie ihn unfehlbar wieder schlagen. Aber man muß die Donau überqueren im Anblick einer feindlichen Armee, die noch zahlreich ist. Es gibt nichts, was ich dem Grafen Rumjanzew nicht zutraute; aber wird er den Übergang riskieren, nach dem er nur noch die Wahl hat, unbedingt Konstantinopel zu erobern oder vom Rückzug abgeschnitten zu sein? Ich erhebe meine Hände zum Himmel, bete und schweige.

Diejenigen, die Eurer Majestät Niederlagen wünschten, werden arg verwirrt sein. Ach, wie kann man Ihnen Unglück wünschen in einer Zeit, da Sie Europa rächen. Augenscheinlich handelt es sich um Leute, die nicht wollen, daß man griechisch spricht, denn wenn Sie in Konstantinopel herrschen, dann werden Eure Majestät ganz rasch eine schöne griechische Akademie errichten. Man würde für Sie eine Cateriniade verfassen; die Zeuxis und Phidias würden die Erde mit Ihren Standbildern bedecken, der Fall des Osmanischen Reiches würde auf griechisch gefeiert werden, Athen wäre eine Ihrer Hauptstädte. Griechisch würde die Weltsprache werden, und alle

Kaufleute des Ägäischen Meeres würden Eure Majestät um griechische Pässe bitten.

Ich mag die Venezianer nicht, die so lange warten,
um Griechen zu werden. Auch bin ich gegen diesen
Ali von Ägypten ärgerlich, der sich mehr wie eine
Mumie bewegt. Aber schließlich kann ich mich doch
nicht beklagen; zwei Siege zu Wasser und zwei zu
Lande, das sind höchst nützliche Vorteile, für die ich
Eurer Kaiserlichen Majestät von Herzen danke. In
meinem Bett singe ich das Tedeum und ein De pro-
fundis für Mustapha.

Eure Kaiserliche Majestät möge stets so glücklich
sein, wie Sie es verdienen, und geruhen Sie, den tiefen
Respekt und die unverbrüchliche Anhänglichkeit des
alten Eremiten von Ferney gnädigst anzunehmen.

10./21. September 1770

Monsieur, Sie schreiben mir in Ihrem letzten Brief, ich
solle Ihnen die Einnahme von einem halben Dutzend
Städten vermelden; Sie haben, glaube ich, bereits die
Einnahme von Ismail an der Donau erfahren, heute
füge ich die der Festung Kilia hinzu. Nach Graben-
kämpfen von mehreren Tagen wurde die türkische
Garnison, fünftausend Mann stark, auf das andere
Ufer des Flusses zurückgenommen.

Die Briefe aus Malta bestätigten mir die große
Seeschlacht im Kanal von Chios, und am folgenden
Morgen hat meine Flotte dreiunddreißig feindliche

Schiffe verbrannt, die sich in den Hafen von Liberno in Kleinasien zurückgezogen hatten.

Es wird Sie hoffentlich nicht ärgern, wenn Sie hören, daß diejenigen, denen es Vergnügen macht, uns auf dem Papier zu schlagen, sehr weit davon entfernt sind, auf ihre Rechnung zu kommen. Ich bitte Sie, mir Ihre Freundschaft zu erhalten.

Caterine

Ferney, 21. September 1770

Madame, es lebe die erhabene, anbetungswürdige Katharina! Es leben ihre siegreichen Truppen! Ihr Brief vom 20. August neuen Stils ist von einem schöneren Stil, als je geschrieben wurde. Die Armee Alexanders wird endlich die Athener zwingen, Gutes von ihr zu sagen. Der Neid ist zur Bewunderung genötigt.

Eure Majestät haben recht, der Krieg ist sehr nützlich für ein Land, wenn man ihn mit Erfolg außerhalb der Grenzen führt. Die Nation wird fleißiger, aktiver und auch furchteinflößender. Die Türken sind im eigenen Lande überall geschlagen worden, und jeder Sieg stärkt den Mut und die Hoffnung Ihrer Truppen.

In unseren Alpen hallt es wider von den Meldungen, daß, während der Wesir in Unordnung über die Donau zurückgegangen ist, General Tottleben ein starkes türkisches Korps bei Erzerum besiegt und sich der Stadt bemächtigt habe.

Wenn das stimmt, dann, so scheint mir, dürfen Eure Majestät nicht zögern, Ihrer Bestimmung zu folgen, die Sie so unüberhörbar ruft. Die größte Revolution ist in Gang gekommen, Ihr Genie wird sie zum Abschluß bringen. Seit langem schon sage ich, daß, wenn je das türkische Reich vernichtet wird, dies durch Rußland geschieht; meine erhabene Kaiserin wird meine Voraussage erfüllen. Ich fürchte den Frieden nach dem Brief, mit dem Sie mich beehren, nicht mehr.

Ein großer Monarch hatte mir angekündigt, daß Eure Majestät nicht nur Frieden machen, sondern ihn auch mit Mäßigung machen würden. Ich sehe nicht, warum man sich bei diesem Mustapha mäßigen soll, der sich keineswegs Mäßigung auferlegen würde, wenn er der Sieger wäre.

Als ich von Frieden sprach und ihn fürchtete, als ich sagte, Sie würden die Friedensbedingungen diktieren, war ich weit davon entfernt, mir vorzustellen, Eure Majestät würden die tapferen Spartaner im Stich lassen. Gott bewahre mich vor einer solchen Vermutung! Aber nach so vielen Siegen kann es sich für die Spartaner nicht darum handeln, von ihren schurkischen Herren Gnade zu erhalten; es ist Zeit, daß sie keinen anderen Herrn bekommen als meine Gönnerin oder vielmehr frei zu sein unter ihren Fahnen.

Ich fürchtete eine Zeitlang, daß beim Übergang über die Donau Ihre Armee sich Rückschlägen aussetzen könnte. Ich hielt es für sehr schwierig, die

Donau angesichts der Türken zu überschreiten, und hielt einen Rückzug für noch schwieriger. Jetzt kommt mir alles ganz einfach vor; Furcht und Schrecken hat die Feinde ergriffen, und sie kämpfen für Sie. Ich bin überzeugt, daß zehntausend Ihrer Soldaten fünfzigtausend Osmanen schlagen.

Es überrascht mich auch nicht, daß Ihre Seele, für große Dinge geschaffen, an einem solchen Krieg Geschmack findet. Ich glaube, daß Ihre Landungstruppen nach Griechenland zurückgekommen sind und daß Ihre Schwarzmeer-Flotte die Umgebung von Konstantinopel bedroht. Wenn die ägyptische Revolution, die mir so schön ausgemalt wurde, tatsächlich gelingen könnte, dann wäre meines Erachtens das türkische Reich für immer vernichtet.

Den Venezianern fehlt es an der wichtigsten Eigenschaft in der Politik, nämlich an Mut. Bei großen Aufgaben hat listige Schlauheit noch niemandem genutzt; sie taugt nur für die Mönche.

Aber vor wem wage ich, mich meinen Gedanken zu überlassen? Ich spreche mit der Schutzherrin des Nordens; ich muß schweigen, meine Begeisterung zügeln und verharren in den Grenzen tiefster Hochachtung und Anhänglichkeit und lege mich Eurer Kaiserlichen Majestät zu Füßen, solange ich lebe.

Der Eremit von Ferney

Petersburg, 16./27. September 1770

Monsieur, was nicht alles habe ich Ihnen heute zu berichten, ich weiß gar nicht, wo anfangen.

Meine Flotte, nicht unter dem Befehl meiner Admirale, sondern unter dem des Grafen Alexej Orlow, hat nach einem Sieg die ganze feindliche Flotte im Hafen von Tschesme[71] verbrannt. Vor drei Tagen erhielt ich die unmittelbare Nachricht. An die hundert Schiffe aller Art sind eingeäschert worden. Ich wage nicht, die Zahl der umgekommenen Muselmanen zu nennen: Man beziffert sie auf 20000.

Ein Kriegsrat hatte die Uneinigkeit unter den beiden Admiralen beendet, indem das Kommando dem General der Landstreitkräfte übertragen wurde, der sich bei der Flotte befand und im übrigen der Dienstälteste war. Diese Entscheidung wurde von allen einmütig gebilligt, und von diesem Augenblick an war die Einigkeit wiederhergestellt. Ich habe immer gesagt, Helden werden für große Ereignisse geboren.

Die türkische Flotte wurde nach der Schlacht von Nauplia, wo sie schon zweimal angegriffen worden war, bis zur Insel Chios verfolgt. Graf Orlow wußte, daß Verstärkung von Konstantinopel im Anmarsch war; er glaubte, der Vereinigung der Flottenverbände zuvorkommen zu können, wenn er den Feind ohne Zeitverlust angriff. Im Kanal von Chios angekommen, sah er aber, daß die Vereinigung schon stattgefunden hatte. Seinen neun hochbordigen eigenen Kriegsschiffen standen 16 osmanische Linienschiffe gegenüber, und die Zahl der Fregatten und anderer Schiffe war noch ungleicher. Aber er zögerte nicht, und allenthalben gab es nur eine Meinung, entweder siegen oder sterben.

So begann die Schlacht. Graf Orlow hielt sich im Zentrum, Admiral Spiridow, der an Bord seines Schiffes Graf Feodor Orlow hatte, befehligte die Vorhut, Konteradmiral Elphinstone die Nachhut. Die Schlachtordnung der Türken war so, daß der eine Flügel sich an eine felsige Insel anlehnte, der andere auf seichtem Grunde sich befand, so daß man nicht wenden konnte.

Eine fürchterliche Kanonade beiderseits währte mehrere Stunden. Die Schiffe kamen sich so nahe, daß das Musketenfeuer sich mit dem der Kanonen mischte. Das Schiff des Admirals Spiridow hatte es mit drei feindlichen Kriegsschiffen und einer Schebecke zu tun. Er enterte dennoch das Schiff des kommandierenden Paschas, das mit 90 Kanonen bestückt war, und bewarf es mit so viel Handgranaten und Brennmaterialien, daß das Schiff Feuer fing; es sprang auf das unsrige über, und beide flogen in die Luft, einen Augenblick nachdem Admiral Spiridow und Graf Orlow mit etwa 90 Mann von Bord gegangen waren.

Als Graf Alexej mitten im Kampfgewühl die Admiralsschiffe explodieren sah, glaubte er, daß sein Bruder umgekommen sei. Er, auch nur ein Mensch, wurde ohnmächtig; aber schon faßte er sich wieder, befahl, alle Segel zu setzen, und warf sich mit seinen

SEESCHLACHT BEI TSCHESME AM 5. JULI 1770

Schiffen auf den Feind. Im Augenblick des Sieges meldete ihm ein Offizier, daß sein Bruder und der Admiral lebten. Graf Alexej sagte, er könne nicht beschreiben, was er in diesem Moment, dem glücklichsten seines Lebens, empfand. Der Rest der türkischen Flotte flüchtete in wildem Durcheinander in den Hafen von Tschesme.

Am nächsten Tage bereitete man Brander vor und beschoß den Feind im Hafen; er erwiderte das Feuer. Aber in der Nacht wurden die Brander losgelassen und taten ihre Pflicht so gut, daß in weniger als sechs Stunden die türkische Flotte vollständig vom Feuer verzehrt war. Erde und Meer, heißt es, erzitterten, als die vielen feindlichen Schiffe in die Luft flogen. Bis Smyrna war es zu hören, ungefähr zwölf Meilen von Tschesme entfernt.

Die Unsrigen zogen während des Brandes ein türkisches Schiff mit 60 Kanonen aus dem Hafen; es stand leewärts und war deshalb nicht zugrunde gegangen. Wir bemächtigten uns einer Batterie, die die Türken im Stich gelassen hatten.

Der Krieg ist eine schlimme Sache. Graf Orlow schreibt mir, er habe am Morgen nach dem Brand der Flotte mit Entsetzen gesehen, daß das Wasser des nicht sehr großen Hafens von Tschesme vom Blut der getöteten Türken gerötet war.

Dieser Brief ist die Antwort auf Ihren vom 27. August, als Ihre Ängste in bezug auf uns bereits zu schwinden anfingen. Jetzt, hoffe ich, haben Sie keine mehr. Meine Geschäfte, finde ich, gehen sehr gut.

Was die Eroberung von Konstantinopel betrifft, so halte ich sie noch nicht für nahe bevorstehend. Aber man soll bekanntlich die Hoffnung nicht aufgeben. Es wird meines Erachtens vor allem von Mustapha selbst abhängen. Dieser Fürst hat sich bisher so gut aufgeführt, daß, wenn er in seiner Sturheit auf Rat seiner Freunde weitermacht, er sein Reich sehr großen Gefahren aussetzt. Seine Rolle als Angreifer hat er vergessen.

Adieu und leben Sie wohl! Wenn gewonnene Schlachten Ihnen gefallen, dann müssen Sie mit uns zufrieden sein. Seien Sie meiner Hochachtung und Wertschätzung versichert.

Caterine

Ferney, 2. Oktober 1770

Madame, ich lebe nicht im 18. Jahrhundert, ich finde mich in die Alpen aus der Zeit der Gründung Babylons versetzt. Ich sehe eine Heldin aus dem Hause Askanien,[72] auf den Thron der Roxolanen[73] erhoben, die am Cyrus,[74] am Phase, auf dem Schwarzen Meer, dem Ägäischen Meer und an den Ufern der Donau triumphiert.

Herr d'Alembert, der gegenwärtig in Ferney ist, ist ebenso begeistert wie ich. Der einzige Unterschied besteht nur darin, daß er seine Begeisterung besser ausdrückt. Wir hassen Mustapha gleicherweise; wir suchen unter den Stauden auf unseren Bergen nur den Lorbeer, um damit das Bild Eurer Majestät zu

schmücken; aber wir finden nichts. Alle Naturfor-
scher sagen, man fände ihn nur noch in Rußland.

Nach dem Brief vom 19. August, mit dem Eure
Kaiserliche Majestät mich beehrten, verließen wir
uns fest darauf, daß inzwischen Ihre siegreiche Armee die Donau überschritten hat und daß der Wesir
bei Adrianopel erneut geschlagen wurde; daß die
Stadt des Bösewichts Konstantin, der so spät getauft
wurde, ihre Pforten geöffnet hat, daß die Damen des
Serail ihrer Sklaverei entrissen wurden, daß die Flotte
des Ägäischen Meeres sich mit der des Schwarzen
Meeres vereinigte und daß Mustapha in Richtung
Damaskus oder Aleppo ausgerissen ist usw.

Sie hatten recht, als Sie zu Beginn des Krieges
sagten, daß diejenigen, die ihn angestiftet hatten, für
Ihren Ruhm arbeiteten; gewiß sind Eure Majestät
ihnen zu großem Dank verpflichtet.

Auch wir Franzosen hören nicht auf, Gloire zu
erwerben. In Paris gibt es jetzt hübsche Kutschen
nach der neuesten Mode, und man hat Tafelaufsätze
für den Nachtisch erfunden, die sehr geschmackvoll
sind; man hat sogar kürzlich eine Motette für großen
Chor aufgeführt, die viel geräuschvolles Aufsehen
erregte, wenigstens in dem Saal, wo man sie sang;
schließlich haben wir eine Tänzerin, von der man
Wunderdinge erzählt.

Trotz unserer Triumphe schweben meine und
d'Alemberts Seele über den Dardanellen, der Donau,
dem Schwarzen Meer und über Bender, der Krim
und vor allem über Petersburg; dort legen sie sich zu

Füßen Eurer Majestät, voller Bewunderung, Respekt, Freude und von der Hoffnung erfüllt, Ihnen bald nach Stambul zu schreiben.

Euer Kaiserliche Majestät Anbeter, vergraben in Ferney und laut verkündend:

Gloria in excelsis!

28. September / 9. Oktober 1770

Monsieur, Sie lieben die schönen Seelen; sehen Sie nur, wie die des Grafen Alexej Orlow sich in der Antwort spiegelt, die er den christlichen Konsuln in Smyrna gab (die beiliegende Schrift enthält sie). Ganz gewiß sind Sie mit ihm zufrieden. Habe ich nicht recht, wenn ich sage, daß diese Orlows für Großes geboren wurden?

In Ihrem Brief vom 21. September fragen Sie mich, ob General Tottleben Erzerum genommen habe. Ich glaube, ich unterrichtete Sie davon, daß seine letzte Eroberung die Stadt Cotatis war. So schnell geht es im Kriege nicht, denn zweimal täglich muß man pausieren, und dazu muß man entsprechende Plätze finden.

Ich wünsche aufrichtig den Frieden, nicht weil es mir an Mitteln, Krieg zu führen, fehlt, sondern weil ich Blutvergießen hasse. Wenn Mustapha halsstarrig bleibt, dann wird er uns im nächsten Jahr überall finden, wo wir ihn davon überzeugen werden, daß es unter den gegebenen Umständen besser wäre, sein

Reich zu retten, als seinen Starrsinn bis zum äußersten zu treiben.

Die Griechen, die Spartaner sind sehr aus der Art geschlagen; sie schätzen mehr den Raub als die Freiheit. Sie sind für immer verloren, wenn sie Anordnungen und Ratschläge des Helden, den ich ihnen sandte, nicht annehmen. Von den Venezianern rede ich erst gar nicht; ich finde, es gibt nur den Papst und den König von Sardinien, die in Italien sich verdient gemacht haben.

Seien Sie versichert, daß mit Ihren Briefen niemand zufriedener sein könnte als ich. Sie enthalten so viele Zeugnisse Ihrer Freundschaft, für die ich Ihnen nur sehr dankbar sein kann.

Caterine

PS: Soeben wird mir gemeldet, daß Belgorod, auf türkisch Akkerman am Dnjestr, am 26. September kapituliert hat. Alsbald werden Sie wohl auch von Ihrem Braila hören.

Ferney, 12. Oktober 1770

Madame, Ihr Brief vom 11. September bekräftigt meine ständige, nicht mehr zu steigernde Freude. Wenn Mustapha, sein Wesir Azem und sein Mufti wüßten, wie sehr ich mich für sie interessiere, dann würden sie mich aus Dankbarkeit sicherlich pfählen.

Gelobt sei Allah, wenn Ali tatsächlich König von Ägypten ist; aber diese Nachricht, dank der Vorsehung zum besten von Mustapha, scheint mir doch recht zweifelhaft. Wir würden es in Marseille wissen, von wo ständig Schiffe nach Alexandria verkehren; wir hätten auch sichere Nachrichten aus Venedig, aber niemand spricht davon. Inkognito kann man sich doch nicht zum König von Ägypten machen. Ich wage aber zu sagen: Eure Majestät werden im Lande der Pharaonen und des Moses schon irgendeinen guten Israeliten haben, der die Revolution im Namen des Herrn vorantreibt und Ihnen darüber Rechnung ablegt. Ich beschränke mich darauf, meinem lieben Mustapha aufs innigste zu wünschen, daß er für immer von den Ufern des Nils und der Donau verjagt werde.

Eure Majestät mögen mir nur gestatten, die armen Griechen zu beklagen, die zu ihrem Unglück noch immer den Leuten gehören, die türkisch sprechen. Das sind kleine Beeinträchtigungen, die ich inmitten aller Freude erfahre, die mir Ihre Siege bereiten. Es ist wahrlich genug, in so kurzer Zeit die unumschränkte Herrscherin in der Moldau, der Walachei, von fast ganz Bessarabien und beider Ufer des Schwarzen Meeres, bei Asow und am Kaukasus, geworden zu sein ...

Als Eure Majestät Ihre schönen Gesetze verfaßten, deren erstes die Toleranz war, ahnten Sie nicht, daß eine gute Christin einmal die Beschützerin der Beschnittenen des Budschak werden würde, der unmittelbaren Nachkommen von Tamerlan und Dschingis Khan. Aber da wir alle Noahs Kinder sind (obwohl ihn niemand außer den Juden gekannt hat), so sind wir natürlich auch alle miteinander verwandt, und so müssen Sie die einen wie auch die andern unterstützen. Die Toleranz Eurer Majestät gegenüber den bessarabischen Tataren wird den unbezwinglichen Mustapha gewiß bewegen, Sie um Frieden zu bitten. Aber was wird aus meinem armen Griechenland? Sollte ich den Schmerz erleiden, die Kinder des galanten Alkibiades anderen als Katharina der Großen unterworfen zu sehen?

Immer wieder lege ich beim ersten Gesandtenkongreß die Interessen der Olympischen Spiele und des Theaters von Athen in Ihre Hände; aber noch lieber würde ich mich auf eine Schlacht verlassen als auf eine Versammlung von Bevollmächtigten. Sie werden von den Grafen Orlow und von Feldmarschall Rumjanzew so gut bedient, daß ich trotz meiner pazifistischen Gesinnung ohne weiteres neue Siege einem Waffenstillstand vorziehe.

Ich bin etwas in Eile, weil ich, sehr alt und krank, das alles so bald wie möglich noch genießen möchte. Wenn Sie aber etwas zögern, den Thron von Stambul zu besteigen, dann werde ich nicht mehr Zeuge dieses kleinen Triumphes sein können.

Nehmen Eure Kaiserliche Majestät gütigst die tiefe Wertschätzung, die Dankbarkeit und die besten Wünsche des alten Eremiten von Ferney entgegen.

7./18. Oktober 1770

Monsieur, auf die Ankunft des Prinzen Heinrich von
Preußen in Petersburg folgte die Eroberung von
Bender, die ich Ihnen hiermit anzeige. Beides hin-
derte mich, auf Ihre drei Briefe zu antworten. Die
Zeitungen versichern, daß Graf Orlow sich der Insel
Lemnos bemächtigt habe; so sind wir denn gänzlich
im Reiche der Sagen. Ich fürchte, daß mit der Zeit
selbst dieser Krieg sagenhaft erscheint.

Wenn Mamamouchi diesen Winter nicht Frieden
schließt, wer weiß, was ihm im nächsten Jahr zu-
stößt. Noch ein wenig Kriegsglück wie bisher, und
die Geschichte der Türkei wird künftigen Jahrhunderten weiteren Stoff für eine Tragödie liefern.

Sie werden sagen, daß ich seit dem Erfolg dieses
Feldzuges in den Wolken schwebe; das kommt daher,
daß Europa mich geistvoll findet, seitdem ich Glück
habe. Doch mit vierzig Jahren nimmt man vor Gott
nicht mehr an Geist und Schönheit zu.

Mit Ihnen glaube auch ich, daß es bald Zeit wird,
Griechisch auf irgendeiner Universität zu lernen. Inzwischen wird Homer ins Russische übersetzt, für
den Anfang immerhin etwas. Je nach den Umständen werden wir sehen, was weiter notwendig wäre.
Die Stimmung bei den Türken wird für uns immer
günstiger; sie sagen, ihr Sultan sei wahnsinnig, sein
Reich solchen Schlägen auszusetzen, und daß der Rat
seiner Freunde für die Muselmanen verderblich sei.

Leben Sie wohl, und beten Sie für uns.

Caterine

Ferney, 25. Oktober 1770

Madame, Clazomenae[75] war einst eine sehr schöne Stadt; Alexander vergrößerte, die Türken verwüsteten sie, doch unter Ihrer Herrschaft wird sie blühend wieder auferstehen.

Der Brief Eurer Kaiserlichen Majestät vom 16./27. September läßt mich vor Freude erzittern und vor Schrecken schaudern. Alle Grafen Orlow sind Helden, und in Ihnen sehe ich die glücklichste und erste Fürstin der Welt. Aber den Fürsten Koslowskij beklage ich sehr. Wie sollte ich um den nicht weinen, der mir das Bildnis meiner Heldin überbrachte? Doch durfte er wenigstens in Ihren Diensten sterben.

Welchen Gewinn werden Eure Kaiserliche Majestät am Ende aus all dieser Metzelei erzielen, deren alleiniger Urheber Mustapha ist? Und der ist ihrer ebenso überdrüssig wie von Furcht erfüllt. Dieser Fürst muß verhext sein, wenn er nicht von seinem Sofa aus Ihren Thron um Frieden bittet.

Die Engländer und die Spanier sind zum Krieg in beiden Welten bereit wegen einer kleinen, verlassenen Insel; Eure Majestät indessen kämpfen jetzt um das Reich des Orients. Aus Marseille wird gemeldet, daß Ali Bey sich in der Tat in Ägypten eine Machtstellung errungen hat, die ihm Mustapha nicht mehr nehmen kann. Aber mit der osmanischen Pforte hat er die Beziehungen noch nicht ganz abgebrochen. Dennoch glaube ich fest daran, daß im Anblick Ihrer siegreichen Flotte keine Lebensmittel mehr von

Ägypten nach Konstantinopel gelangen können. Ich halte Eure Kaiserliche Majestät für die Herrscherin des Schwarzen Meeres; daher sehe ich auch nicht, wie Kleinasien noch die Hauptstadt Ihres Feindes mit Lebensmitteln und Hilfsgütern versorgen kann.

Sicherlich weiß ich nicht genug, um beurteilen zu können, ob Ihre Armee über die Donau vorrücken kann oder nicht; mir bleibt nur, dies angelegentlich zu wünschen. Hier verbreitet sich das Gerücht, Fürst Repnin und General Baur hätten den Strom mit leichten Truppen überschritten, um zu rekognoszieren und die Türken zu beunruhigen. Ich verlasse mich dabei auf die Klugheit und Tüchtigkeit Ihrer Generale; aber ich bin so gut wie sicher, daß die Türken vor Ihren Truppen nicht standhalten. Wenn sich einmal Furcht und Schrecken einer Nation bemächtigt haben, dann werden sie immer schlimmer, wenn die Nation mit der Zeit nicht wieder Mut faßt. Aber noch nie haben die Eroberer des Landes, das die Türken heute besitzen, ihren Feinden Zeit gelassen, sich zu erholen.

Eure Majestät folgen vortrefflich diesem Beispiel; für Ihre Soldaten gibt es keine Ruhezeit, sie können Bender im Oktober stürmen und im November gegen Adrianopel marschieren.

Je größer Ihre Erfolge, um so mehr wundere ich mich, daß man Ihnen nicht beisteht und daß die Türkenbrut nicht bereits aus Europa verjagt ist.

Mir scheint, daß die größten Fürsten sich oft in Fragen der Politik viel mehr täuschen als Privatleute in ihren Familienangelegenheiten. Die Fürsten schätzen zwar sehr ihre Interessen, das verstehen sie; aber infolge eines allgemein verbreiteten Verhängnisses nehmen sie sie fast nie wahr.

Nun, wie auch immer, jetzt ist die Zeit der schönsten und edelsten Revolution seit den Eroberungen der ersten Kalifen. Wenn diese Revolution nicht Ihnen vorbehalten ist, dann niemandem. Ich wäre sehr traurig, wenn Eure Majestät aus so viel Mühen nur Ruhm ernten würden. Ihre starke und großzügige Seele wird mir antworten, daß Ruhm schon viel bedeute. Ich aber nehme mir die Freiheit, darauf zu erwidern, daß es nach so viel Blutvergießen und so viel unerhörten Gewinnen doch noch etwas mehr bedarf; die Größe des Ruhms der Herrscher bemißt sich unter derartigen Verhältnissen nach der Zahl der Provinzen, die sie erwerben.

Verzeihen Sie meine nutzlosen Überlegungen. Eure Majestät werden sie entschuldigen, denn das Herz diktiert sie, und Sie werden mir mit zwei Worten mehr sagen, als ich auf hundert Seiten vortrage.

Empfangen Eure Kaiserliche Majestät gnädigst mit gewohnter Güte meine Freude über Ihre Erfolge, meine Bewunderung für die Grafen Orlow, für Ihre Generale und Ihre tapferen Truppen, meine besten Wünsche für noch größere Erfolge, meinen tiefen Respekt, meine Begeisterung und meine unverbrüchliche Anhänglichkeit.

Der alte Eremit

Ferney, 6. November 1770

Madame, wenn Bender, den Degen in der Faust, erstürmt wurde, wie man sagt, dann bedanke ich mich
demütig bei Eurer Kaiserlichen Majestät; auf meinem Krankenlager habe ich keine andere Freude als
Ihre Siege, und jede Ihrer Eroberungen ist mir ein
Stärkungsmittel.

In Marseille wird bestätigt, daß Ali Bey nun doch
König von Ägypten ist und daß er Alexandria einge-
nommen habe, von wo er bereits einen ansehnlichen
Verkehr mit allen Handel treibenden Nationen in
Gang gesetzt hat. Wollte die Jungfrau Maria, an die
Ali Bey gar nicht glaubt, daß das alles stimmt!

Was mir ganz großen Kummer bereitet, ist, daß
Ihre siegreichen Truppen noch nicht in Adrianopel
sind. Euer Majestät werden sagen, ich sei ein sehr
ungestümer alter Mann, der mit nichts zufrieden ist,
daß Sie alles tun, um mir zu gefallen, alle Tage Mustapha schlagen und daß ich doch erst zufrieden bin,
wenn Sie an den Ufern des Euphrat stehen. Ja, so ist
es. Mesopotamien ist ein wunderbares Land, dort
kann man sich in einer Sänfte tragen lassen, was man
im November in Petersburg nicht kann. Prinz Heinrich ist dort gut aufgehoben; ja, das ist aber auch ein
Held, wenn auch kein Riese; es ist in Ordnung, daß er
die Heldin des Nordens sieht, denn er ist sowohl
liebenswürdig wie auch ein großer General.

Übrigens gehe ich davon aus, daß Ali Bey Ägypten für Eure Kaiserliche Majestät in Verwahrung

hält; meine Leidenschaft für Sie möchte Ihnen auch noch Ägypten schenken, damit Ihre Akademie der Wissenschaften, der anzugehören ich die Ehre habe, die Altertümer dieses Landes kennenlernt; unter einem Ali Bey wird das vermutlich nie geschehen.

In Konstantinopel soll die Pest herrschen. Mustapha muß offenbar eine Volkszählung veranstaltet haben; denn Gott schickt gewöhnlich die Pest den Königen, die zu Geld kommen wollten. Das kostete den guten König David siebzigtausend Juden; allerdings verlor er doch nicht viel.[76]

Ich hoffe, daß Eure Majestät alsbald aus Stambul die Pest mitsamt den Türken verjagen werden.

Ich lege mich Eurer Majestät zu Füßen aus der Tiefe meiner Wüstenei und meiner Nichtswürdigkeit mit dem größten Respekt und einer Leidenschaft, die nur wachsen und immer schöner werden kann.

Ferney, 9. November 1770

Madame, heute spreche ich mit Eurer Kaiserlichen Majestät nicht über Mustapha und Ali Bey. Ich werde von einer Genfer Truppe bestürmt, die sich an mich wendet, um endlich die Geldbeträge, die ihr Oberstleutnant Tschoglokow schuldet, zu bekommen. Die Leute sagen, er habe seinen Gläubigern seine Güter abgetreten, und verlangen, nach Ihrem Gesetz ebenfalls in diesen Kreis einbezogen zu werden. Ich solle bei Eurer Majestät ihr Anwalt sein. Sie

erklären, Eure Majestät geruhten, sich sowohl um
die kleinsten Details wie auch um die größten Staats-
affairen zu kümmern; sie wüßten sehr wohl, daß Sie
gegen jedermann Gerechtigkeit üben. Schließlich
wollen sie nicht weggehen, bevor ich ihre wichtigsten Forderungen schriftlich aufgenommen hatte.

Ich nehme mir die Freiheit, Ihnen diese präzise
Aufzeichnung zu überreichen. Herr Tschoglokow
erkennt die Schulden an. Und angenommen, er besä-
ße Güter und bezahlte damit seine Gläubiger und es
bliebe immer noch Geld für die Genfer nach Bezahlung Ihrer Untertanen übrig, dann bedürfte es nur
eines Wortes von Eurer Majestät, und gleiches Recht
wäre hergestellt.

Aber da gibt es noch eine andere Genfer Affäre, die
für Sie, die Sie Ihr Reich weit über die bisherigen
Grenzen hinaus vergrößern, interessant sein könnte.
Vor sechs Monaten erhob sich in der kleinen Republik Genf ein Streit wie zwischen Persien und Indien.
Die Genfer kamen im Februar auf die Idee, einige
ihrer Landsleute umzubringen. Die Todeskandidaten
flohen auf mein kleines Territorium von Ferney. Es
sind Uhrmacher. Sie fabrizieren Uhren, und ich kann
sagen, es sind ausgezeichnete Handwerker. Sie haben
sich in doppelter Weise verdient gemacht: Sie arbeiten gut und sind auch noch um die Hälfte billiger als
die Uhrmacher von London und Paris. Sie vollenden
gerade eine mit Diamanten und vor allem mit Ihrem
Bildnis geschmückte Uhr, die ganz vorzüglich geraten ist. Sie schmeicheln sich in der Hoffnung, Ihnen

ihr Werk schicken zu dürfen und Ihnen vielleicht auch weitere Uhren zu liefern, beispielsweise für den Großwesir, den Sie zum Kriegsgefangenen machen werden, oder für die Damen des Serail, die Sie befreien werden, oder für König Ali Bey oder für den Gesandten, den der Kaiser von China schickt, um Sie um Freundschaft zu bitten.

Wie auch immer, mir liegt die Hommage mit den Uhren näher als die Liquidation der Schulden des Herrn Tschoglokow, denn Sie bekämen tatsächlich die Uhren um die Hälfte billiger; und da Sie die Türken schlagen müssen zu Wasser und zu Lande, müssen Sie ebenso sparsam wie generös sein.

Verzeihen Sie bitte die große Zahl meiner Briefe, aber sie ist geringer als die Zahl Ihrer Siege und der eroberten Städte.

Mit größtem Respekt, in immerwährender Bewunderung Euer Kaiserlichen Majestät demütiger und gehorsamster Diener und von Herzen Ihr Untertan.

Der kranke Alte von Ferney.

Ferney, 30. November 1770

Madame, Eure Kaiserliche Majestät haben sehr wohl vorausgesehen, daß Ihre Feinde nur Ihrem Ruhme gedient haben; und wie auch immer Sie diesen großen Krieg beenden, Ihr Ruhm wird unvergänglich sein. Siegerin und Gesetzgeberin gleicherweise, so haben Sie Ihrem Namen Unsterblichkeit gesichert.

Als Franzose bin ich etwas verärgert, wenn ich höre, daß ein Chevalier de Tott die Dardanellen befestigt. So also stehen die Franzosen am Ende da, die einstens den ersten Kreuzzug unternahmen! Was würde Gottfried von Bouillon sagen, wenn diese Nachricht zu ihm gelangte, in ein Land, wo man von niemandem Nachrichten erhält.

In Deutschland ist immerfort die Rede von der Pest; man fürchtet sie, man verlangt überall Gesundheitspässe, und niemand denkt daran, daß, wenn Eure Majestät unterstützt worden wäre, die Türken aus Europa vertrieben und mit ihnen für immer auch die Pest beseitigt wäre. Für ein trügerisches Interesse werden die größten und wahrsten vergessen, für eine Politik, die mir gänzlich unvernünftig vorkommt. Mir scheint, es wurden von mehr als einer Seite Fehler gemacht; das aber ist das Los der meisten Ministerien.

In Frankreich wird zum Kriege gerüstet, doch wir hoffen auf Frieden, der so bitter nötig ist. Es wäre zu lächerlich, wollte man wegen einer elenden, unbewohnten Insel die größten Plagen auf sich nehmen. Kriege darf man nur führen, wenn äußerst wahrscheinlich ist, daß es viel zu gewinnen gibt. Der Krieg gegen Mustapha möge mit seiner Absetzung enden oder wenigstens damit, daß er für die nächsten dreißig Jahre ein armer Mann ist. Eure Majestät mögen sich eines dauerhaften Triumphes erfreuen und Polen befrieden, sobald die Türkei zerschmettert ist.

Sie haben zwei Nachbarn, die Verse schmieden,

den König von Preußen und den Kaiser von China.
Friedrich hat schon welche für Sie verfaßt, ich warte
auf die von Kien-Long.

Ich lege mich Ihnen zu Füßen, die siegreich und
weißer sind als die von Mustapha, mit tiefstem Respekt und größter Leidenschaft.

Ferney, 26. November 1770

Madame, man muß wollen, was nicht zu ändern ist.
Ich sehe, daß der dicke Mustapha gezwungen ist, um
Frieden zu bitten. Aber im Namen unseres Heilandes
Jesus Christus, lassen Sie ihn teuer bezahlen. Wenn
dann Eure Kaiserliche Majestät seine Freundin ge-
worden, werde ich ihn Hoheit titulieren.

Man erzählt sich, daß Mustapha den englischen
Gesandten vertraulich zweimal in der Woche emp-
fange und daß er sich mit ihm auf italienisch unter-
halte; es fällt mir schwer, das zu glauben. Die Türken
lernen höchstens Arabisch. Ich kenne Herrscher, die
dem Mustapha in allem überlegen sind und mehrere
Sprachen vollendet beherrschen; aber ich bezweifle
stark, daß das vom Padischah von Stambul gesagt
werden kann und daß es bei ihm eine Akademie gibt.

Es heißt, er wolle seine unbesieglichen Armeen
seinem Bruder anvertrauen, was ein wenig den friedlichen Absichten, die ihm zugeschrieben werden, wi-
derspricht; aber versteht denn der Bruder mehr?
Wenn Mustapha Padischah ist, warum befehligt er
seine Armeen nicht selber?

Ich kann mir gut vorstellen, daß er aus Angst vor einem der vier Orlows zittert, die mehr wert sind als die vier Söhne Aymons und realere Helden sind.

Ich bedauere die polnische Anarchie mehr als die Dummheit der Türken; beide befinden sich verdientermaßen in Not und Gefahr. Es lebe der Kaiser von China, der Verse verfaßt und mit der ganzen Welt in Frieden lebt!

Eurer Majestät gestehe ich, daß ich das päpstliche Regiment verabscheue; ich finde es lächerlich und schändlich. Während allzu vieler Jahrhunderte hat es die Hälfte von Europa verdummt und mit Blut besudelt. Doch der Ganganelli, der heute regiert, ist ein Mann von Geist, der offensichtlich spürt, wie abscheulich es ist, die Stadt Konstantins den Barbaren zu überlassen, den Feinden aller Künste, und daß man die Griechen den Muselmanen vorziehen muß, auch wenn sie Schismatiker[77] sind.

Der König von Sardinien, der Anrechte auf die Insel Zypern hat, liebt keineswegs die Barbaren. Und nochmals, ich verstehe die Gleichgültigkeit der Venezianer nicht, die Candia in drei Monaten zurückgewinnen können; noch weniger verstehe ich die Kaiserin-Königin, vor der Belgrad, Bosnien und Serbien unverteidigt liegen. Mit den Türken wird wahrlich maßvoll und sehr anständig verfahren. Verzeihen Sie meine Überlegungen, aber Sie haben mich gnädigst daran gewöhnt, das zu sagen, was ich denke, und schließlich verzeiht man alles großen Leidenschaften.

Petersburg, 2./13. Dezember 1770

Monsieur, Wiederholungen werden langweilig. Ich habe Ihnen so oft berichtet, diese oder jene Stadt sei erobert, die Türken seien geschlagen worden, usw. Abwechslung erfreut bekanntlich. So hören Sie denn, daß Ihr liebes Braila belagert wurde, daß ein Sturm unternommen, aber abgewiesen und die Belagerung aufgehoben wurde.

Graf Rumjanzew war sehr ärgerlich; zum zweitenmal schickte er Generalmajor Glebow mit Verstärkungen gegen Braila. Sie glauben vielleicht, daß die Türken, durch die Aufgabe der Belagerung ermutigt, sich wie Löwen verteidigten. Keineswegs. Beim abermaligen Herannahen unserer Truppen gaben sie den Platz mitsamt den Kanonen und Magazinen auf. Herr Glebow ist in Braila einmarschiert und hat sich dort festgesetzt. Ein anderes Korps erhielt den Befehl, die Walachei wieder zu besetzen.

Und vorgestern wurde mir gemeldet, daß Bukarest, die Hauptstadt dieses Fürstentums, am 15. November nach kurzem Kampf mit der türkischen Garnison eingenommen wurde.

Aber wirklich wird Ihnen gefallen, weil Sie ja wünschten, daß man die Donau überschreite, daß Feldmarschall Rumjanzew zur gleichen Zeit einige hundert Jäger und leichte Truppen entsandte, die Ismail in Kähnen verließen und das Fort Tultscha eroberten, das etwa fünfzehn Werst entfernt vom Lager des Wesirs war. Sie schickten die Garnison in die andere Welt und führten mehrere Gefangene und dreizehn Kanonen weg; den Rest vernagelten sie und kehrten glücklich nach Kilia zurück. Als der Wesir von diesem Streich hörte, hob er sein Lager auf und begab sich mit seinen Leuten nach Babadag.[78]

So steht es also, und wenn es Mustapha Spaß macht, machen wir so weiter, obwohl es zum Wohle der Menschheit an der Zeit wäre, daß der Großherr endlich zur Vernunft käme.

Herr Tottleben greift Potis am Schwarzen Meer an. Er hält nicht viel von den Nachkommen des Mithridates; andererseits hält er das Klima des alten Iberien für das schönste auf Erden.

Die jüngsten Briefe aus Italien besagen, daß mein letztes Geschwader sich jetzt in Mahon befindet. Wenn der Sultan sich nicht anders besinnt, dann schicke ich ihm noch ein halbes Dutzend; man möchte meinen, daß er Vergnügen daran hat.

Die derzeitige Krankheit der Engländer könnte nur durch einen Krieg geheilt werden; sie sind zu reich und zerstritten, ein Krieg würde sie ärmer machen und die Geister wieder zusammenbringen. Die Nation will auch den Krieg, aber der Hof will nur dem Gouverneur von Buenos Aires eins auswischen.

Sie sehen, daß ich mit diesem Brief auf mehrere von Ihnen antworte. Die Festlichkeiten zum Besuch des Prinzen Heinrich, der heute nach Moskau abreist, haben die Pünktlichkeit, mit der ich Ihnen antworte, etwas durcheinandergebracht. Ich gab ihm mehrere

Feste, die ihm offensichtlich auch gefielen. Vom letzten muß ich Ihnen erzählen.

Es handelte sich um eine Maskerade, zu der sich dreitausendsechshundert Personen einfanden. Beim Souper erfolgte der Einzug Apollos, der «Vier Jahreszeiten» und der «Zwölf Monate» des Jahres; das waren Kinder zwischen acht und zehn Jahren, die aus den von mir für adlige Knaben und Mädchen eingerichteten Internaten ausgewählt worden waren. Apollo lud mit einer kleinen Ansprache die Anwesenden ein, sich in den von den Jahreszeiten vorbereiteten Salon zu begeben; alsdann befahl er seinem Gefolge, den Gästen Geschenke zu überreichen. Die Kinder entledigten sich ihrer Aufgabe aufs beste. Anliegend finden Sie ihre kleinen Komplimente, die natürlich nur Kindereien sind.

Die hundertzwanzig Personen, die im Saal der Jahreszeiten soupieren sollten, nahmen dort Platz. Der ovale Saal enthielt ein Dutzend Nischen, in jeder eine Tafel für zehn Personen. Jede Nische stellte einen Monat dar und war entsprechend geschmückt. Über den Nischen war eine Galerie angebracht, die um den ganzen Saal lief; außer der Menge der Masken gab es dort vier Orchester.

Als man Platz genommen, schickten die Vier Jahreszeiten sich an, mit ihrem Gefolge ein Ballett aufzuführen. Dann trat Diana mit ihren Nymphen auf. Nach dem Ballett setzte Musik, von Traetta für dieses Fest komponiert, ein, und die Masken betraten den Schauplatz.

Am Ende des Soupers bat Apollo die Gesellschaft zur Aufführung eines für den Abend verfaßten Schauspiels. In dem an den Saal anschließenden Appartement war eine Bühne errichtet, auf der die Kinder die kleine Komödie «Das Orakel» spielten. Dann vergnügten sich die Gäste so sehr beim Tanz, daß sie das Fest erst gegen fünf Uhr morgens verließen.

Es war mit größter Heimlichkeit vorbereitet worden, so daß man nicht wußte, daß es noch mehr als einen Maskenball geben sollte.

Einundzwanzig Appartements waren mit Masken gefüllt; der Saal der Jahreszeiten war neunzehn Klafter lang und entsprechend breit.

Ich glaube, daß Ali Bey nur in der Fortsetzung des Krieges auf seine Kosten kommen kann. Christen und Türken sollen mit ihm sehr zufrieden sein, weil er tolerant, tapfer und gerecht sei.

Finden Sie es nicht aberwitzig, daß Europa überall die Pest ausbrechen sieht und entsprechende Vorsichtsmaßnahmen trifft, während sie doch nur in Konstantinopel besteht und dort auch nie verschwand? Ich lasse natürlich auch Vorsicht walten. Jeder parfümiert sich bis zum Ersticken, und doch ist es sehr zweifelhaft, ob diese Seuche die Donau überschritten hat.

Adieu und leben Sie wohl, und erhalten Sie mir Ihre Freundschaft. Niemand schätzt sie mehr als ich.

Caterine

Ferney, 22. Dezember 1770

Madame, meine Leidenschaft beginnt etwas unglücklich zu werden. Ich höre nichts mehr von Eurer Kaiserlichen Majestät und von meinem Feinde Mustapha. Alles also, was ich machen kann, ist, Sie mit meinem kleinen Handel mit dem Kaiser von China, Ihrem Nachbarn, zu langweilen.

Ich dachte, daß die Regenfälle des Monats Dezember, die Furcht vor der Pest und vor Hunger den Lauf Ihrer Eroberungen unterbrechen könnten und daß Eure Majestät vielleicht Zeit gefunden hätten, sich mit einer Art von kleiner neuer Enzyklopädie zu unterhalten, die in der Gegend des Jura erscheint. Darin ist die Rede von Eurer so bewundernswerten Person, ab Seite 17 des ersten Bandes, gemäß dem Alphabet. Der Autor muß ganz von Ihnen erfüllt sein, denn wo er kann, spricht er von Ihnen.

Ich kenne den Autor nicht, aber zweifellos ist es ein Mann, dem Sie Gutes erwiesen haben und der von Eurer Majestät beim Begriff «Dankbarkeit» sprechen muß.

In Frankreich soll es Leute geben, die das schlecht finden; aber die ganze Welt sollte es gut finden, und sollte ich ein wenig ihr Opfer sein, ich könnte mich dessen nur rühmen. Die übrigen drei Bände wurden im Frachtverkehr Ihrem Chef der Post geschickt, adressiert an Eure Kaiserliche Majestät.

Ich nehme mir die Freiheit, Sie über eine Uhrenfabrik in Ferney zu unterrichten und deren Dienste

anzubieten, wenn Eure Majestät beim Friedensschluß mit Mustapha ihm die Gunst erweisen wollen, ihm eine Uhr mit Ihrem Bildnis zu verehren. Er
wird zittern, aber er wird auch gerührt sein. Mit
einem Wort, meine Uhrenfabrik steht zu Ihren Diensten; wäre ich jung, ich würde sie selbst nach Saratow
überführen.

Der König von Preußen behauptet, Ali Bey sei
keineswegs König von Ägypten; noch ein Grund,
mit dieser verfluchten osmanischen Macht, deren
Partei so viele ergreifen, Frieden zu schließen. Gewiß
werde ich aus Kummer, Sie nicht auf dem Thron von
Konstantinopel zu sehen, sterben. Freilich weiß ich,
daß man nur in Romanen aus Kummer stirbt; doch
Sie haben mich eben mit einer etwas romanhaften
Leidenschaft erfüllt, und so muß mit einer Kaiserin,
wie Sie es sind, mein Roman auf noble Art enden.
Wenigstens werde ich mich damit trösten, Sie als
Beherrscherin der beiden Ufer des Schwarzen Mee-
res und des Ägäischen Meeres erlebt zu haben.

Geruhen Sie, trotz all meiner Darlegungen, die
größte Hochachtung des Eremiten von Ferney entgegenzunehmen.

12./23. Dezember 1770

Monsieur, niemals hat man eine größere Lüge aufge-
tischt als die vom angeblichen Brief des englischen
Gesandten Murray (datiert aus Konstantinopel), in
dem es heißt, er sehe den Padischah zweimal in der

Woche und daß dieser Italienisch spreche. Ein ausländischer Gesandter sieht den Sultan nur bei den öffentlichen Audienzen. Mustapha versteht nur Türkisch, und es ist zweifelhaft, ob er lesen oder schreiben kann. Dieser Fürst hat einen ungeselligen und blutrünstigen Charakter. Man meint zwar, von Veranlagung her habe er Geist; das mag sein, aber ich spreche ihm Klugheit ab. Jedenfalls hat er davon in diesem Kriege nichts gezeigt. Sein Bruder ist weniger unklug als er; er ist ein Frömmler. Er hat Mustapha vom Kriege abgeraten, und ich glaube nicht, daß man ihm je ein Kommando übertragen wird.

Vielleicht bringt Sie zum Lachen, daß die beiden Fürsten eine Schwester haben, die der Schrecken aller Paschas war. Vor dem Kriege schon war sie über sechzig Jahre alt. Fünfzehnmal war sie verheiratet. Fehlte es an Gatten, dann ließ sie der Sultan, der sie sehr liebt, unter allen Paschas seines Reiches wählen. Wenn nun aber ein Pascha eine Prinzessin des Kaiserhauses heiratet, dann muß er seinen ganzen Harem auflösen. Diese Sultanin war, von ihrem Alter abgesehen, auch noch bösartig, eifersüchtig, kapriziös und intrigant. Ihr Ansehen bei ihrem Bruder war ohne Grenzen, die Paschas, die sie heiratete, oft aber bald ohne Kopf. Das war für sie nicht so angenehm, dennoch ist es wahr.

Sie haben über China so viele schöne Dinge gesagt, daß ich nicht wage, den Wert der Verse des Kaisers dieses Landes zu bezweifeln. Doch wegen der Händel, die ich mit der chinesischen Regierung habe, könnte ich mit Tatsachen aufwarten, die viel von der guten Meinung nähmen, die man von ihrer Lebensart hat und die sie als grobe Ignoranten ausweisen würden. Aber ich schweige und staune über die Berichte der Beauftragten der Propaganda[79], ohne zu widersprechen. Schließlich habe ich es mit der tatarischen Regierung zu tun, die China eroberte, und nicht mit echten Chinesen.

Erhalten Sie mir Ihre Freundschaft und Ihr Vertrauen; seien Sie versichert, daß niemand Sie höher achtet als ich.

Caterine

PS: Die Zeitungen haben gemeldet, ich hätte zahlreiche Personen von Rang verhaften lassen. Ich darf Ihnen sagen, daß daran nichts ist und daß niemand, ob groß oder klein, seine Freiheit verloren hat. Prinz Heinrich von Preußen ist mein Zeuge; ich beziehe mich auf ihn.

Ferney, 22. Januar 1771

> L'Univers admire vos fêtes;
> Nos Français en sont confondus;
> Et je les admire encore plus
> A la suite de vos conquêtes.[80]

Madame, was noch über die Prachtentfaltung hinausgeht, ist der Geist; nie gab es ein Fest mit mehr Genius, besser angeordnet, galanter und nobler. In Paris hatten wir Raketen und ein Feuerwerk zur

Hochzeit des Dauphin mit der Tochter einer Kaiserin.[81] Es gab aber keine außergewöhnliche Geistestat
bei den Kerzen und Raketen. Dafür aber herrschte so
viel Ordnung, daß mehr Leute getötet und verletzt
wurden als bei Ihrem ersten Krieg über die Türken.

Freilich hätte ich gewünscht, daß Apollo Eurer
Kaiserlichen Majestät die grüne Fahne Mohammeds
und den Reiherbusch übergeben hätte, den der dicke
Mustapha auf seinem dicken Turban trägt; doch das
kommt dann dieses Jahr am Ende des Feldzugs.

Bei uns haben sich die Dinge sehr geändert. Einst
gingen die Kreuzzüge von Frankreich aus, heute sind
wir die besten Freunde der Ungläubigen.

> La France à l'Église échappe;
> Nous avons pris le parti
> de secourir le mufti
> Et de dépouiller le pape.[82]

Ich bin zu gering, um zwischen der griechischen, der
römischen und der mohammedanischen Kirche zu
entscheiden, in meiner Zurückgezogenheit befasse
ich mich nur mit Ihrem Ruhm. Ihre Feste sind mir
lieber als die des Hl. Nikolaus und des Hl. Basilius,
des Hl. Barjon mit dem Beinamen Petrus und selbst
des Bairam.[83]

> Si j'ai pour sainte Catherine
> Un peu plus de dévotion,
> C'est parceque mon héroïne
> Descend jusqu'à porter son nom.[84]

Herkules meinetwegen, das wäre ein würdiger Heiliger; auch ist er der Patron eines Grafen Orlow, ja aller vier. Man erzählt, einer dieser Heiligen habe gerade eine Tat begangen, die man in keiner Heiligenlegende findet. Er habe ein türkisches Schiff gekapert, auf dem sich die Möbel und die Diener eines Pascha befanden, und er habe sie ihrem Herrn zurückgeschickt. Nicht nur sind die Herren Ihres Hofes in der Kriegskunst die Meister der Türken; sie bringen ihnen auch gutes Benehmen bei. Das ist wahres Heldentum, und Sie inspirieren sie dazu.

Sie sind meines Erachtens die erste Weltmacht, und ich stelle Sie ohne Bedenken über den Kaiser von China, Ihren Nachbarn, obgleich er Verse verfaßt und ich ihm eine Epistel schrieb, die er nicht lesen wird. Mögen Eure Kaiserliche Majestät noch lange Ruhm und Glück genießen.

Ohne die achtundsiebzig Jahre, die mir zusetzen, hätte ich, Apollo ist mein Zeuge, keine Kolonie von Uhrmachern in meinem Dorf etabliert. Sie sollte nämlich bei Astrachan liegen, wohin ich sie geführt hätte; und dann würde sie nur für Eure Majestät arbeiten.

Meine Kolonie leistet wirklich Ausgezeichnetes. Alsbald werden einige Erzeugnisse bei Ihnen ankommen, und Sie werden selbst feststellen, daß sie nicht besser und nicht preiswerter hergestellt werden können. Sie investieren zu viel in Kanonen und Schiffe, um Ihre Glanztaten mit rechter Wirtschaftlichkeit zu verbinden, die doch im Grunde die Quelle aller Grö-

ße ist. Leben und regieren Sie für den Ruhm Rußlands als Beispiel für die Welt.

Mögen Eure Kaiserliche Majestät Ihrem Bewunderer und Ihrem Herzensuntertan gnädigst gewogen
bleiben. Soeben erhalte ich den Brief Eurer Majestät
vom 12. Dezember alten Stils. Ich vermutete schon,
daß der Brief des englischen Gesandten in der Türkei
der Einbildung eines Kostgängers unserer Zeitungsschreiber entsprang. Mehr denn je danke ich Ihrer
Güte, die mich mit Informationen versieht, womit
ich unsere welschen Maulhelden zum Schweigen
bringen kann.

Was, dieser viehische türkische Sardanapal will
noch einen weiteren Feldzug unternehmen! Aber
Gott sei Dank, Ihnen fehlt nur noch ein einziger Sieg
auf dem Wege nach Adrianopel, um diesen des Thro-
nes unwürdigen Menschen abzusetzen, den einige
unserer Welschen, wie ich selbst hörte, als Genie
rühmen. Doch wohin soll er gehen? Da ist ein Ali
Bey oder Beg, der ihn im Lande des Osiris nicht
empfangen wird; da ist ein Pascha in Akkon, der
einen Aufstand macht. Es gibt nur eine Zukunft: Ihr
Reich nimmt an Stärke zu, Mustaphas ab; der Chevalier Tott wird ihn nicht vor dem Untergang retten.

Ich lege mich Eurer Kaiserlichen Majestät zu Füßen, voller Freude und Hoffnung, in größter Hochachtung und Dankbarkeit.

Der Eremit von Ferney

Petersburg, 12./23. Januar 1771

Monsieur, wenn Sie unglücklich sind, weil Mustapha nicht Schlag auf Schlag besiegt wird, dann können die Wintermonate Ihnen nur schlechte Laune bereiten. Indessen habe ich die tröstende Nachricht bekommen, daß Giurgiu in der Walachei, am Flusse Olta, im Lauf des vergangenen Monats von meinen Truppen besetzt wurde.

Ich denke, Sie sollten mit dem Jahr 1770 zufrieden sein und daß es noch nichts gibt, womit ich mit meinem Nachbarn, dem Kaiser von China, kokettieren könnte, dem ich trotz seiner Verse und Ihrer für ihn wachsenden Leidenschaft (hoffentlich ärgern Sie sich nicht noch einmal deswegen) allmählich gesunden Menschenverstand abspreche. Sie werden sagen, das sei reine Eifersucht; überhaupt nicht. Ich werde aber meine römische Nase nicht an seinem breiten und flachen Gesicht plattdrücken; ich erhebe auch keinen Anspruch auf sein Talent, schlechte Verse zu machen; nur Ihre möchte ich lesen.

Die Epistel an meinen Rivalen ist charmant. Ich habe sie sogleich Prinz Heinrich zu lesen gegeben, und auch ihm hat sie gleicherweise gefallen. Aber wenn schon das Schicksal will, daß ich bei Ihnen einen Rivalen habe, dann soll es, bei der Heiligen Jungfrau, doch nicht der Kaiser von China sein, auf den ich nun einmal nicht gut zu sprechen bin. Nehmen Sie lieber Herrn Ali Bey von Ägypten, der ist tolerant, gerecht, umgänglich und menschlich.

Manchmal ist er auch ein kleiner Räuber, aber man muß seinem Nächsten einige Fehler nachsehen. Die goldenen Lampen von Mekka haben ihn in Versuchung geführt; nun wohl, er weiß sie gut zu gebrauchen. Er wird Mustapha, der weder Krieg führen noch Frieden schließen kann, noch viel zu schaffen machen.

Sie werden vielleicht sagen, ich versuche Ihren Geschmack zu beeinflussen und daß Neigung sich nicht befehlen lasse; nein, ich will Sie zu nichts zwingen, ich biete Ihnen nur eine Petition und eine andere Vorstellung zugunsten von Ali von Ägypten an, gegen die Stupsnase und die schlechten Verse meines törichten Nachbarn, mit dem ich, Gott sei Dank, keine Händel mehr habe.

Ihre Bücher habe ich bekommen, ich verschlinge sie. Ich bin Ihnen sehr verbunden, auch für die Seite 17. Ich wäre verzweifelt, wenn sie für den Autor in seinem Vaterlande schädlich wäre. Inständig bitte ich Sie, mir die Folge Ihrer Enzyklopädie zu schicken, sobald sie erscheint.

Sagen Sie bitte, ob Sie die ausführliche Beschreibung des Festes, das ich für Prinz Heinrich gab, erhalten haben. Vor sechs Tagen hat er uns verlassen; es scheint ihm hier besser gefallen zu haben als dem Abbé Chappe, der, in einem dicht verschlossenen Schlitten reisend, alles in Rußland gesehen hat.

Was die Manufaktur von Ferney betrifft, so schrieb ich Ihnen schon, uns Uhren jeder Art für einige tausend Rubel zu schicken; ich nehme alle.

Der König von Preußen kann sagen was er will, Ali Bey ist Herr von Ägypten. Wenn ich nach Stambul komme, werde ich ihn um seinen Besuch bitten, damit Sie ihn mit eigenen Augen sehen können. Und da ich nicht zweifle, daß Sie mir die Freude machen, die Stelle des Patriarchen zu übernehmen, werden Sie die Genugtuung haben, an Ali Bey das Sakrament der Taufe, durch Untertauchen oder anders, zu vollziehen.

Bis dahin wollen Sie nicht aus Kummer darüber sterben, daß ich noch nicht in Konstantinopel bin. Welches Stück endet vor dem dritten Akt? Welcher Roman verläßt seinen Helden auf halbem Wege, im Winterquartier am Ufer eines Flusses?

Immer bin ich die aufrichtigste Ihrer Freundinnen.

Caterine

9. Februar 1771

Madame, endlich scheint sich Mustapha entschlossen zu haben, um Gnade zu bitten; langsam begreift er, was Eure Kaiserliche Majestät auf diesem Globus bedeuten und daß der Stern des Nordens viel stärker ist als sein Halbmond.

Ich weiß nicht, ob der Chevalier Tott die Vermittlung des Friedens übernommen hat. Hoffentlich wird Seine Hoheit die Kosten des Prozesses zahlen, den Seine Kleinheit zu so ungelegener Zeit gegen Sie angestrengt hat. Und ich hoffe auch, daß er die reizende Gewohnheit aufgibt, die Gesandten der Staaten, mit denen er Krieg führt, in den Sieben Türmen unterzubringen, eine Gewohnheit, die Europa gegen ihn zu Felde führen müßte.

Eure Majestät ziehen wieder die Kleider der Gesetzgeberin an, nachdem Sie die Rüstung der Amazonen abgelegt haben; es wird Ihnen keine Mühe machen, Polen zu befrieden, und schließlich wird mein Stern des Nordens sehr viel heller strahlen als unsere Sonnen des Südens.

Doch bin ich noch immer ärgerlich, daß mein Stern seinen Zenit nicht direkt über dem Kanal des Schwarzen Meeres erreicht. Aber wenn der Friede im Himmel geschlossen wird, dann muß ihn Ihre schöne und erhabene Hand unterzeichnen; ich unterwerfe mich den Befehlen des Schicksals. Das ist eine andere, geheiligte Majestät, die zu allen Zeiten die Majestäten hier auf Erden gelenkt hat.

Es hat den Herzog von Choiseul, den Herzog von Praslin und das Parlament von Paris aufs Land geschickt, mitten im Winter. Es hat einen Franziskaner zum Papst gemacht. Es wird dem armen Ali Bey die Hoffnung nehmen, Pharao von Ägypten zu werden, und könnte ihn sehr wohl in den Stand versetzen, den Joseph dem Oberbrotmeister des Pharao prophezeite.[85]

Das Schicksal greift alle Tage ein, ohne sich Gedanken zu machen; gute Christen wie Sie sagen, das sei die Vorsehung, und ich sage das auch, um Ihnen den Hof zu machen.

Wenn es jedoch Eurer Majestät vorherbestimmt wäre, sich über die Friedensbestimmungen mit dem Diwan nicht zu einigen, dann flehe ich Ihre Vorsehung an, Ihre siegreichen Truppen die Donau überschreiten zu lassen und dem Prinzen Heinrich Feste im Atmeidan[86] zu geben. Ich grolle etwas mit dem Schicksal, das mir siebenundsiebzig Jahre geschenkt hat und eine so schwache Gesundheit mit einer so heftigen Leidenschaft, den Hof meiner Heldin, umgeben von ihren Helden, zu schauen.

Ich habe das Unglück, mich Ihnen nur von ferne mit der größten Hochachtung zu Füßen zu legen.

Der Eremit von Ferney

PS: Ich schrieb dem König von Dänemark einen Brief in Versen, worin auch der Name Eurer Kaiserlichen Majestät vorkommt; aber ich wage nicht, ihn Ihnen ohne Ihre Erlaubnis zu senden.

Ferney, 12. März 1771

Madame, Sie sind gebenedeit unter allen Kaiserinnen und allen Frauen. Ich höre, ein starkes Korps Ihrer Truppen habe die Donau überschritten, daß der Rest an Türken, die sich noch in der Walachei befanden, vernichtet sei, daß Ihre Schiffe die Dardanellen blokkieren und daß ich mich nun endlich in einer Sänfte Ende Oktober nach Konstantinopel tragen lassen kann, falls ich noch lebe.

Es ist wahr, daß der französische Wesir[87], der jetzt nicht mehr Wesir ist, sich nur vorzuwerfen hatte, wenig charmant Eurer Kaiserlichen Majestät gegenüber gewesen zu sein. Er war um so schuldiger, als er ansonsten sehr galant ist und gerne edel, großzügig und kühn handelt.

Ich habe ihn in seinem Benehmen gar nicht mehr wiedererkannt, und es gab deswegen viel Streit. Aber niemals gab ich auf; immer bedeutete ich ihm, daß ich Ihnen treu bliebe, daß Sie triumphieren würden und daß ein Mustapha nur ein großer Ochse, genannt Sultan, sei. Meine Dispute mit ihm haben aber sein Wohlwollen, das er mir gegenüber stets bewies, nicht berührt. Jetzt, da er unglücklich ist, bin ich ihm mehr denn je zugetan; so wie ich mehr denn je ein Catharinier bin, im Gegensatz zu denen, die unverständig genug sind, Mustaphiker zu sein.

Eure Kaiserliche Majestät haben in dem neuen König von Schweden[88] einen Nachbarn, der in allem weiter als sein Alter ist und viel Geist und gute Gaben mit großen Kenntnissen vereint. Nachbarn sind nicht immer enge Freunde; aber er, bis jetzt, scheint würdig, Ihr Freund zu sein. Ich glaube nicht, daß er Verse wie Kien-Long schmiedet, aber er scheint viel mehr wert zu sein als Ihr östlicher Nachbar.

Meine Kolonie hat die Ehre, in einem Monat einige Uhren zu schicken, da Eure Majestät dies zu gestatten geruhen; sie liegt Ihnen ebenso zu Füßen wie ich.

Meine Phantasie beschäftigt sich zur Zeit mit

nichts anderem als mit der Donau, dem Schwarzen Meer, Adrianopel, dem Archipel und mit dem Gesicht, das Mustapha mit seinem schwarzen Eunuchen in seinem Harem machen wird.

Ich bitte Eure Kaiserliche Majestät, die größte Hochachtung, die Dankbarkeit und die Begeisterung des alten Eremiten von Ferney gütigst anzunehmen.

Petersburg, 3./14. März 1771

Monsieur, als ich Ihre Questions sur L'Encyclopédie las, wiederholte ich, was ich schon tausendmal gesagt habe: daß vor Ihnen niemand wie Sie schrieb und daß es sehr zweifelhaft ist, ob nach Ihnen jemals irgend jemand Ihnen gleicht. In diesen Gedanken fanden mich Ihre beiden letzten Briefe vom 22. Januar und 5. Februar.

Sie können sich denken, welches Vergnügen sie mir gemacht haben. Ihre Verse und Ihre Prosa werden nie übertroffen werden. Ich halte sie für das Nonplusultra der französischen Literatur, und dabei bleibe ich. Wenn man sie gelesen hat, will man sie immer wieder lesen, und anderer Lektüre wird man überdrüssig.

Da das Fest, das ich dem Prinzen Heinrich gab, Ihren Beifall findet, so möchte auch ich glauben, daß es schön war. Davor habe ich ihm ein Fest auf dem Lande gegeben, wo an Kerzen und Raketen nicht gespart wurde. Aber niemand wurde verletzt; entsprechende Maßnahmen waren getroffen worden.

Das schreckliche Unglück in Paris im letzten Jahr hat
uns vorsichtig gemacht. Im übrigen kann ich mich
nicht erinnern, seit Jahren einen ausgelasseneren Karneval erlebt zu haben. Vom Oktober bis zum Februar
gab es nichts als Feste, Bälle, Schauspiele und so
weiter.

Ich weiß nicht, ob es mich der vergangene Feldzug
so empfinden ließ oder ob tatsächlich lauter Freude
unter uns herrschte. Ich höre, andernorts sei es nicht
so gewesen, obwohl man sich seit acht Jahren eines
ununterbrochenen, angenehmen Friedens erfreut.
Ich hoffe, daß nicht christliche Anteilnahme, die man
am Unglück der Ungläubigen bezeugt, der Grund
dafür war. Dieses Gefühl wäre der Nachkommen der
ersten Kreuzfahrer unwürdig.

Es ist nicht lange her, daß Sie in Frankreich einen
neuen Hl. Bernhard[89] hatten, der einen Kreuzzug gegen uns predigte, ohne daß er, wie ich glaube, selber
wußte, wozu. Aber dieser Hl. Bernhard hat sich in
seinen Prophezeiungen geirrt, wie auch der erste.
Nichts von dem, was er voraussagte, ist eingetroffen;
er hat die Gemüter nur erbittert. Wenn das seine
Absicht war, dann ist sie ihm, wie man zugeben muß,
gelungen. Aber diese Absicht ist eines so großen
Heiligen nicht würdig.

Sie, der Sie ein so guter Katholik sind, überzeugen
Sie bitte Ihre Glaubensbrüder, daß die griechische
Kirche unter Katharina II. nichts gegen die römische
hat noch gegen sonst eine Kirche, sondern daß sie
sich nur verteidigt.

Sie werden bestätigen, daß in diesem Krieg unsere Soldaten sich glänzend geschlagen haben. Graf Alexej Orlow hört nicht auf, ehrenvolle Taten zu vollbringen. Er hat gerade sechsundachtzig algerische Kriegsgefangene dem Großmeister von Malta übergeben und gebeten, sie in Algier gegen christliche Sklaven auszutauschen. Es ist lange her, daß ein Johanniterritter so viele Christen aus den Händen der Ungläubigen befreit hat.

Haben Sie den Brief des Grafen an die europäischen Konsuln in Smyrna gelesen, die ihn baten, er möge die Stadt nach der Niederlage der türkischen Flotte verschonen? Sie sprechen von der Rückgabe eines türkischen Schiffes, auf dem sich die Möbel, die Diener usw. befanden, an einen Pascha. Die Sache verhielt sich so:

Wenige Tage nach der Seeschlacht von Tschesme kam von Kairo ein Schatzmeister der Hohen Pforte zu Schiff zurück mit seinen Frauen, Kindern und seiner ganzen Habe, um sich nach Konstantinopel zu begeben. Auf der Fahrt erreichte ihn die Falschmeldung, die türkische Flotte habe die unsrige geschlagen. Er beeilte sich, an Land zu gehen, um als erster dem Sultan die gute Nachricht zu überbringen. Während er spornstreichs nach Stambul ritt, führte eines unserer Schiffe das seinige dem Grafen Orlow zu; dieser verbot streng, daß jemand den Frauenraum betrat und sich an der Ladung des Schiffes vergriff. Er ließ die jüngste der drei Töchter des Türken, sechs Jahre alt, zu sich kommen, schenkte ihr einen Dia-

mantring und einige Pelze und schickte sie mit der
ganzen Familie und allem, was sie besaßen, nach
Konstantinopel. Das war dann auch in den Zeitungen zu lesen. Aber bis jetzt erfuhr man noch nicht,
daß Graf Rumjanzew einen Offizier ins Lager des
Wesirs entsandte und dieser zuerst zum Kiaga des
Wesirs geführt wurde. Der Kiaga fragte ihn, nachdem erste Komplimente ausgetauscht worden waren: «Gibt es einen der Grafen Orlow bei der Armee?» Der Offizier verneinte es. Der Türke fragte
ihn nachdrücklich: «Wo sind sie denn?» Der Major
berichtete ihm, daß zwei bei der Flotte dienten und
die drei anderen in Petersburg seien. «Ihr sollt wissen», antwortete der Türke, «daß ihr Name mir teuer
ist und daß wir alle bewundern, wessen wir Zeuge
waren. Ganz besonders mir gegenüber haben sie ihren Großmut bewiesen. Ich bin jener Türke, der seine
Frauen, seine Kinder und all seine Habe dem Grafen
Orlow verdankt. Niemals kann ich ihnen meine
Schuld abtragen, aber wenn ich im Leben ihnen einmal dienlich sein kann, dann würde ich das für ein
Glück halten.» Er fügte noch viele andere Dankesbe-
kundungen hinzu und sagte unter anderem, daß der
Wesir seine Dankbarkeit kenne und sie billige. Und
dabei liefen ihm die Tränen über die Wangen.

So also waren die Türken vom Großmut der griechisch-orthodoxen Russen zu Tränen gerührt. Ein
Gemälde dieser Tat des Grafen Orlow wird einmal in
meiner Galerie das Pendant zu dem des Scipio sein.

Die Untertanen meines Nachbarn, des Kaisers von

China, treiben mit uns Handel, nachdem er anfing, einige unangemessene Hindernisse aufzuheben. Sie tauschten Waren für drei Millionen Rubel in den ersten vier Monaten seit der Öffnung des Handels. Die kaiserlichen Fabriken meines Nachbarn stellen Tapeten für mich her im Austausch gegen Getreide und Schafe.

Sie sprechen oft von Ihrem Alter; aber wie dem auch sei, Ihre Werke bleiben sich immer gleich. Davon zeugt die «Encyclopédie» mit so viel Neuem. Man braucht sie nur zu lesen, um zu erkennen, daß Ihr Genie in voller Kraft besteht; was Sie betrifft, so werden die Eigenschaften, die man dem Alter zuschreibt, zu Vorurteilen.

Ich bin sehr gespannt auf die Erzeugnisse Ihrer Uhrmacher; wenn Sie eine Kolonie in Astrachan einrichten, dann würde ich versuchen, Sie dort zu besuchen. A propos Astrachan! Ich muß Ihnen sagen, daß das Klima von Taganrog unvergleichlich besser und gesünder ist als das von Astrachan. Alle, die von dort kommen, sagen, man könne diesen Ort gar nicht genug loben. Die Alte im «Candide» imitierend, will ich Ihnen eine Geschichte erzählen:

Nach der ersten Eroberung von Asow wollte Peter der Große einen Hafen am Schwarzen Meer besitzen, und er wählte Taganrog. Der Hafen wurde angelegt. Alsdann schwankte er lange, ob er Petersburg an der Ostsee oder eine Stadt bei Taganrog erbauen solle. Schließlich entschieden die Ereignisse für die Ostsee. Klimatisch haben wir dabei nichts gewonnen, denn da unten gibt es kaum Winter, während er bei uns sehr lange währt.

Die Welschen, die das Genie Mustaphas preisen, preisen sie auch seine Heldentaten? Mir sind in diesem Kriege keine bekanntgeworden, abgesehen davon, daß er einigen Wesiren den Kopf abschlagen ließ und daß er den Pöbel von Konstantinopel nicht im Zaum halten konnte, als vor seinen Augen die Gesandten der ersten Mächte Europas krumm und lahm geschlagen wurden, während meiner in das Gefängnis der Sieben Türme geworfen wurde; der Unterhändler aus Wien ist an seinen Verletzungen gestorben.

Wenn das Zeichen von Genie sind, dann bete ich zum Himmel, mich damit zu verschonen und sie ausschließlich für Mustapha und den Chevalier Tott, seinen Helfer, zu reservieren. Er wird erdrosselt werden, wenn die Reihe an ihn kommt; dem Wesir Mahomet geschah es auch, obwohl er dem Sultan das Leben gerettet hatte und sein Schwiegersohn war.

Der Friede ist noch nicht so nahe, wie die Zeitungen verbreiten. Ein dritter Feldzug ist unvermeidlich, und Herr Ali Bey hat noch Zeit, seine Position zu festigen. Sollte er aber letztlich keinen Erfolg haben, dann wird er mit Ihren Emigranten den Karneval in Venedig verbringen.

Bitte, schicken Sie mir die Epistel, die Sie, wie Sie schrieben, dem jungen König von Dänemark verehrt haben; ich möchte nicht eine Zeile von Ihren Schriften missen. Daran mögen Sie erkennen, welches Ver-

gnügen die Lektüre Ihrer Werke mir macht und wie
ich sie über alles schätze.

Seien Sie der Hochachtung und der Freundschaft
für den Heiligen Eremiten von Ferney, der mich
seine Favoritin nennt, versichert; Sie sehen, daß ich
mich dessen rühme.

Caterine

5./16. März 1771

Monsieur, ich erhielt fast gleichzeitig Ihre Briefe vom
14. und 27. Februar. Sie wünschen, daß ich Ihnen ein
Wort über die Grobheiten und Dummheiten der
Chinesen sage, die ich in einem meiner Briefe er-
wähnte. Wir sind Nachbarn, wie Sie wissen; beiderseits der Grenzen wohnen Hirten, Tataren, Heiden.
Es sind große Straßenräuber. Sie nehmen sich gegenseitig, oft aus Vergeltung, ihre Herden und auch
Menschen weg. Solche Streitereien werden dann von
Kommissaren, die an die Grenzen gesandt werden,
beigelegt.

Die Herren Chinesen sind so große Schikaneure,
daß es hieße, das Meer austrinken, wollte man mit
ihnen mit solchen Erbärmlichkeiten zu einem Ende
gelangen; mehr als einmal geschah es, daß sie, weil sie
sonst nichts zu fordern hatten, die Gebeine der Toten
verlangten, nicht um ihnen die letzte Ehre zu erweisen, sondern rein aus Schikane.

Solche Vorkommnisse dienten ihnen als Vorwand,
um auf zehn Jahre den Handel abzubrechen. Ich sage

Vorwand, denn der wahre Grund war, daß Seine
Chinesische Majestät an einen seiner Minister das
Handelsmonopol mit Rußland vergeben hatte. Die
Chinesen und die Russen beklagten sich darüber gleicherweise, und weil jeder Handel nur schwer zu verhindern ist, tauschten beide Nationen ihre Waren
dort aus, wo es keine Zollstation gab, und nahmen
die Risiken in Kauf.

Als wir von hier aus ihnen den Stand der Dinge
darlegten, erhielten wir als Antwort weitschweifige
Noten in schlechter Prosa, von philosophischem
Geist oder Höflichkeit nicht die Spur, die von Anfang
bis Ende nur ein Gewebe aus Unwissenheit und Bar-
barei waren. Wir sagten ihnen, daß wir nicht gewillt
seien, auf ihren Stil einzugehen, weil er in Europa
und in Asien für unhöflich gelte.

Man könnte darauf erwidern, daß die Tataren, die
China eroberten, nicht gleich den alten Chinesen
sind; ich will es glauben. Aber das beweist nur, daß
die Eroberer die Gesittung der Eroberten nicht angenommen haben und daß letztere Gefahr laufen, unter
den Einfluß der Sitten der Herrschenden zu geraten.

Ich gehe über zum Artikel über die Gesetze, den
Sie mir zukommen ließen und der für mich so
schmeichelhaft ist. Gewiß wäre ohne den Krieg, den
der Sultan mir ungerechterweise erklärt hat, ein großer Teil dessen, was Sie sagen, bereits verwirklicht.
Im Augenblick aber kommen wir nur dazu, Projekte
für die verschiedenen Zweige am großen Baum der
Gesetzgebung zu entwerfen, entsprechend meinen

Grundsätzen, die veröffentlicht wurden und die Sie kennen. Vorerst sind wir damit beschäftigt, uns zu schlagen, und das gibt uns allzuviel zu tun, um uns auch noch angemessen dem ungeheuren Gesetzes- werk zu widmen.

Ich mag mehr Ihre Verse als ein Korps von Hilfs- truppen; die könnten nämlich in einer entscheiden- den Situation davonlaufen. Ihre Verse werden noch die Nachwelt entzücken, die nur das Echo Ihrer Zeit- genossen sein kann. Die Verse, die Sie mir schickten, prägen sich dem Gedächtnis ein, und das Feuer der Leidenschaft, das sie beherrscht, ist bewunderns- wert. Begeistert möchte ich Ihnen prophezeien, daß Sie zweihundert Jahre alt werden.

Man erhofft gern, was man wünscht; erfüllen Sie bitte meine Prophezeiung, es ist die erste, die ich ausspreche.

Caterine

31. März / 11. April 1771

Monsieur, Ihre Glückwünsche tun mir gut, trotz der großen Kälte, dem Krieg, Mustapha und seinem schwarzen Eunuchen.

Man hat Ihnen richtig berichtet; eine Abteilung der Armee des Grafen Rumjanzew hat die Donau über- schritten und viel Schrecken am jenseitigen Ufer ver- breitet. Es stimmt auch, daß Ihre Feinde, die Türken, aus der Walachei verjagt wurden. Sie halten nur noch einen einzigen Platz diesseits der Donau, der Turno heißt. Es gab einen lebhaften Kampf bei Giurgiu; zweitausend Muselmanen haben dort ins Gras gebissen und mindestens viertausend ertranken in der Donau; danach hat sich das Schloß, das auf einer Insel im Strom liegt, durch Kapitulation dem Grafen Oliz ergeben.

Der Sultan, über diese Verluste höchst erzürnt, wußte nicht, an wen er sich halten sollte, und ließ nach dem Kopf des Hospodar *in partibus*, den er im letzten Jahr ernannt hatte, fahnden. Dieser, nebenbei gesagt, fand die Walachei fast gänzlich in unserer Hand.

Man bestätigt mir allerseits das Gute, das Sie mir vom neuen König von Schweden berichten. Ein naher Verwandter, ein naher Nachbar, hoffen wir also, daß wir miteinander in Frieden leben.

Alles ist soweit, Sie zufriedenzustellen und dem Sultan Kummer zu bereiten. Graf Orlow, der für einen Augenblick hierherkam, ist nach Livorno mit dem Fürsten Dolgorukij aufgebrochen; von da schiffen sie sich nach Paros[90] ein; dort befinden sich die Truppen und unter anderem eine große Abteilung vom Preobraschenskij-Garderegiment.[91]

Den Gefühlen der Hochachtung und der Freundschaft für Sie könnte nichts hinzugefügt werden.

Caterine

Ferney, 30. April 1771

Madame, ich schicke Eurer Kaiserlichen Majestät, wie befohlen, die Epistel an den König von Dänemark. Mir scheint, sie ist nicht so gut wie die, die ich an die Heldin des Nordens adressierte. Mein bißchen Talent hat sich offenbar der Größe des Themas angepaßt.

Denn wenn auch der König von Dänemark das Glück seiner Völker erstrebt und wenn er auch die algerischen Piraten mit Kanonen beschoß, so hat er doch nicht den Stolz der Osmanen gedemütigt und hat nicht über Mustapha triumphiert. Auch hat er mit seinem Ruhm als Eroberer nicht den Sinn für die Literatur verbunden.

Was die Welschen angeht, die westlich von Deutschland leben und gegenüber England, so haben sie nichts erobert, seitdem sie das fruchtbare Kanada verloren haben. Sie produzieren zwar ständig viele Bücher, aber nicht ein einzig gutes. Die Parlamente des Königreichs, die sich wegen der Namensgleichheit wie das Parlament von England vorkommen, bekämpfen die Regierung mit Flugschriften; die Theater lärmen mit schlechten Stücken, denen man auch noch Beifall zollt. All das bildet das erste Volk der Welt, den ersten Hof der Welt, die ersten Affen der Welt. Sie veranstalten einen Bürgerkrieg auf dem Papier, der nicht schlecht dem der Ratten und der Frösche ähnelt.[92]

Ich weiß nicht, ob der Chevalier Tott der erste

SATIRISCHES FLUGBLATT
AUF DIE ORGANISATION DER TÜRKISCHEN ARMEE
DURCH FRANZÖSISCHE OFFIZIERE

Kanonier der Welt ist, aber ich hoffe, daß der osmanische Thron, für den ich wenig übrig habe, nicht der erste Thron ist.

Ich höre in meiner Einsamkeit, daß die Eröffnung des Feldzuges bereits von einem Ihrer Siege gekennzeichnet ist. Ich flehe Eure Kaiserliche Majestät an, mir gütigst zu sagen, ob ich meine Sänfte dieses oder nächstes Jahr bestellen soll, um am Bosporus spazierenzugehen.

Meine Kolonie arbeitet und profitiert vom Wohlwollen Eurer Majestät. Sie rechnet damit, in einer Woche drei oder vier kleine Kisten mit Uhren abzuschicken, im Wert von etwa 8 bis 80 Louisdor. Darunter sind welche mit Diamanten und Ihrem Bildnis, von einem hervorragenden Maler gemalt; alle Uhren sind gut und richtig eingestellt. Meine Leute arbeiten mit dem Eifer, der sich gehört, wenn man Ihnen dient. Alle Preise sind um ein gutes Drittel billiger als in England, doch wurde an nichts gespart.

Wir alle in unserem Kanton wünschen inständig, daß alle Stunden, die diese Uhren anzeigen, Ihnen günstig sind und daß Mustapha immer nur schlechte Viertelstunden verbringt.

Die Heldin des Nordens geruhe den tiefsten Respekt und die Dankbarkeit des alten Kranken vom Jura anzunehmen.

Ferney, 6. Mai 1771

Madame, ich werde mich in einer Sänfte nach Taganrog tragen lassen, weil das Klima dort so angenehm
ist; aber ich glaube, die Luft an Ihrem Hof wäre noch
viel gesünder für mich. Ich werde das Vergnügen
haben, weder nach griechischem noch nach römi-
schem Ritus zu sterben. Denn Eure Kaiserliche Majestät erlauben, daß jeder sich nach seiner Phantasie in
die andere Welt einschiffe. Man wird von mir keinen
Konfessionspaß verlangen.

Aber ich gehe nicht nach Nipchou, dort trifft man
keine Chinesen guter Gesellschaft; sie sind alle in
Peking damit beschäftigt, die Verse des Kaisers von
China in zweiundzwanzig Buchstaben umzu-
schreiben.

Ich vermute, daß Ihre östlichen Nachbarn sehr
wenig informiert, sehr stolz und kleine Spitzbuben
sind; aber Ihre andern Nachbarn, die Türken, sind
noch unwissender und noch eingebildeter. Man hält
sie nur deswegen für weniger betrügerisch, weil sie
reicher sind. Ich glaube, Ihre Truppen würden noch
leichter die Nachfolger des Konfuzius als die des
Mohammed schlagen.

Zu Ihren Füßen lege ich den vierten und fünften
Band der «Questions sur L'Encyclopédie». Ich kann
mir nicht versagen, gelegentlich von meinem dicken
Mustapha zu sprechen; und während Ihre tapferen
Truppen Städte erobern und die Janitscharen verja-
gen, nehme ich mir die Freiheit, ihrem Herrn einige

Nasenstüber zu versetzen und mich unter Ihren Schutz zu stellen.

Ich bin überzeugt, daß der große Dichter Kien-Long das Menschenrecht nicht in der Person Ihres Gesandten verletzt hätte. Der Sultan soll ihn noch immer gefangenhalten, als hätte er ihn im Kampf gefangengenommen. Ich hoffe, daß er nach der nächsten Schlacht freikommt.

Ich wundere mich noch immer, daß die Fürsten und die Republiken der Religion Christi ruhig die schmachvollen Beleidigungen für ihre Gesandten bei der Hohen Pforte hinnehmen, sie, die doch oft so empfindlich bezüglich ihrer Ehre sind.

Für Ali Bey bete ich ständig. Aber ich weiß von Ägypten nicht mehr, als die Hebräer wußten, die so viele wunderbare Dinge darüber erzählt haben.

Als das kleine Paket mit den «Questions» gepackt wurde, kamen meine Kolonisten von Ferney, die sich Ihnen zugehörig betrachten, mit zwei Kisten Uhren; ich fand sie zu schwer und wagte nicht, beide Kisten gleichzeitig auf die Reise zu schicken.

Ich legte die «Questions» in die Kiste, die morgen mit der Post abgeht. Ich schickte sie an das Büro der Schweizer Postkutschen mit der einfachen An-schrift: An Ihre Kaiserliche Majestät, die Kaiserin von Rußland. Da wird jeder die Kiste respektieren, und kein polnischer Konföderierter wird es wagen, sie anzurühren. Eure Majestät sind zu gut, zu nach-sichtig und wirklich zu großartig, um sich in Baga-tellen zu verausgaben, da Sie so außergewöhnlichen

Aufwand schon mit Kanonen, Schiffen und Siegen treiben.

Mir scheint, daß, wenn die Tatarchinesen von Nipchou gesunden Menschenverstand hätten, sie gewöhnliche Uhren kaufen würden, um sie dann in ihrem ganzen Reich mit Gewinn weiterzuverkaufen. Die Genfer unterhalten ein Kontor in Kanton und verdienen beträchtlich. Könnte man nicht auch ein Kontor an Ihrer Grenze einrichten? Meine Kolonie würde Silberuhren zum Preise von 12 bis 13 Rubel und goldene Uhren liefern, die nicht mehr als 30 bis 40 Rubel kosteten, und sie würde sich verpflichten, davon jährlich für zweihunderttausend Rubel zu liefern, wenn es notwendig wäre. Aber offenbar sind die Chinesen zu argwöhnisch und andererseits zu verdächtig, um sich mit Ihnen in einen großen Handel einzulassen, der Großzügigkeit und Offenherzigkeit verlangt. Wie auch immer, ich bin nur der Kanal, durch den diese Sendungen und Angebote passieren.

Die Größe Ihrer Seele bewundere ich um so mehr, als ich Ihre Erfolge und Ihre Eroberungen liebe; ich liege Eurer Kaiserlichen Majestät zu Füßen mit tiefstem Respekt und unverbrüchlicher Dankbarkeit.

PS: Ich mache mein Paket noch einmal auf, um Eurer Kaiserlichen Majestät zu sagen, daß ich in diesem Augenblick aus Paris ein Buch mit dem Titel «Manifeste de la République confédérée de Pologne, du 15 novembre 1769» erhalte. Das Erscheinungsjahr ist 1770.

Bei der Schönheit des Drucks möchte man glauben, daß es aus der Königlichen Druckerei zu Paris komme; dennoch verdient das Werk nicht die Ehre des Louvre. Hier etwas von Seite 5: «Die Hohe Pforte, unser guter Nachbar und treuer Verbündeter, motiviert durch die Verträge, die sie mit der Republik verbinden, und aus dem gleichen Interesse, das sie der Erhaltung unserer Rechte beimißt, hat zu unseren Gunsten zu den Waffen gegriffen; alles erfordert von uns, unsere Kräfte mit den ihren zu vereinen, um uns dem Sturz unserer heiligen Religion zu widersetzen.»

Ist das nicht eine ganz reizende Schlußfolgerung? Mit Intrigen haben wir erreicht, daß die Muselmanen unverschämterweise den ungerechtesten Krieg erklärten; also müssen wir dem Sturz der heiligen katholischen Kirche zuvorkommen, über die sich alle Welt mokiert, die aber niemand zerstören will, wenigstens nicht jetzt.

Ich denke, es war ein Küster einer Kirchengemeinde in Paris, der diese schöne Apologie geschrieben hat. Eure Majestät kennen sie sicherlich. Sie hat das französische Ministerium sehr beeindruckt. Man unterstellt in dieser Schrift Seite 240 und 241 Ihren Truppen Grausamkeiten, die, wären sie wahr, alle Geister in Aufruhr versetzen müßten.

Dieses Manifest wird in ganz Europa verbreitet. Eure Majestät werden darauf mit Siegen und mit jenem Großmut antworten, der den Sieg noch respektabler macht.

Ferney, 15. Mai 1771

Madame, zunächst möchte ich sagen, daß ich die Ehre
hatte, die Prinzessin Daschkow in meiner Eremitage
zu empfangen. Kaum hatte sie meinen Salon betreten, da erkannte sie Ihr Portrait in Mezzo-tinto, auf
Atlas gewebt und mit einer Blumengirlande um-
kränzt. Eure Kaiserliche Majestät haben es wohl von
Herrn Lassalle bekommen; es ist ein Meisterwerk der
Künste, die in Lyon betrieben werden und die man
bald auch in Petersburg oder Adrianopel oder Stambul pflegen wird, wenn die Dinge so weitergehen.

Eine geheime Kraft muß Ihr Antlitz ausstrahlen;
denn ich sah die Augen der Prinzessin Daschkow
feucht werden, als sie das Seidenstück betrachtete.
Sie sprach mir vier Stunden ohne Unterbrechung
von Eurer Kaiserlichen Majestät, und ich glaubte, es
seien nur vier Minuten gewesen.

Ich bekam von ihr die Predigt des Erzbischofs
Platon von Twer, die er vor dem Grabmal Peters des
Großen hielt am Tage, nachdem Eure Majestät die
Nachricht von der vollständigen Vernichtung der
türkischen Flotte erhalten hatte. Diese Rede, die an
den Gründer von Petersburg und Ihrer Flotten ge-
richtet war, ist meines Erachtens eines der schönsten
Denkmäler auf Erden. Niemals hat ein Redner einen
so glücklichen Gegenstand gehabt. Der Platon der
Griechen hat nichts dergleichen behandelt. Ich erach-
te diese erhabene Zeremonie für den schönsten Tag
Ihres Lebens, Ihres bisherigen Lebens, denn ich rech-

FÜRSTIN JEKATERINA ROMANOWNA DASCHKOWA.

ne sehr damit, daß Sie noch schönere erleben werden. Da Sie schon mal einen Platon in Petersburg haben, hoffe ich, daß die Grafen Orlow in Griechenland Miltiadesse und Themistoklesse schaffen.

Ich habe die Ehre, Eurer Kaiserlichen Majestät die Übersetzung einer Predigt aus Litauen zu übersenden; es ist eine bescheidene Antwort auf die etwas zu groben und zu lächerlichen Lügen, die die polnischen Konföderierten in Paris drucken ließen.

Es ist ein großes Glück, Feinde zu haben, die zu dumm sind, um zu lügen. Diese armseligen Leute haben in ihrem Manifest gesagt, Ihre Truppen wagten nicht, den Türken Auge in Auge gegenüberzutreten. Da haben sie allerdings recht, denn Ihre Truppen sahen sie ja fast nur von hinten.

Ich weiß nicht, was für eine Predigt die Österreicher in Ungarn halten werden. Vielleicht geht es um den Frieden, vielleicht um einen Kreuzzug. Der Sultan Ali Bey soll bei einer seiner Predigten in Syrien steckengeblieben sein und fast die Sprache verloren haben. Ich glaube nichts davon; Sie werden ihn eloquenter machen denn je. Mustapha wird von links und rechts ermahnt werden; schließlich wird er dem Bischof Platon beichten und gestehen, daß er ein dickes Schwein sei, das gegen meine erhabene Heldin höchst unzeitig gegrunzt habe.

Ich habe immer die Ehre, den Halbmond zu hassen, je mehr ich Anhänglichkeit, Respekt und Dankbarkeit für meinen glänzenden Stern des Nordens hege.

Der alte Eremit von Ferney

25. Mai 1771

Madame, in meiner Eremitage hält sich zur Zeit einer Ihrer Untertanen vom Königreich Kasan auf, Herr Polianskij. Nie erlebte ich so viel Höflichkeit, Weltkenntnis und so viel Dankbarkeit für die Wohltaten Eurer Kaiserlichen Majestät. Angeblich stammte Attila aus Kasan; wenn das stimmt, dann muß die Gottesgeißel ein sehr liebenswürdiger Mann gewesen sein; ich zweifle auch nicht daran, weil Honoria, die Schwester des törichten Kaisers Valentian III., sich in ihn verliebte und ihn durchaus heiraten wollte.

Der Hof des Königs von Spanien bewundert die Großmut des Grafen Alexej Orlow und die Dankbarkeit des Paschas. Der Hof von Versailles dagegen befaßt sich nur mit den Stänkereien der Gerichtshöfe. Während diese welschen Armseligkeiten das ganze müßige Frankreich beschäftigen, vernichtet vielleicht in diesem Augenblick Ihre Flotte die der Türken, oder Ihre Truppen haben die Donau überschritten.

Indessen heißt es, daß Eure Kaiserliche Majestät, welcher der Türke inzwischen Herrn Obreskow zurückgegeben hat, dabei sind, Friedensvorschläge zu prüfen; ich aber glaube, daß Sie zu siegen fortfahren.

Ich lege mich Ihnen zu Füßen mit tiefstem Respekt und mit innigster Dankbarkeit.

Der alte Eremit von Ferney

20./31. Mai 1771

Monsieur, die Staaten des Nordens sind Ihnen zweifellos für die schönen Episteln, die Sie ihnen widmeten, sehr verpflichtet; meine finde ich bewundernswert, und meine jungen Kollegen, dessen bin ich gewiß, werden von ihren Episteln dasselbe sagen. Ich bin ärgerlich, daß ich mich nur mit schlechter Prosa revanchieren kann. In meinem ganzen Leben habe ich weder Verse noch Musik machen können, aber es fehlt mir nicht der Sinn dafür, die Werke eines Genies zu würdigen.

Ihre Beschreibung vom ersten Volk der Welt wird niemandem Grund geben, die Welschen um ihre gegenwärtige Lage zu beneiden. Sie machen jetzt großen Lärm, ohne, wie mir scheint, zu wissen, warum. Es sei so Mode und diese ersetze in Paris oft die Vernunft. Man will ein Parlament und hat doch eins; der Hof hat allerdings die Abgeordneten des alten entlassen, und niemand kann dem König das Recht bestreiten, diejenigen zu entlassen, die sich seine Ungnade zugezogen haben. Die Mitglieder des Parlaments waren gewiß Streithämmel und haben den Staat in die Anarchie getrieben. Offensichtlich führt der ganze Krach zu nichts, und in den Schriften der gegen den Hof opponierenden Partei gibt es viel mehr Phrasen als auf Autoritäten gestützte Prinzipien. Allerdings ist es schwierig, aus meiner weiten Entfernung sich ein Urteil über den Stand der Dinge zu bilden.

Die Türken verlassen sich offensichtlich nicht all-
zusehr auf die Kanonen des Herrn Tott, da sie nun
endlich meinen Gesandten freigelassen haben, der,
wenn man den Erklärungen des Ministers der Pforte
glauben kann, sich jetzt auf österreichischem Boden
befinden muß.

Gibt es in der Geschichte ein Beispiel dafür, daß die
Türken mitten im Kriege den Gesandten eines Staates, den sie durch eine solche Verletzung des Völkerrechts beleidigten, freiließen? Man möchte annehmen, daß Graf Rumjanzew und Graf Orlow ihnen
Lebensart beigebracht haben.

Immerhin ist es ein Schritt zum Frieden, aber noch
ist es nicht soweit. Die Eröffnung des Feldzuges war
für uns sehr günstig, wie Ihnen berichtet wurde.
Generalmajor Weissmann überschritt die Donau
zweimal: Zuerst mit siebenhundert, alsdann mit
zweitausend Mann. Er hat ein Korps von sechstausend Türken geschlagen und sich der Stadt Isatschki
bemächtigt, wo er die Magazine, die im Bau befindli-
che Brücke, die Fregatten, Galeeren und die Schiffe,
die er nicht wegführen konnte, verbrannte. Er machte große Beute, viele Gefangene und eroberte ein-
undfünfzig Kanonen aus Bronze, von denen er die
Hälfte vernagelte. Dann kehrte er auf das diesseitige
Ufer zurück, und niemand hinderte ihn daran, obwohl der Wesir mit sechzigtausend Mann nur sechs
Stunden Weges von Isatschki entfernt stand.

Wenn auch der Friede in diesem Jahr noch nicht
geschlossen werden sollte, so können Sie doch ein-

mal Ihre Sänfte bestellen. Vergessen Sie nicht, eine Wanduhr von Ihrer Fabrik in Ferney mitzubringen. Wir werden ihr einen Platz in der Hagia Sophia geben, und sie wird künftigen Altertumsforschern Gegenstand gelehrter Abhandlungen sein.

Caterine

Ferney, 19. Juni 1771

Madame, auf die Nachricht eines bevorstehenden Friedens zwischen Eurer Kaiserlichen Majestät und Sr. Hoheit Mustapha habe ich alle meine Kriegs- und Vernichtungsprojekte aufgegeben und mich daran gemacht, Ihre Instruktion für Ihr Gesetzbuch wieder zu lesen. Die Lektüre hat auf mich noch größeren Eindruck gemacht als beim ersten Mal. Ich halte die Schrift für das schönste Denkmal des Jahrhunderts. Sie verleiht Ihnen mehr Ruhm als zehn Schlachten am Ufer der Donau, denn schließlich ist es Ihr Werk; Ihr Genie hat sie verfaßt, Ihre schöne Hand hat sie geschrieben; Ihre Hand aber hat keine Türken getötet.

Ich bitte Eure Majestät inständig, wenn Sie Frieden schließen, Taganrog zu behalten, das, wie Sie sagen, ein so mildes Klima hat, damit ich mich dort niederlassen kann, um mein Leben zu beenden, ohne ständig den Schnee auf dem Juragebirge sehen zu müssen. Wenn ich in Taganrog vor dem Nordwind geschützt bin, dann bin ich zufrieden.

Soeben erfahre ich, daß meine Kolonie noch eine sehr große Kiste mit Uhren abgesandt hat. Ich habe meine Handwerker aufs äußerste gescholten, denn sie haben Ihre Güte mißbraucht; der Eifer hat sie zu weit geführt. Anstatt Uhren höchstens für 3000 oder 4000 Rubel zu schicken, haben sie nun für ungefähr 8000 Rubel geliefert; das ist sehr unbescheiden. Ich glaube nicht, daß Eure Majestät beabsichtigen, den Türken so viele Uhren zukommen zu lassen, auch wenn sie sie sehr schätzen. Aber folgendes könnten Sie tun: Es gibt unter den Uhren sehr schöne mit Ihrem Bildnis, die nicht viel kosten. Sie können sie für 3000 bis 4000 Rubel als Geschenkartikel übernehmen, Uhren zum Preise von etwa 15 bis 40 oder 50 Rubel das Stück; den Rest mögen Sie Ihren Kaufleuten überlassen, die daran sehr viel verdienen könnten.

Ich nehme mir die Freiheit, Sie zu bitten, nicht sogleich den Betrag von 39238 französischen Pfund, auf die sich die beiden Sendungen belaufen, zu bezahlen. Sie haben schon so enorme Ausgaben, daß man Ihre Großzügigkeit unbedingt bremsen muß. Wenn meine Handwerker ein Jahr lang auf die Hälfte der Summe warten müßten, dann könnten sie immer noch ganz zufrieden sein, und ich werde es mir angelegen sein lassen, sie zur Geduld anzuhalten.

Übrigens versichern sie mir, und mehrere Kenner bestätigen es, daß ihre Arbeiten viel billiger sind als in Genf und um ein gutes Drittel unter den Preisen von London und Paris liegen. Ich höre sogar, daß sie in Petersburg um das Doppelte der in den Kisten befindlichen Rechnungen verkauft werden, was sich leicht durch Sachverständige nachprüfen ließe.

Wenn Eure Majestät mit den Sendungen und den Preisen einverstanden sind, dann erklären meine Handwerker, alles, was Sie befehlen, auszuführen. Das wäre eine Abteilung der Kolonie von Saratow, in Ferney untergebracht, bis ich sie später nach Taganrog überführen würde. Lieber wäre mir gewesen, wir hätten Ihnen einige Glocken für die Hagia Sophia schicken können oder für die Moschee des Achmed. Aber da Sie sich diesmal nicht des Bosporus bemächtigen wollten, so werden der Großtürke und sein Großwesir schon allzu geehrt sein, von Ihnen Uhren mit Ihrem Bildnis zu erhalten, um zu lernen, Sie alle Stunden des Tages zu respektieren.

Was mich betrifft, so widme ich Eurer Kaiserlichen Majestät alle Stunden, die mir zu leben noch bleiben. Ich lege mich Ihnen zu Füßen mit dem tiefsten Respekt und mit unverbrüchlicher Anhänglichkeit.

Der kranke Greis vom Jura

Juni 1771

Monsieur, nach einer so bedeutenden Schlacht wie der von Tschesme, dem ersten Seesieg, den die Flotte Rußlands seit neunhundert Jahren errungen hat, schien es ganz natürlich, dem Gründer der Marine in der von ihm erbauten Stadt dankbare Huldigungen zu erweisen. Am Tage nach dem Tedeum, gesungen

in der Kirche, in der der Kaiser beigesetzt ist, wurde
nach dem Ritus der rechtgläubigen griechischen Kirche ein Gottesdienst feierlich für den Frieden seiner
Seele zelebriert. Zuvor aber verlas der Bischof von
Twer die Predigt, die die Prinzessin Daschkow Ihnen
übergab, zu Ehren der Seele und des Genies Peters I.
Niemanden gab es, der an diesem Tage nicht Rüh-
rung und Dankbarkeit beim Gedenken des großen
Mannes bezeugt hätte. So verließen wir alle sehr
befriedigt die Kirche. Ich bedauerte nur, daß die Stan-
darte des Osmanischen Reiches, die unsere Leute
dem Schiff des türkischen Admirals entrissen hatten,
mit unserem Schlachtschiff Eustachius in die Luft
flog; das beraubte mich der Freude, sie eigenhändig
an jenem Tage am Sarge Peters des Großen niederzu-
legen.

Die Arbeiten des Herrn Lassalle kenne ich nur von
dem, was Sie darüber schreiben. Wenn mein Portrait
in Ihrem Salon mir ähnlich ist, dann soll es Ihnen
meine Dankbarkeit für Ihre Freundschaft, die Sie mir
beweisen, ausdrücken. Ihre vierstündige Unterhaltung mit der Prinzessin Daschkow über mich beweist es mir aufs neue.

Die Predigt zu St. Toloranski, die Sie mir schickten, ist bewundernswert. Es gibt in Ihren Schriften
und der darin herrschenden Heiterkeit nichts Vergleichbares. Solche Predigten langweilen nicht.

Sie finden, daß meine Feinde große Dummköpfe
sind; doch ein großer Teil Europas hat viel Mühe,
sich davon zu überzeugen, daß es Mustapha und den

sogenannten Konföderierten, seinen Freunden, an
gesundem Menschenverstand so sehr fehlt, wie das
tatsächlich der Fall ist. Ich hoffe, die Nachwelt wird
mir, wenn die Leidenschaften schweigen, Gerechtigkeit widerfahren lassen, und Ihre Schriften werden
dazu nicht wenig beitragen.

Der Hof von Wien und der König von Preußen
haben durch ihre Vermittlung die Türken dazu be-
wogen, nachdem sie kräftig geschlagen waren,
Herrn Obreskow freizulassen. Das bahnt dem Frieden einen Weg, der aber offensichtlich erst nach diesem Feldzug geschlossen werden kann.

Als ich Ihren Brief vom 15. Mai beantwortete, erhielt ich den vom 25. Mai, in dem Sie von Herrn
Polianskij berichten, den ich auf die Reise geschickt
habe. Es handelt sich um einen jungen Offizier, der
sich durch seine Rechtschaffenheit in Sibirien ausge-
zeichnet hat; dort hat er auf Anordnung des Gouverneurs eine einheitliche Kopfsteuer in zwei Bezirken
eingeführt anstelle der Bedrückungen, die man früher beging, zur großen Zufriedenheit aller Bauern,
deren Zahl sich auf über 14 000 Seelen belief. Der
Gouverneur hat ihn mir warm empfohlen, und als
ich bei ihm neben anderen Qualitäten auch den lebhaften Wunsch, sich weiterzubilden, fand, schickte
ich ihn ins Ausland, den Landsmann Attilas; doch bei
der Unmöglichkeit, es ihm gleichzutun, wünsche ich
ihm wenigstens eine Prinzessin Honoria gleich der,
von der Sie schrieben, Schwester oder Tochter irgendeines dummen Fürsten; das macht nichts, wenn

sie nur eine gute Mitgift bekommt, denn Herr Polianskij ist nicht reich; könnten Sie ihm nicht eine
Honoria verschaffen?

Der spanische Gesandte sagte mir gestern, als er
mir den Heimgang eines Infanten an den Pocken
mitteilte, der König von Spanien habe erklärt, jeder,
der es wolle, dürfe sich impfen lassen, aber nie werde
er es seiner Familie erlauben, obwohl die Kaiserin/
Königin mit gutem Beispiel vorangegangen war.
Finden Sie es nicht ganz ungewöhnlich, daß ein König mutwillig seine ganze Familie dem Tode auslie-
fert? Seine Katholische Majestät läßt sich vorsichts-
halber zur Ader; wenn er also vernünftig überlegte,
warum will er nicht seine Familie vor der schreck-
lichsten aller Krankheiten durch ein leichtes Mittel
bewahren, das tatsächlich weniger schmerzhaft ist als
ein Aderlaß? Ich bin überzeugt, daß auch der Großinquisitor sich impfen ließe, um dem König von Spanien zu gefallen, der ihn dann mit irgendeiner ertrag-
reichen Abtei belohnen würde, was wirklich eine
Pockennarbe aufwiegt.

Zum Amüsement der Herren Welschen kann ich
nichts weiter sagen, denn ich finde, daß alles bestens
ist auf dieser bestmöglichen aller Welten. Fahren Sie
bitte fort, sich meiner zu erinnern, und seien Sie der
guten Meinung, die ich für Sie hege, versichert.

Heute rückt die Armee, die General Fürst Dolgorukij befehligt, vor Perekop.

Sie wünschen ihm viel Glück, nicht wahr?

Caterine

Ferney, 4. Juli 1771

Républiques, grands potentats,
Qui craignîtes que Catherine
N'achevât bientôt la ruine
Du plus pesant des Moustaphas:
Vous, qui du moins ne voulez pas
Seconder son ardeur divine,
Je n'irai point dans vos états;
Je ne veux voir que les climats
Honorés par mon héroïne.[93]

Eure Kaiserliche Majestät mögen mir glauben, daß
ich plane, den Sommer in Petersburg zu verbringen,
bevor ich die Winterfreuden in Taganrog genießen
werde. Sie geruhten, mir in Ihrem Brief vom 23. Mai
zu sagen, daß ich acht Monate lang sehr frieren würde; aber haben Sie wie wir hundertzwanzigtausend
mit ewigem Eis bedeckte Berge, über die selbst der
Adler und der Geier nicht zu fliegen wagen? Sie
bilden die Grenze zum schönen Italien, Graf Schuwalow hat sie gesehen, alle Ihre Reisenden haben sie
gesehen, und so ist die Aussicht vor meinen Fenstern.
Es ist wahr, die Entfernung ist groß genug, um die
Kälte etwas zu mildern. Auch ist zuzugében, daß
man die Erbsen in Petersburg vielleicht etwas später
ißt als in unseren Tälern; aber meine Leidenschaft
steigert sich von Tag zu Tag derart, daß ich langsam
glaube, Ihr Klima sei noch angenehmer als das von
Neapel.

Eure Majestät haben, so hoffe ich, inzwischen den vierten und fünften Band der «Questions» erhalten. Wenn ich den Chevalier de Boufflers befragte, dann würde ich gerne wissen, warum er so närrisch sein konnte, sich zu den unseligen Konföderierten zu begeben, denen es an allem fehlt, vor allem an Verstand, anstatt derjenigen seine Aufwartung zu machen, die sie zur Vernunft bringt.

Ich bitte Eure Majestät, ihn zum Kriegsgefangenen zu machen. Er wird Sie amüsieren, denn nichts ist so einmalig wie er und bisweilen auch so liebenswert. Er wird Ihnen Chansons schreiben, er wird zeichnen, er wird Sie malen, nicht so gut wie meine Kolonisten Sie auf ihren Uhren malten, aber er wird eine große Kleckserei veranstalten. Er ist etwa so wie Herr von Tott, der Protektor von Mustapha und des Koran. Ich bleibe der griechischen Kirche treu, um so mehr, als Ihre schönen Hände sich manchmal in Kirchensachen einmischen und als man Sie für den Patriarchen von ganz Rußland ansehen kann.

Wenn Eure Kaiserliche Majestät einen ständigen Briefwechsel mit Ali Beg oder Ali Bey unterhalten, dann erflehe ich Ihre Protektion bei ihm. Ich möchte ihn nämlich um einen kleinen Gefallen bitten: Den Tempel von Jerusalem wieder aufzubauen und alle Juden dorthin einzuladen, die ihm viel Steuern zahlen und aus ihm einen großen Herrn machen werden. Er muß ganz Syrien bis Aleppo besetzen; der Rest von Aleppo bis zur Donau muß Ihnen gehören, falls Sie nicht lieber noch in diesem Jahr Frieden schließen, um wieder Gesetzgeberin zu werden und Feste zu feiern.

Das unselige Manifest der Konföderierten hat in Frankreich kein großes Glück gehabt. Alle verständigen Leute sind sich darin einig, daß Polen immer das unglücklichste Land Europas sein wird, solange dort Anarchie herrscht. Ein kleiner Hausgeist hat mir ins Ohr geflüstert, daß Sie mit einer Hand den osmanischen Stolz demütigen und mit der andern Polen befrieden werden. Wirklich, Sie sind die Erste auf Erden, ohne Zweifel. Da nehme ich Ihren Nachbarn Kien-Long nicht aus, so sehr er Dichter ist. Wie stellen Sie es nach all dem an, nicht unerträglich hochmütig zu werden? Wie geruhen Sie noch, gnädigst an einen alten Schwätzer wie mich zu schreiben?

Sie fragten mich, an wen die Kisten mit den Uhren adressiert wurden. An Sie, mit keiner anderen Anschrift als «An Ihre Kaiserliche Majestät», alles der Sorge des Herrn Gouverneurs von Riga und des Herrn Generaldirektors Ihrer Post anempfohlen.

Ich wiederhole, daß ich über meine Kolonisten sehr ungehalten bin, die Ihre Güte entgegen meinen ausdrücklichen Anweisungen mißbraucht haben. Nochmals bitte ich, sie mit der Bezahlung so lange warten zu lassen, wie es Ihnen gefällt, und sich ihnen gegenüber keinen Zwang aufzuerlegen.

Unsere Kolonie wird alle Tage perfekter; Ihr Name allein schon bringt ihnen Glück. Die Handwerker haben Uhren von bewundernswerter Quali-

tät angefertigt. Sie sind darin in Gold eingraviert, es
sind vollkommene Arbeiten und, glaube ich, für
Deutschland bestimmt.

Ich konnte mir nicht vorstellen, daß mein Dorf,
verborgen am Fuß der Alpen, das nur etwa vierzig
elende Bewohner zählte, als ich seinerzeit hier an-
kam, eines Tages für das riesige Rußland arbeiten
würde und für diejenige, die der Ruhm dieses Reiches ist.

Ich lege mich Ihnen zu Füßen und bin glücklich,
noch in dem schönen Jahrhundert zu leben, das Sie
geprägt haben.

Möchten Eure Kaiserliche Majestät den tiefsten
Respekt des sehr alten und begeisterten Welschen
vom Jura empfangen.

Ferney, 10. Juli 1771

Madame, Eure Kaiserliche Majestät finden sicherlich,
daß der Alte vom Berge zu oft schreibt; aber mein
Herz ist zu voll, und meine Gefühle müssen sich aufs
Papier ergießen.

Ich las in einer recht scharfen Kritik des großen
Werkes des Abbé Chappe, daß in einer Gegend des
Abendlandes, die man das Land der Welschen nennt,
die Regierung die Einfuhr des besten und respekta-
belsten Buches, das wir haben, verboten hat; daß mit
einem Wort nicht erlaubt wurde, Gedanken die Zoll-
grenze passieren zu lassen, nämlich die erhabene und
weise Instruktion Katharinas; ich konnte es nicht

INSTRUCTION

DE

SA MAJESTÉ IMPÉRIALE

CATHERINE II.

POUR

LA COMMISSION CHARGÉE

DE DRESSER LE PROJET

D'UN

NOUVEAU CODE DE LOIX.

'A St. Petersbourg

De l'Imprimerie de l'Académie des Sciences.

1 7 7 0.

DIE INSTRUKTION KATHARINAS II.

gegeben haben. Ohne Erkänntniß die-
fer Ursachen, ist es unmöglich, ähnliche Vorfällen durch Gesetze zuvor-
zukommen, obgleich die Ruhe der einen und der andern davon abhängt.

leurs maitres; car si l'on ne con-
nôit pas ces causes, il n'est pas possi-
ble d'obvier par des Loix à des
cas pareils; quoi que la tranqui-
lité des uns & des autres en dé-
pendent.

* * * * * * * * * * * * * * * * * *

XII. Hauptstück.

CHAPITRE XII.

264. Von der Vermehrung
des Volks im Reiche.

264. De la Population.

265.

Rußland, hat nicht nur nicht genug
Einwohner, sondern fasset noch
überaus grosse Länder in sich,
die weder bewohnt, noch bearbeitet
sind. Man kann also nicht genug
Aufmunterung ersinnen, um die Vermehrung des Volks im Reiche zu befördern.

265.

La Russie, loin d'avoir assez
d'habitans, „possede une
étendue immense de Païs,
qui ne sont ni peuplés ni cultivés.
On n'y sauroit par consequent
trop favoriser la Population.

266. Die Bauren haben grösse-
sten Theils 12, 15 bis 20 Kinder
aus einer Ehe; selten aber kömmt der
vierte Theil davon zu einem vollkom-
menen Alter. Es muß also nothwen-
dig an einem Fehler liegen, es sey in
Ansehung der Nahrung, der Lebensart,
oder der Erziehung, durch welchen
diese Hoffnung des Reichs aufgerieben
wird. In was für einen blühenden

266. Nos Païsans, pour la
plus part, ont douze, quinze &
jusqu'à vingt enfans d'un seul ma-
riage; mais rarement la quatriè-
me partie parvient à l'âge viril.
Il faut donc qu'il y ait un vice,
ou dans leur nourriture, ou dans
leur façon de vivre, ou dans l'E-
ducation, qui fasse périr cette
espérance de l'Empire. Quel ne

glauben. Diese barbarische Narrheit schien mir denn doch zu absurd. Ich schrieb an ein Verlagsunternehmen und erfuhr, daß nichts wahrer sei. Hier der Tatbestand: Ein holländischer Buchhändler druckt die Instruktion, die diejenige aller Könige sein sollte und aller Gerichte auf Erden; er schickt davon eine Sendung von zweitausend Exemplaren nach Paris. Zur Überprüfung gibt man das Buch dem Zensor, einem Pedanten, als ob es sich um ein gewöhnliches Buch handelte, als ob ein Pariser Lumpenkerl Richter über die Anweisungen einer Herrscherin, und was für einer Herrscherin, wäre! Dieser idiotische Lümmel entdeckt allzu gewagte, anstößige, ein welsches Ohr beleidigende Sätze. Er bezeichnet der Kanzlei das Buch als gefährlich, als ein philosophisches Buch. Daraufhin schickt man es nach Holland ohne weitere Prüfung zurück.

Und ich lebe noch bei den Welschen! Ich atme noch ihre Luft und muß ihre Sprache sprechen!

Nein, eine derartige blödsinnige Unverschämtheit hätte man sich nicht einmal im Reiche Mustaphas erlaubt; und ganz gewiß würde Kien-Long den Gelehrten, der Ihre Instruktion in gutes Chinesisch übersetzt, zum Mandarin Erster Klasse ernennen.

Es ist wahr, ich lebe nur eine Meile von der Grenze der Welschen, aber unter ihnen möchte ich nicht sterben. Dieser letzte Schlag wird mich in das milde Klima von Taganrog führen.

Bevor ich meinen Brief absandte, las ich noch einmal in Ihrer Instruktion.

«Eine Regierung muß so beschaffen sein, daß kein Bürger den anderen fürchtet, aber daß alle die Gesetze fürchten. Durch die Gesetze darf man nur verbieten, was für den Bürger oder für die Gesellschaft ganz allgemein schädlich ist.»

Sind das die göttlichen Maximen, die die Welschen nicht annehmen wollten? Sie verdienen..., sie verdienen..., sie verdienen... alles, was sie haben.

Ich bitte Eure Kaiserliche Majestät um Vergebung, ich bin zu erzürnt. Alte Leute sollten weniger heftig sein. Wenn ich mich gleichzeitig gegen die Türkei und gegen das Welschland empöre, dann könnte das den armen alten Griesgram ersticken, der sich hustend und röchelnd Eurer Kaiserlichen Majestät zu Füßen legt.

16./27. Juli 1771

Monsieur, ich glaube, Ihnen die Eroberung der Schanzen von Perekop schon angezeigt zu haben, desgleichen die Flucht des Khans der Krim an der Spitze von 60000 Mann und die Bezwingung des Forts von Orka, das am 14. Juni kapitulierte. Danach drang meine Armee in drei Kolonnen in die Krim ein; die rechte nahm Koslow, einen Hafen am Schwarzen Meer, die mittlere, die Fürst Dolgorukij selbst führte, marschierte gegen Karasbasar, wo er eine Gesandtschaft der Ordenshäupter der Krim empfing, die die Kapitulation der ganzen Halbinsel anbot. Aber als die Abgesandten zögerten wiederzukommen, rückte

Fürst Dolgorukij gegen Kaffa vor, einen anderen
Hafen am Schwarzen Meer. Dort griff er das Türkenlager an, wo sich 25000 Soldaten befanden, die auf
die mitgeführten Schiffe flüchteten. Der Seraskier
Ibrahim Pascha, fast allein gelassen, wollte in Kapitu-
lationsverhandlungen eintreten; der Fürst aber ließ
ihm sagen, er müsse sich als Kriegsgefangener ergeben, was er denn auch tat.

Unsere Truppen rückten mit klingendem Spiel am
29. Juni in Kaffa ein. Inzwischen hatte die linke Ko-
lonne die Landzunge zwischen dem Asowschen
Meer und der Krim überschritten, von wo aus eine
Abteilung Kertsch und Jenikale rasch besetzte, so daß
unsere Flotte, die sich in der Meerenge befand, sie
nun durchfahren konnte und jetzt wohl in Kaffa ist.
Fürst Dolgorukij schrieb mir, daß er drei russische
Flaggen sah, als er den Hafen erblickte.

Ich beeile mich, Ihnen diese guten Nachrichten, die
ich heute morgen bekam, zu melden, denn ich weiß,
welch großen Anteil Sie nehmen. Verzeihen Sie im
Hinblick auf diese Neuigkeiten die Unordnung in
meinem Brief, den ich in größter Eile schreibe.

Dem Feinde verbleiben auf der Krim nur noch
zwei oder drei elende kleine Forts; die Plätze von
Bedeutung hat er verloren, und jeden Augenblick
erwarte ich die Kapitulation der Tataren. Wenn nach
alledem der Sultan immer noch nicht genug hat,
dann werden wir ihm noch etwas anderes verpassen.

Seien Sie meiner Freundschaft und meiner Hochachtung versichert.

Caterine

Ferney, 30. Juli 1771

Madame, haben Sie tatsächlich die ganze Krim erobert? Eure Kaiserliche Majestät geruhten, mir mit
Brief vom 10. Juni mitzuteilen, daß Fürst Dolgorukij
vor Perekop oder Prekop stand. Die Göttin mit den
hundert Mündern, die alle Tage vom Norden nach
Süden zieht und seit langem von Süd nach Nord nur
Unsinn verbreitet, berichtet, daß die Krim völlig von
Ihnen beherrscht werde und daß sie sich nicht einmal
lange bitten ließ.

Das ist immerhin ein Trost, das Königreich des
Thoas zu besitzen, wo die schöne Iphigenie so lange
Nonne war und wo ihr Bruder Orest eine Statue
stahl, anstatt sich behexen zu lassen.

Aber wenn Sie nach der Eroberung der Krim Mustapha Frieden gewähren, was wird aus meinem armen Griechenland? Was wird aus dem schönen Lande von Demosthenes und Sophokles? Jerusalem
überlasse ich gern den Muselmanen; diese Barbaren
passen ins Land des Ezechiel, des Elia und des Kaiphas. Aber ich werde immer höchst betrübt sein, das
Theater von Athen in Gemüsegärten und das Gymnasium in Ställe verwandelt zu sehen.

Ich interessierte mich sehr für den Sultan Ali Bey;
ich vergnügte mich mit der Vorstellung, ihn von der
Spitze einer Phyramide mit Ihnen verhandeln zu sehen; muß ich denn auf alle meine schönen Illusionen
verzichten? Für mich ist es sehr hart, daß Sie nur die
Moldau, die Walachei, Bessarabien, Skythien, das

Land der Amazonen und der Medea, erobert haben.
Das macht ungefähr vierhundert Quadratmeilen,
aber solche Bagatellen genügen mir nicht.

Ich rechnete damit, daß Sie Troja wieder aufbauen
würden und daß Eure kaiserliche Majestät sich zu
Schiff längs der Ufer des Skamander ergehen werden. Ich sehe, daß ich meine Wünsche mäßigen muß,
da Sie auch Ihre mäßigen.

Ich bin erblindet, aber ich höre immer die Trompe-
te, die mir Ihre Siege verkündet, und sage mir: Wenn
du schon nicht das Glück hast, sie zu sehen, so hörst
du wenigstens alle Augenblicke deines Lebens von
ihr sprechen.

Wenn Eure Kaiserliche Majestät die Krim behalten, was ich annehme, dann werden Sie Ihrem Gesetzeswerk ein weiteres Kapitel hinzufügen zugunsten
der Muselmanen, die in jener Gegend leben. Ihre
griechische Kirche, die einzig katholische und recht-
gläubige, zweifellos, wird nicht viele Bekehrungen
bewerkstelligen; aber sie kann dort einen regen Handel ins Leben rufen. Es gab ihn schon einst zwischen
Skythien und Griechenland. Apollo selbst schenkte
dem Tataren Abaris einen Pfeil, der ihn vom einen
Ende der Welt zum anderen trug nach Art unserer
Zauberer. Hätte ich solch einen Pfeil, dann wäre ich
noch heute in Petersburg, anstatt dummerweise vom
Fuß der Alpen meinen tiefen Respekt und meine
unverbrüchliche Anhänglichkeit der Herrin von
Asow, Kaffa und meines Herzens darzubieten.

Der kranke Alte

22. Juli / 2. August 1771

Monsieur, ich wüßte keine bessere Antwort auf Ihre beiden Briefe vom 19. Juni und 6. Juli, als Ihnen zu berichten, daß Taman und drei andere kleine Orte, nämlich Temruk, Achai und Alton, die auf der anderen Seite der Meerenge zwischen dem Asowschen und dem Schwarzen Meer liegen, sich in den ersten Julitagen meinen Truppen ergeben haben. Diesem Beispiel folgten mehr als zweihunderttausend Tataren, die auf diesen Inseln und auf dem Festland wohnen.

Admiral Senjevin, der mit seiner Flotte den Kanal verließ, machte zu seinem Vergnügen Jagd auf vierzehn feindliche Schiffe; Nebel aber rettete sie vor seinen Krallen.

Ist es nicht wahr, daß es jetzt viel Material gibt, um die Landkarten zu verbessern und zu erweitern? In diesem Kriege hörten wir von Orten, von denen man früher nichts gehört hatte und die die Geographen als Wüste bezeichneten. Und ist es nicht wahr, daß wir Eroberungen machen für vier? Sie werden sagen, es gehöre nicht viel Verstand dazu, sich verlassener Orte zu bemächtigen. Das ist vielleicht auch der Grund, der mich hindert, unerträglich hochmütig zu werden, worüber Sie sich wunderten.

Apropos Hochmut, ich möchte Ihnen dazu ein Geständnis machen. Ich hatte große Erfolge in diesem Krieg, darüber habe ich mich natürlich gefreut. Ich sagte mir, Rußland werde durch diesen Krieg

allseits bekannt, man erkenne, daß diese Nation nicht
unterzukriegen ist, daß sie Menschen von hervorragenden Verdiensten hat, die alle Eigenschaften von
Helden besitzen; und man werde einsehen, daß es uns
an Hilfsmitteln nicht fehlt, daß Rußland sich zu verteidigen weiß und mit Energie Krieg zu führen versteht, wenn es ungerechterweise angegriffen wird.

Von solchen Gedanken erfüllt, habe ich nie an
Katharina gedacht, die mit zweiundvierzig Jahren
weder körperlich noch geistig wachsen kann, sondern entsprechend dem natürlichen Lauf der Dinge
bleiben muß und auch bleibt, wie sie ist. Ihre Geschäfte gehen gut, um so besser; gingen sie weniger
gut, dann würde sie alle ihre Fähigkeiten zusammen-
nehmen, um sie wieder in den bestmöglichen Gang
zu versetzen.

Das ist mein Ehrgeiz, einen anderen habe ich nicht,
und was ich Ihnen sage, ist die Wahrheit. Ich gehe
noch weiter: Um Blut zu sparen, wünsche ich aufrichtig den Frieden; aber bis dahin braucht es noch
viel Zeit, obwohl auch die Türken ihn dringlich
wünschen, wenn auch aus anderen Gründen. Doch
diese Leute verstehen nicht, Frieden zu schließen.

Ich wünsche desgleichen die Beendigung der un-
sinnigen Streitereien in Polen. Ich habe es dort aber
mit hirnlosen Köpfen zu tun, von denen jeder, anstatt
zum allgemeinen Frieden beizutragen, ihm im Gegenteil nur durch Eigensinn und Leichtsinn schadet.
Mein dortiger Gesandter hat eine Bekanntmachung
veröffentlicht, die ihnen die Augen öffnen müßte.

Aber es ist zu vermuten, daß sie es lieber bis zum äußersten treiben, als unverzüglich eine kluge und angemessene Haltung einzunehmen. Die Wirbel des Descartes[94] existierten nur in Polen; dort ist jeder Kopf ein Wirbelwind, der sich ständig um sich selbst dreht; nur der Zufall bringt ihn zum Stillstand, niemals Vernunft oder besonnenes Urteil.

Ich habe Ihre «Questions» und auch Ihre Uhren noch nicht bekommen. Ich zweifle nicht daran, daß die Arbeit Ihrer Handwerker vollkommen ist, da sie ja unter Ihren Augen vor sich geht.

Schelten Sie Ihre Kolonisten nicht, weil sie mir zu viele Uhren schickten; die Kosten werden mich nicht ruinieren. Für mich wäre es sehr schlimm, wenn ich so eingeschränkt wäre, zu bestimmter Zeit nicht über so kleine Beträge zu verfügen, sobald ich sie benötige. Beurteilen Sie bitte nicht unsere Finanzen nach denen anderer, ruinierter europäischer Staaten, Sie täten mir Unrecht. Obgleich wir nun seit drei Jahren Krieg führen, bauen wir weiter, und alles übrige läuft wie im tiefsten Frieden. Seit zwei Jahren wurden keine neuen Steuern erhoben. Der Krieg hat jetzt seinen bestimmten Etat, und da das einmal so geregelt ist, stört er die anderen Haushalte nicht im geringsten. Wenn wir noch ein oder zwei Kaffa einnehmen, dann ist der Krieg schon bezahlt.

Mit mir bin ich allemal zufrieden, wenn ich Ihre Billigung erfahre. Ich habe meine Instruktion auch noch einmal gelesen, vor einigen Wochen, weil ich damals den Frieden für näher hielt, als er wirklich ist, und ich fand, daß ich recht daran tat, sie abzufassen. Ich gestehe aber, daß das Gesetzeswerk, für das schon viel Material vorbereitet wird und anderes bereits fertiggestellt ist, mir noch manche Nuß zu knacken aufgibt, bevor es den Grad der Vollkommenheit erlangt, den ich mir wünsche. Aber das macht nichts, es muß vollendet werden, auch wenn Taganrog das Meer im Süden und die Berge im Norden hat.

Ihre Pläne bezüglich dieses Ortes können allerdings erst dann verwirklicht werden, wenn seine Umgebung gegen jede Gefahr vom Lande und vom Meer gesichert ist. Denn bis zur Eroberung der Krim war es der Grenzort gegen die Tataren.

Vielleicht führt man mir den Khan der Krim persönlich zu. Ich erfahre in diesem Augenblick, daß er nicht mit den Türken übers Meer entkommen, sondern mit einer kleinen Schar in den Bergen geblieben ist, ähnlich wie weiland der Thronprätendent von Schottland nach der Schlacht von Cullodon.[95] Wenn es sich fügt, wollen wir ihn in diesem Winter munter machen. Um mich an ihm zu rächen, lasse ich ihn tanzen, und er darf in die Comédie Française gehen.

Adieu, bewahren Sie mir Ihre Freundschaft, und seien Sie meiner versichert.

Caterine

PS: Gerade wollte ich den Brief schließen, als ich Ihren vom 10. Juli erhielt, in dem Sie mir das Abenteuer mit meiner Instruktion berichten. Ich kannte schon die Geschichte und auch den Anhang dazu infolge eines Befehls des Herzogs von Choiseul. Ich mußte lachen, als ich das in den Zeitungen las, und fand mich genug gerächt.

Der Brand in Petersburg hat nach dem Polizeibericht im ganzen einhundertvierzig Häuser vernichtet, darunter waren etwa zwanzig aus Stein, das übrige waren Holzbaracken. Ein starker Wind verbreitete die Flammen nach allen Seiten, so daß das Feuer am nächsten Morgen noch einmal aufflackerte, was sich übernatürlich ausnahm. Kein Zweifel besteht, daß der Sturm und die ungewöhnliche Hitze all das Unglück verursacht haben; es wird aber in Bälde behoben sein. Bei uns baut man nämlich schneller als in irgendeinem anderen Lande Europas. Im Jahre 1762 gab es eine doppelt so mächtige Feuersbrunst, die ein ganz aus Holz erbautes Stadtviertel vernichtete. In weniger als drei Jahren war es aus Ziegeln wieder aufgebaut.

Ferney, 7. August 1771

Madame, ist es denn wahr, bin ich so glücklich, nicht getäuscht worden zu sein? 15000 Türken an der Donau getötet oder gefangengenommen und das zur gleichen Zeit, als die Truppen Eurer Kaiserlichen Majestät in Perekop einrückten! Diese Nachricht kommt aus Wien; darf ich darauf bauen? Ist mein Glück gewiß?

Ich möchte Ihnen auch die Heldentaten meines Vaterlandes rühmen. Seit einiger Zeit haben wir eine vorzügliche Tänzerin an der Pariser Oper. Man sagt, sie habe sehr schöne Arme. Die letzte komische Oper hatte keinen großen Erfolg, aber man probt eine neue, die von der Welt bewundert werden wird; sie wird in der ersten Stadt der Welt durch die besten Schauspieler der Welt aufgeführt. Unser General-kontrolleur, der in seinen Kisten nicht das Geld der Welt hat, trifft Maßnahmen, die ihm Vorwürfe und Verwünschungen eintragen.

Unsere Flotte ist im Begriff, von Paris nach St. Cloud zu segeln. Wir haben ein Regiment, das zur Parade antritt; die Politiker sagen ein großes Ereignis voraus.

Man behauptet, eine Schar von Jesuiten bei Avignon beobachtet zu haben, die aber von einem stark überlegenen Korps von Jansenisten auseinanderge-trieben wurde. Niemand wurde getötet, aber mehr als vier exkommunizierte religiöse Schwärmer soll es gegeben haben.

Ich werde nicht verfehlen, wenn es Eure Kaiserli-che Majestät für angebracht hält, Ihnen vom Verlauf dieser großen Umwälzungen weiter zu berichten.

Während wir derart denkwürdige Dinge vollbrin-gen, vergnügt sich Eure Majestät damit, Provinzen auf dem Festland zu erobern, das Archipel und das Schwarze Meer zu beherrschen und türkische Ar-meen zu schlagen. So ist es, wenn man nichts zu tun und nur einen kleinen Staat zu regieren hat.

Ich bin Eurer Kaiserlichen Majestät nicht weniger verbunden mit tiefstem Respekt und unverbrüchli-cher Ergebenheit, die nur mit meinem Leben endet.

14./25. August 1771

Monsieur, aus dem Inhalt Ihres Briefes vom 30. Juli
ersehe ich, daß Sie meine Briefe noch nicht erhalten
haben, die Ihnen die Unterwerfung der Krim ver-
kündeten. Sie hat sich darüber mit Fürst Dolgorukij
verständigt. Heute kam ein Kurier; er meldet, daß die
Gesandten der Tataren mich um Bestätigung ihres
neuen Khans bitten wollen, den sie anstelle des mit
den Türken zu eng verbundenen Selim Gerai, der
Besitzungen in Rumelien hatte, gewählt haben. Die
Mursen rieten ihm, sich dorthin zu begeben, und
versahen ihn dafür mit einigen Schiffen. Ich werde
Säbel, Federbüsche und Kaftane verteilen und mich
bei Mustapha unbeliebt machen.

   Die Tataren haben einige Anstrengungen unternommen, das osmanische Joch abzuwerfen, anders
wären wir nicht so leicht mit ihnen fertig geworden.
Jetzt würde ich Orest abraten, auf der Krim eine
Statue zu stehlen; es gibt nicht den Schatten schöner
Künste bei diesen Leuten, aber ihre Gewohnheit zu
nehmen, was ihnen nicht gehört, haben sie beibe-
halten.

   Lassen Sie Sultan Ali Bey nur gewähren; Sie werden sehen, daß er ein netter Kerl wird, nachdem er
Damaskus am 6. Juni eingenommen hat. Wenn Ihr
liebes Griechenland, das nur beten kann, ebenso
kraftvoll handelte wie der Herr der Pyramiden, dann
würde das Theater von Athen bald kein Gemüsegar-
ten und das Gymnasium kein Pferdestall mehr sein.

Aber wenn dieser Krieg noch weitergeht, wird mein Garten in Zarskoje Selo[96] bald einem Kegelspiel ähneln, denn für jede herausragende Tat lasse ich ein Denkmal errichten.

Für die Schlacht am Kagul, wo 17000 Soldaten 150000 Feinde besiegten, wurde ein Obelisk erstellt, auf dem nur das Ereignis und der Name des Generals verzeichnet ist; die Seeschlacht von Tschesme wurde in einem großen Teich durch eine mit Schiffsschnäbeln gezierte Säule dokumentiert; die Eroberung der Krim wird durch eine große Säule verewigt, die Landung in Morea und die Einnahme von Sparta durch eine andere.

All das wurde aus dem schönsten Marmor geschaffen, den selbst die Italiener bewundern. Der Marmor findet sich teils an den Ufern des Ladoga-Sees, teils in Katharinenburg in Sibirien, und wir verwenden ihn, der fast alle Farben aufweist, wie beschrieben.

Außerdem denke ich daran, hinter meinem Garten, in einem Hain, einen Gedächtnistempel zu bauen, zu dem man durch einen Triumphbogen gelangt. Alle wichtigen Taten des jetzigen Krieges werden dort auf Medaillons eingraviert mit einfachen und kurzen Inschriften in der Landessprache, mit dem Datum und den Namen derer, die sie vollbracht haben. Ich habe einen ausgezeichneten italienischen Architekten, der die Pläne für das Bauwerk anfertigt, das hoffentlich schön und geschmackvoll wird und die Geschichte dieses Krieges festhält. Dieser Plan macht mir große Freude, und ich denke, Sie werden ihn nicht deplaziert finden.

Solange ich nicht weiß, ob eine Fahrt, die Sie mir auf dem Skamander vorschlagen, angenehmer ist als auf der schönen Newa, erlauben Sie mir bitte, der letzteren den Vorzug zu geben. Ich fühle mich wohl dabei. Ich verzichte auch auf die Wiederherstellung von Troja; ich muß nämlich hier eine Vorstadt wieder aufbauen, die von einer Feuersbrunst im Frühjahr zerstört wurde.

Bitte seien Sie von meiner Dankbarkeit für all die verbindlichen und schönen Dinge, die Sie mir sagen, versichert; nichts erfreut mich mehr als Ihre Zeichen der Freundschaft. Ich bedauere, keine Zauberin zu sein, sonst würde ich meine Künste dazu verwenden, Ihnen Sehvermögen und Gesundheit wiederzugeben.

Caterine

Ferney, 31. August 1771

Madame, ich wage zu sagen, daß Eure Kaiserliche Majestät mir den Brief vom 16. Juli, mit dem Sie mich beehren, schuldig waren. Ich bedurfte dieses süßen Trostes nach zwei scheußlichen Zeitungsnachrichten, in denen es hieß, daß die Truppen unseres unbezwinglichen Sultans Mustapha überall siegreich gewesen seien. Ich begreife nicht, was man gewinnt, wenn man derart schamlose Lügen verbreitet, die die Völker doch nur fünf oder sechs Tage täuschen kön-

nen. Wenn man schon die Menschen täuscht, dann
muß man es auf lange Zeit tun, wie man das in Rom
getan hat. Mit militärischen Heldentaten geht das
aber nicht.

Ich vermute, daß jetzt alle Tataren der Krim Ihre
Untertanen sind. Ich sehe Sie von Eroberung zu Eroberung schreiten; ich höre, Ihre tatsächlich siegreichen Truppen hätten die Donau überschritten und
daß Sie hundert Schiffe in den Gewässern des Archipels haben.

Ich danke Gott, daß ich diesen großen Wandel der
Dinge noch erleben darf. Niemand konnte sich vorstellen, als Peter der Große zu meiner Zeit in Saardam[97] war, daß eines Tages Eure Kaiserliche Majestät
das Schwarze Meer, den Archipel und die Donau
beherrschen würden.

Mein lieber Ali Bey soll Damaskus genommen
haben und jetzt Aleppo belagern, um auszuprobie-
ren, bis zu welchem Grad der unbesiegliche Mustapha die Tugend der Ergebung in sein Schicksal ertragen kann. Wenn es stimmt, was ich aus Herzens-
grund wünsche, dann ist niemals die Geduld eines
Sultans auf eine härtere Probe gestellt worden. Aber
dieser unbesiegliche Held muß auch ein sehr starrsin-
niger Mensch sein, um nicht auf Knien um Frieden
zu bitten.

Wir hatten einen König, Ludwig XI., der sagte:
«Quand orgueil marche devant, dommage marche
derrière.»[98] Mustapha hat sich dieser Maxime nicht
erinnert; er befahl Ihnen, Podolien zu räumen; Sie

aber gehorchten ihm schlecht. Ich schmeichle mir mit der Hoffnung, daß Sie ihm am Ende befehlen werden, Konstantinopel zu räumen, und daß er gehorchen wird.

Wenn Sie geruhen, in all dem Wirbel noch einige Augenblicke zu finden, um meine Ideen zu lesen, der vierte oder fünfte Band der «Questions sur l'Encyclopédie» müssen jetzt in Ihren schönen Händen sein. Hier vorab ein Bogen von Band 7, der noch nicht ins reine geschrieben ist. Der Autor war so frei, ein Wörtchen über Eure Majestät auf S. 356 zu sagen.

Ich lege mich Ihnen zu Füßen, ich küsse sie viel respektvoller als die des Papstes; er hält sich für die erste Person der Welt, Mustapha glaubt das von sich auch, ich aber weiß, wem dieser Platz gebührt.

Meine Herrin möge den tiefsten Respekt ihres alten Dieners annehmen.

4./15. September 1771

Monsieur, Sie fragen, ob es wahr sei, daß zu der gleichen Zeit, als meine Truppen in Perekop eindrangen, es an der Donau eine Aktion zuungunsten der Türken gab. Ich antworte, daß es in diesem Sommer am Donauufer nur zu einem einzigen Treffen gekommen ist, bei dem Generalleutnant Fürst Repnin mit seinem kleinen Korps eines der Türken schlug, das auf dem Vormarsch war, nachdem der Kommandant von Giurgiu ihnen diesen Platz übergeben hatte, ähnlich wie Lauterburg zu den Österreichern überging, als Herr von Noilles die französische Armee befehligte, nach dem Tode von Kaiser Karl VI. Fürst Repnin war erkrankt, Generalleutnant Essen wollte Giurgiu wiedergewinnen, aber sein Angriff wurde zurückgewiesen.

Doch Bukarest ist noch immer in unserer Hand, was auch die Zeitungen schreiben mögen, mit allen Plätzen am Donauufer von Giurgiu bis zum Schwarzen Meer.

Um die Heldentaten, die Sie mir berichteten, beneide ich Ihr Vaterland nicht. Wenn die schönen Arme der schönen Tänzerin der Pariser Oper und die Komische Oper die Bewunderung der Welt erregen und Frankreich über die Auflösung seiner Parlamente und über die neuen Steuern, nach acht Jahren Frieden, hinwegtrösten, dann muß man einräumen, daß sie der Regierung damit wesentliche Dienste geleistet haben. Aber wenn die Steuern einmal eingegangen sind, werden dann die Kassen des Königs gefüllt und wird der Staat dann schuldenfrei sein?

Sie schreiben, daß Ihre Flotte im Begriff sei, von Paris nach St. Cloud zu segeln; auf diese Neuigkeit setze ich eine andere. Meine Flotte, von Asow kommend, ist jetzt in Kaffa. In Konstantinopel sind sie über den Verlust der Krim sehr betrübt; um die Türken auf andere Gedanken zu bringen, sollte man ihnen die Komische Oper schicken und Marionetten den Aufständischen in Polen, anstatt eine Menge französischer Offiziere ins Verderben zu stürzen. Diejenigen meiner Truppen, die das Schauspiel mögen, können den Dramen von Herrn Sumarokow in Tobolsk beiwohnen, wo es sehr gute Schauspieler gibt.

Adieu, bekämpfen wir die Bösewichter, die keine Ruhe geben, und schlagen wir sie, da sie es ja so wollen. Lieben Sie mich, und leben Sie wohl.

Caterine

17. September 1771

Madame, habe ich mich diesmal gerirrt? Eine ganze Flotte meiner Freunde, der Türken, im Hafen von Lemnos verbrannt! Graf Alexej Orlow Herr der Insel! So berichtete man uns aus Venedig. Das Echo der Alpen hallt wider von diesen Nachrichten, und wir sprechen ständig von Eurer Kaiserlichen Majestät und von dem Grafen Orlow. Ich glaube, im vorigen Jahr wurde etwa zur gleichen Zeit in jenem Meer eine andere türkische Flotte vernichtet. Das ist fürwahr ein schöner Jahrestag! Es ist verständlich, daß Lemnos tatsächlich die Insel des Gottes Vulkan war; er verbrennt Ihre Feinde.

Ach, Mustapha! Machen sich Eure Hoheit noch über meine Kaiserin lustig? Werden Sie befehlen, Podolien unverzüglich zu räumen? Finden Sie es noch immer unerhört, daß sie den Befehlen Ihrer Hohen Pforte nicht gehorchte? Jetzt ist meine erhabene Herrscherin im Besitz Ihrer Tataren-Krim, ist Herrin all Ihrer Staaten jenseits der Donau und Herrin Ihres ganzen Schwarzen Meers. Sie sind gar nicht galant, Mustapha; Sie sollten kommen, um ihr Ihre Aufwartung zu machen, und ihre schönen Hände küssen, anstatt Krieg gegen sie zu führen. Glauben Sie mir, bitten Sie sie sehr demütig um Verzeihung, das ist das Beste, was Sie tun können.

Wissen Sie, Herr Mustapha, daß meine Heldin, fortgesetzt damit beschäftigt, Sie zu besiegen, trotzdem noch die Zeit findet, mir Briefe voll Geist und Grazie zu schreiben? Können Sie sich vielleicht vorstellen, was diese Worte bedeuten, Geist und Grazie? Sie geruhte mir mitzuteilen mit Brief vom 22. Juli und 2. August, daß sie für eine Landkarte der Krim dankbar wäre, da es bis jetzt keine zureichenden gäbe. Ihr Türken seid aber keine Geographen; Ihr habt zwar ein schönes Land, aber Ihr kennt es nicht. Meine Kaiserin wird es Euch beibringen. Wissen Sie wenigstens, wo das irdische Paradies war? Ich weiß es. Es ist überall dort, wo Katharina II. ist; werfen Sie sich mit mir ihr zu Füßen.

Gegeben zu Ferney am 3. des Monats Schewal[99]

Ferney, 2. Oktober 1771

Herr Mustapha,

Ich bitte Eure Hoheit um Verzeihung wegen des letzten Kompliments, das ich Ihrer Flotte machte, angeblich von den tapferen Orlows verbrannt. Was wahrscheinlich ist, ist nicht immer wahr. Ich war falsch unterrichtet; aber Sie haben noch falschere Vorstellungen, als ich falsche Nachrichten habe.

Sie haben sich viel ärger getäuscht als ich, als Sie diesen Krieg gegen meine schöne Kaiserin anfingen. Sie haben schwer dafür büßen müssen, daß Sie in der Tiefe Ihres Serails so unwissend waren, nicht zu begreifen, mit wem Sie es zu tun hatten. Und je unwissender Sie waren, um so hochmütiger waren Sie. Das ist eine treffliche Lehre für alle Könige. Es sind ungefähr drei Jahre her, daß ich Ihnen Unglück prophezeite. Meine Prophezeiungen sind in Erfüllung gegangen; und was Ihre verbrannte Flotte betrifft, so ist aufgeschoben nicht aufgehoben. Verlassen Sie sich auf die Grafen Orlow.

Im übrigen ist es natürlich sehr viel angenehmer, Ihnen die Krim wegzunehmen, als ein paar Schiffe zu verbrennen. Seien Sie nicht so ruhmbegierig, mein guter Mustapha. Meine Kaiserin gibt Ihnen zwar einen Platz in ihrem Gedenktempel; aber Sie werden plaziert wie die besiegten Könige auf dem Kapitol.

Man schreibt mir, Sie hätten endlich Vernunft angenommen und bäten jetzt um Frieden. Ich weiß nicht, ob Sie vernünftig genug sind, diesen Schritt zu tun, oder ob man mich dieserhalb ebenso getäuscht hat wie hinsichtlich Ihrer Flotte.

Auch weiß ich noch nicht, ob es stimmt, daß Ihre Truppen meinen Freund Ali Bey in Syrien geschlagen haben. Ich fürchte, daß dieser kleine Erfolg Ihnen zu Kopf steigt. Sehen Sie sich vor, die Russen sind keine Ägypter; sie verhauen Sie nun schon seit drei

Jahren, und sie werden Sie weiter verprügeln, wenn
Sie sich weigern, die erhabene Katharina um Verzei-
hung zu bitten. Ich habe mich sehr darüber geärgert,
daß Sie sie zwangen, die Arbeit an ihrem schönen
Gesetzeswerk zu unterbrechen, um Sie zu schlagen.
Sie wäre lieber Themis als Bellona gewesen. Aber
durch Sie ist sie auf allen Wegen zum Tempel des
Ruhmes aufgestiegen.

Bleiben Sie ruhig in Ihrem Tempel des Hochmuts
und des Müßiggangs.

Stets Ihr Eremit von Ferney

Ich erlaube mir, meinen Brief an Ihre Kaiserliche
Majestät zu schicken, die gewiß die Übergabe an Sie
veranlassen wird.

Petersburg, 6./17. Oktober 1771

Monsieur, ich muß Ihnen eine kleine Ergänzung zum
Artikel «Fanatismus» liefern, die auch ganz gut zum
Artikel über die Widersprüche paßt; ich las ihn zu
meiner größten Befriedigung in den «Questions sur
l'Encyclopédie». Es handelt sich um folgendes:

In Moskau gibt es Krankheiten, Fleckfieber, bösar-
tige Fieber, hitzige Fieber mit und ohne Flecken,
denen trotz aller Vorsichtsmaßnahmen viele Menschen zum Opfer fallen.[100] Graf Orlow bat mich um
die Gnade, nach Moskau zu gehen, um an Ort und
Stelle zu prüfen, welche als die am besten geeigneten

Maßnahmen zu treffen wären, um das Übel abzustel-
len. Ich war mit dieser so schönen und so engagierten
Aktion einverstanden, nicht ohne in großer Sorge zu
sein wegen der Gefahr, die er auf sich nahm.

Kaum war er abgereist, als Feldmarschall Salty-
kow mir schriftlich über die Katastrophe berichtete,
die sich in Moskau vom 15. auf 16. September a. St.
ereignet hatte.

Der Erzbischof von Moskau, Ambrosius, ein
Mann von Geist und Verdiensten, hörte, daß sich seit
einigen Tagen eine große Menge gemeinen Volkes
vor einem Gnadenbild dränge, von dem behauptet
wird, daß es Kranke heilen könne (sie starben zu
Füßen der Heiligen Jungfrau); auch trage man viel
Geld dort zur Kasse, um es für fromme Werke zu
verwenden, eine ökonomische Maßnahme, die jeder
Bischof in seiner Diözese einzuführen berechtigt ist.
Offensichtlich hatte der Erzbischof die Absicht, das
Wunderbild, wie es schon oft geschah, ohne Umstände anderswo aufzustellen, denn die dort versam-
melte Menge konnte während der Seuche ja nur immer größer werden. Da geschah es, daß ein Teil des
Pöbels zu schreien anfing: «Der Erzbischof will den
Schatz der Heiligen Jungfrau stehlen, bringt ihn um!»
Ein anderer Teil nahm für den Erzbischof Partei; es
kam zu Schlägereien. Die Polizei wollte die Parteien
trennen, aber gewöhnliche Polizei reichte nicht aus.
Moskau ist eine Welt, keine Stadt. Die Wütendsten
stürmten den Kreml; sie brachen die Tore des Klosters auf, wo der Erzbischof residiert; sie plünderten

das Kloster, betranken sich in den Kellern, in denen viele Kaufleute ihre Weine lagern. Da sie aber nicht fanden, den sie suchten, stürmte eine Gruppe das Donskoj-Kloster, zerrten den ehrwürdigen Greis heraus und ermorderten ihn aufs grausamste; die übrigen prügelten sich weiter und verteilten die Beute.

Endlich traf Generalleutnant Jerapkin mit etwa dreißig Soldaten ein, worauf die Aufrührer sich rasch zurückzogen. Die schlimmsten wurden gefangengenommen. Wahrlich, das berühmte achtzehnte Jahrhundert hat Anlaß, sich zu rühmen! Was sind wir doch weise geworden! Aber was rede ich mit Ihnen darüber; Sie kennen die Menschen zu gut, um sich noch über Widersprüche und über die Ausschreitungen, derer sie fähig sind, zu wundern. Man braucht nur Ihre «Questions sur l'Encyclopédie» zu lesen, um sich von Ihrer tiefen Kenntnis des Geistes und des Herzens der Menschen zu überzeugen.

Ich danke Ihnen tausendmal dafür, daß Sie mich an verschiedenen Stellen dieses höchst nützlichen und angenehmen Dictionnaires erwähnen; ich staune, so oft meinen Namen zu finden, manchmal am Ende einer Seite, wo ich es am wenigsten vermutete.

Ich hoffe, Sie haben rechtzeitig den Wechsel zur Bezahlung Ihrer Uhrmacher erhalten.

Die Nachricht von einer Seeschlacht bei Lemnos ist falsch. Graf Alexej Orlow befand sich am 24. Juli noch auf Paros, und die türkische Flotte wagt nicht, sich über die Dardanellen hinaus blicken zu lassen.

Ihr Brief über die Schlacht ist einzig. Ich empfinde sehr Ihre Zeichen der Freundschaft und bin Ihnen für Ihre charmanten Briefe sehr verbunden.

Ich fand in den «Questions sur l'Encyclopédie», die so voll von vorzüglichen und neuen Dingen sind, im Artikel «Staatswirtschaft», S. 61 des 5. Abschnitts, den Satz: «Man gebe Sibirien und Kamtschatka, die viermal so groß sind wie Deutschland, einen Cyrus als Herrscher, einen Solon als Gesetzgeber, einen Herzog von Sully, einen Colbert als Finanzminister, einen Herzog von Choiseul als Kriegs- und Friedensminister und einen Anson als Admiral; bei all Ihrem Genie werden sie dort vor Hunger sterben.»

Ich lasse Ihnen das ganze Land Sibirien bis Kamtschatka jenseits des 63. Breitengrads; dafür aber verteidige ich das ganze Gebiet zwischen dem 63. und dem 45. Breitengrad. Es fehlt zwar an Menschen, an Wein auch im Verhältnis zu diesem riesigen Land. Aber nicht nur ist es bebaubar, es ist sogar sehr fruchtbar. Getreide hat es in solchem Übermaß, daß es, abgesehen von der Ernährung, riesige Schnapsfabriken gibt; es bleibt noch genug Getreide übrig, um es im Winter zu Lande und im Sommer auf den Flüssen bis nach Archangelsk zu transportieren, von wo es ins Ausland exportiert wird. Und vielleicht hat man es mancherorts verzehrt, wo man meint, in Sibirien könne Getreide nie reifen. Haustiere, Wild und Fische gibt es dort im Überfluß. Es gibt Arten von Tieren und Pflanzen, die man in den anderen

Ländern Europas nicht kennt. Ganz allgemein sind die Erzeugnisse der Natur in Sibirien von außergewöhnlichem Reichtum; beispielsweise die große Menge von Eisen, Kupfer, Gold und Silber, Achat in allen Farben, Jaspis, Kristalle, Marmor, Talkstein usw. Es gibt Gegenden, die schon von außerordentlich starken Zedern bewachsen sind, ebenso schön wie die des Libanon, und auch von Obstbäumen vieler Arten.

Wenn Sie neugierig sind, Produkte aus Sibirien kennenzulernen, will ich Ihnen Sammlungen verschiedener Arten schicken, die nur in Sibirien vorkommen oder anderswo selten sind.

Etwas, das, wie ich meine, beweist, daß die Welt ein bißchen älter ist, als unsere Ammen uns erzählten, sind in Nordsibirien tief unter der Erde gefundene Skelette von Elefanten, die in diesen Gegenden schon seit sehr langer Zeit nicht mehr vorkommen.

Die Gelehrten, anstatt über das Alter unseres Erdballs übereinzustimmen, erklären, daß es sich um fossiles Elfenbein handle; doch sie mögen reden, was sie wollen, Fossilien wachsen nicht in Gestalt vollständiger Elefanten.

Indem ich auf diese Weise die Sache Sibiriens vor Ihnen verteidigt habe, überlasse ich Ihnen das Urteil in diesem Prozeß und ziehe mich zurück. Erneut versichere ich Sie der größten Wertschätzung und meiner Freundschaft und der aufrichtigsten Hochachtung.

Caterine

Ferney, 18. Oktober 1771

Madame, in diesem Brief schreibe ich nicht an Mustapha; erlauben Sie mir, Eurer Kaiserlichen Majestät
den Vorzug zu geben, denn es ist nicht möglich, mit
diesem dicken Schwein zu sprechen, wenn man sich
an die Heldin des Nordens wenden darf.

Es tut mir in der Seele weh, daß es unter den
närrischen Konföderierten Landsleute von mir gibt.
Unsere Welschen sind niemals allzu weise gewesen,
doch galten sie wenigstens für galant. Ich kenne
nichts Unhöflicheres, als Sie zu bekämpfen. Das ist
gegen alle Gebote der Ritterlichkeit. Es ist höchst
schandbar und töricht, daß ein Schock Gelbschnäbel
meines Landes die Unverschämtheit hat, gegen Sie
Krieg zu führen, während 200 000 Tataren Mustapha
verlassen, um Ihnen zu dienen. Die Tataren sind jetzt
zivilisiert, und die Franzosen sind Skythen geworden. Wollen Sie bitte zur Kenntnis nehmen, daß ich
kein Welscher bin; ich bin Schweizer, und wäre ich
jünger, würde ich Russe.

Eure Kaiserliche Majestät haben mir mit Brief
vom 4. September Trost gespendet; Sie haben mich
gütigst über die wahre Lage an der Donau ins Bild
gesetzt. Frankreich, mein Nachbar, tönte nur so von
falschen Nachrichten; aber ich kann mich nicht genug wundern, daß Mustapha nicht um Frieden bittet.
Sollte er irgendeinen Erfolg gegen meinen lieben Ali
Bey gehabt haben? Ach, nach all Ihren Siegen, was
wäre da ein ruhmreicher Friede schön!

Während Sie die Güte haben, sich die Zeit zu nehmen, den vierten und fünften Band der «Questions» zu lesen, hat der Questionneur den sechsten und siebenten Band abgeschickt, aber er fürchtet sehr, nicht mehr weitermachen zu können; er kann nicht mehr, er ist sehr krank, und deshalb wünscht er, daß Eure Majestät ganz rasch nach Konstantinopel gelangen, denn gewiß kann er nicht mehr lange zuwarten.

Meine Kolonie liegt Ihnen zu Füßen; ich möchte, daß sie Uhren nach China mit Ihren Karawanen transportieren könnten; aber sie ist noch viel stolzer, Uhren nach Petersburg geschickt zu haben. Eure Kaiserliche Majestät sind zu gütig; ich staune immer, was Sie alles machen. Vermutlich ist der König von Preußen ebenso überrascht und freut sich ebenso wie ich. Niemand aber nimmt es mit der Bewunderung für Ihre Person, der Dankbarkeit und dem tiefsten Respekt mit dem kranken Alten von Ferney auf.

Ferney, 2. November 1771

Madame, viel lieber nehme ich mir die Freiheit, an meine Heldin als an Mustapha zu schreiben, der alles andere als mein Held ist. Wahrlich, es würde mir viel Vergnügen machen, ihn auszulachen wegen der schönen Wiedereroberung von Giurgiu und wegen der totalen Niederlage des schrecklichen Oginski.

Ich fürchte sehr, daß sich unter den Gefangenen auch einige unserer Welschen befinden: «Que diable allaient-ils faire dans cette galère?»[101]

Augenscheinlich haben Eure Kaiserliche Majestät meinen lieben Ali Bey aufgefordert, Damaskus und das heilige Jerusalem wiederzugewinnen, während Eure Majestät Giurgiu zurückeroberten. Wenn die Geschichte mit Damaskus wahr ist, dann ängstige ich mich nur noch um den Serail meines lieben Mustapha. Die Nachricht, daß Graf Alexej Orlow Herr von Negrepont[102] ist, tut mir wohl; das läßt mich für Athen hoffen, dem ich immer wegen Sophokles, Euripides, Menander und wegen meines Mitbruders, des alten Anakreon, zugetan bin, obwohl die Athener die kläglichsten Memmen des Kontinents geworden sind. Aber wie kommt es, daß Ragusa, angeblich das alte Epidaurus, das so lange zum Ostreich gehörte, also zu Ihnen, sich unter den Schutz des Westreichs stellt? Gibt es denn gegenwärtig einen anderen Schutz als den meiner Heldin? Was machen die savii grandi[103] von Venedig? Warum nehmen sie sich nicht wieder das Königreich des Minos[104], während die tapferen Orlows das Königreich des Philoktet[105] nehmen? Es gibt heute leider nichts Großes in Europa, abgesehen von meiner erhabenen Katharina II., der meine letzten Atemzüge gelten.

Ich war sehr krank; die Nachricht von Giurgiu hat mich für einige Zeit wieder belebt, und noch atme ich mit dem tiefsten Respekt und mit lebhaftester Dankbarkeit für Eure Kaiserliche Majestät.

Der kranke Alte von Ferney

12. November 1771

Madame, Unglück kann Eure Kaiserliche Majestät
weder von Ihren tapferen Truppen noch von Ihrer
erhabenen und weisen Verwaltung her treffen; Sie
könnten nur unter den Plagen leiden, die zu allen
Zeiten die menschliche Natur aufs äußerste gepeinigt
haben. Die Seuche, die Moskau und Umgebung
heimsucht, ist, so sagt man, die Folge ausgerechnet
Ihrer Siege. Man schreibt, diese Seuche rühre her von
Leichen einiger Türken am Schwarzen Meer. Mustapha konnte natürlich nur die Pest loslassen, von der
sein schönes Land ständig angegriffen wird. Das war
sicherlich ein Grund mehr für alle Ihnen benachbar-
ten Fürsten, sich mit Ihnen zu verbünden und unter
Ihrer Führung die beiden großen Geißeln der
Menschheit, die Pest und die Türken, auszumerzen.
Ich erinnere mich, daß wir 1718 die Pest in Marseille
zum Stillstand brachten; ich zweifle nicht daran, daß
Eure Kaiserliche Majestät noch bessere Maßnahmen
ergreifen als seinerzeit unsere Regierung. Die Luft
verbreitet die Seuche nicht, die Kälte mindert sie, und
Ihre mütterliche Sorgfalt wird sie beseitigen. Die
schändliche Unwissenheit der Türken würde Ihre
Vorsorge noch steigern, wenn irgend etwas sie steigern könnte. Man spricht von Nahrungsmangel, der
sich in Ihrer Marine fühlbar mache. Ich glaube es
nicht, da einer der tapferen Orlows sie befehligt. Es
wäre zu viel, gleichzeitig die drei Gefälligkeiten zu
erfahren, von denen eine der Prophet Gad Ihrem

GREGORIJ UND ALEXEJ ORLOW

kleinen sogenannten Kollegen David dafür zur Aus-
wahl überließ, daß er eine Volkszählung in seiner
armseligen Provinz veranstaltet hatte.

Ich erfahre auch Züchtigungen in meinen Dörfern;
das Unglück versteckt sich in den Mauselöchern, so
wie es erhobenen Hauptes in den großen Reichen
daherkommt. Meine Kolonie von Uhrmachern hat
Verfolgungen erleiden müssen, aber ich habe sie mit
Geld daraus befreit, und so hoffe ich, daß sie Ihnen
damit dienen können, einen nützlichen Handel zwischen Ihren Staaten und China zu eröffnen. Ich hätte
sie wirklich lieber an den Ufern der Wolga als an
denen des Genfer Sees arbeiten lassen.

Jagen Sie für immer die Pest und die Osmanen
über die Donau, und empfangen Sie in Ihrer gewohn-
ten Güte den tiefsten Respekt und die unverbrüchliche Anhänglichkeit Ihres alten Eremiten von Ferney.

Ferney, 18. November 1771

Madame, ich ersehe aus dem Brief vom 6. Oktober
a. St., mit dem Eure Kaiserliche Majestät mich beehren, daß Sie geboren wurden, die Menschen gleicherweise zu belehren und zu regieren. Das Volk ist
schwerlich zu bilden, aber alle, die eine auch nur
leidliche Erziehung erhielten, werden immer mehr
von der Aufklärung, die Sie verbreiten, profitieren.

Es ist traurig, daß der Erzbischof von Moskau ein
Märtyrer der Heiligen Jungfrau geworden ist; die
schwachsinnigen Barbaren, abergläubisch und be-

trunken, die ihn getötet haben, verdienen zweifellos
eine Strafe, die auf diese Büffelköpfe Eindruck
macht. Ich bin überzeugt, daß seit dem Tode des
Sohnes der Heiligen Jungfrau kaum ein Tag vergan-
gen ist, an dem nicht irgend jemand seinetwegen
ermordet wurde; und was die Morde unter dem Ban-
ner angeht, für das der Sohn und die Mutter zum
Vorwand dienten, so sind sie zahllos und nur zu
bekannt. Der Mord am Erzbischof ist höchst straf-
bar; aber ich finde den an dem Chevalier de la Barre
noch schrecklicher, weil er kaltblütig von Leuten
begangen wurde, die Vernunft und Menschlichkeit
haben müßten.

Ich danke der Natur, daß die Epidemie in Moskau
nicht die Pest ist. Dieses Wort versetzte unsere südlichen Länder in Schrecken. Jeder verbreitete schauri-
ge Geschichten. Die gedruckten Lügen, die alle Tage
über Ihr Reich in Umlauf sind, lassen erkennen, wie
Geschichte früher geschrieben wurde. Wenn der König von Ägypten ein Dutzend Pferde verloren hatte,
dann hieß es, der Todesengel habe alle Vierfüßler des
Landes getötet.

Großmeister Orlow ist ein Trostengel, er hat eine
Heldentat vollbracht. Ich verstehe, daß diese Ihr zwischen Furcht und Bewunderung zerrissenes Herz er-
schüttern mußte; aber Sie dürfen weniger erschrek-
ken als andere, denn Sie sind für große Taten zuständig.

Ich danke Eurer Kaiserlichen Majestät für alles,
was Sie mich über Südsibirien zu lehren geruhten; in

zehn Zeilen haben Sie mir mehr gesagt als der Abbé
Chappe in einem Folioband. Wenn Sie gestatten, soll
es in einem Ergänzungsband zu den «Questions»
Platz finden, der zur Zeit auf dem Berg Krapack in
Vorbereitung ist.

Daß in Nordsibirien Elefantenskelette gefunden
wurden, erstaunt mich denn doch sehr. Ich halte
fossiles Elfenbein für kaum möglich, ich habe aber
auch viel Mühe, an wirkliche Elefantenzähne dreißig
Fuß unter dem Eis zu glauben; aber schließlich ist die
Natur zu allem fähig, und es könnte sehr wohl sein,
daß der Adam der Hebräer, einst allein bei ihnen
bekannt, eines sehr frostigen Alters wäre. Sechstausend Jahre sind wirklich ein bißchen wenig.

Eure Majestät, die mir schon so viele Zeichen Ihrer
Güte gegeben hat, wollen mir bitte einige Produkte
aus Sibirien schicken. Ich wage, um Samen jener
schönen Zedern zu bitten, die leicht die des Libanon
übertreffen, denn im Libanon gibt es sie kaum mehr.
Ich würde sie in meiner Eremitage aussäen, wo es
manchmal ebenso kalt ist wie in Sibirien. Ich weiß
wohl, daß ich die Zedern nicht groß werden sehe;
aber die Nachwelt wird sie sehen und wird sagen:
Das sind die Wohltaten der Erbauerin des Gedächtnistempels.

Die Handwerker von Ferney haben das Geld, das
Eure Majestät die Güte hatten zu schicken, bekommen. Wie ich liegen sie Ihnen zu Füßen. Ich erinnere
mich nicht, daß Sie von einer Pendeluhr sprachen;
aber wenn Sie welche wünschen, werden Sie sie so-

gleich bekommen; Eure Majestät hätten nur den
Preis zu bestimmen, dann werde ich Ihnen antworten, daß Sie wohl und wohlfeil bedient wären. Es ist
jetzt vielleicht nicht der richtige Zeitpunkt, einen
Handel mit Pendeluhren und mit Taschenuhren mit
China vorzuschlagen; aber Ihre Universalität macht
alles gleichzeitig möglich. Das ist meines Erachtens
wahre Größe, wahre Macht.

Die Genfer haben einen kleinen Uhrenhandel in
Kanton eingerichtet; Eure Majestät könnten ihn anderswo auch einrichten, da, wo die Russen mit den
Chinesen ohnehin Handel treiben. Ein Vertrauens-
mann könnte von Petersburg nach Ferney die Aufträ-
ge überbringen, auf die man sich verständigen würde; doch ich fürchte, daß es mit diesem Plan ebenso
geht wie mit den Kriegswagen des Cyrus. Sie haben
ja die Türken so gut auch ohne diese schönen Wagen
neuerer Art geschlagen. So wird Graf Alexej Orlow
ihnen Negrepont auch ohne einen Kriegswagen
weggenommen haben; Sie benötigen eben nur
Triumphwagen. Von weitem stelle ich mich hinter
Sie und rufe io trionfo mit schwacher Stimme, aber
mit einem von Eurer Kaiserlichen Majestät erfüllten
Herzen.

Petersburg, 18./29. November 1771

Monsieur, um Ihren Brief an Herrn Mustapha überbringen zu lassen, hat Feldmarschall Rumjanzew im
vergangenen Monat den Generalmajor Weissmann

über die Donau geschickt. Nachdem er zwei kleine
Forts, die seinen Weg versperrten, in die Luft ge-
sprengt hatte, marschierte er auf Balada zu, wo der
Großwesir sein Lager aufgeschlagen hatte; er eroberte den Ort, schlug die Truppen des Wesirs und be-
mächtigte sich der im letzten Jahr von Herrn Tott in
Konstantinopel geschaffenen Kanone; dann betrat er
höflich das Lager des Wesirs, um ihn aufzusuchen
und ihn zu sprechen, aber er traf ihn dort nicht mehr
an.

Unsere leichten Truppen drangen bis zum Hemus-
gebirge[106] vor, ohne aber jemanden zu finden, an den
sie sich wenden konnten. Da Herr Weissmann seinen Auftrag für erledigt hielt, wandte er sich gegen
Isatschki und zerstörte den Ort. Inzwischen nahm
ein anderer Generalmajor die Forts von Matelina
und Girsova[107], und Generalleutnant Essen machte
sich ein Vergnügen daraus, vierzigtausend Türken
zu schlagen, die der frühere Wesir Mussu-Uglu befehligte, der in die Walachei vorgerückt war.

Nach der Niederlage von Mussu wurde Giurgiu
wieder eingenommen. Beide Ufer der Donau, von
jenem Ort bis zum Schwarzen Meer, sind jetzt von
den Türken gesäubert wie ein holländisches Haus
vom Staube. Das alles ereignete sich in der Zeit vom
20. bis zum 27. Oktober a. St.

Trösten Sie sich; Ihr lieber Ali Bey ist Herr von
Damaskus. Aber welche Schande für Ihre Landsleute, für den französischen Adel, so erfüllt von Ehrge-
fühl, von Courage und Großmut, daß sie auf der

Seite der polnischen Banditen stehen, die vor ihren
Wunderbildern schwören, den König zu töten, da sie
zu kämpfen nicht verstehen. Wenn nach diesem
Schlag Herr von Vioménil und seine Kameraden
diese Leute nicht verlassen, was soll man dann denken? Wir haben hier zur Zeit den Kalga-Sultan[108],
Bruder des von Gottes Gnaden und der Waffen Rußlands souveränen Khans der Krim, einen jungen
Mann von fünfundzwanzig Jahren, verständig und
wissensdurstig.

Ich darf Ihnen sagen, daß die Krankheiten in Moskau dank der unermüdlichen Bemühungen des Grafen Orlow auf ein Zehntel zurückgegangen sind.
Seine Brüder haben im Archipel einen Teufelslärm
veranstaltet; sie gliederten ihre Flotte in zwei Teile;
der ältere Orlow hat vom Kap Matapan[109] bis Lemnos mehrere Landungen unternommen, hat dem
Feinde Magazine und Schiffe weggenommen, und
was er nicht wegschaffen konnte, vernichtet; der jün-
gere tat desgleichen an den Küsten Asiens und Afri-
kas; aber eine sehr ernstliche Erkrankung zwang ihn,
nach Livorno zurückzukehren.

Wenn diese Nachrichten Sie wieder gesund machen können, haben sie in meinen Augen zusätzli-
chen Wert, denn niemand nimmt mehr Anteil an
allem, was Sie betrifft, als ich.

Schreiben Sie mir bitte, ob die Ausgabe der «Encyclopédie» in Genf von den Autoren der ersten Ausgabe genehmigt ist; die neuen Herausgeber baten mich
um Beiträge über Rußland.

Caterine

Ferney, 3. Dezember 1771

Madame, da haben die Konföderierten eine hübsche
Tat vollbracht![110] Ich zweifle nicht, daß der ehrwürdige Pater Ravaillac und der ehrwürdige Pater Poi-
gnard die Beichtväter dieser Herren gewesen wären
und daß sie sie mit dem Pain des Forts[111] versehen
hätten, wie der ehrwürdige Pater Strada sagt, wenn
er von dem glückseligen Balthasar Gerard sprach,
dem Mörder des Prinzen von Oranien. Ihr armer
Erzbischof von Moskau ist wenigstens nur von Be-
trunkenen umgebracht worden, zügellosem Pöbel,
den Vernunft niemals regieren kann und dem man
wie dem Bär einen Maulkorb umbinden muß; aber
der König von Polen wurde verraten, überfallen und
geschlagen von Edelleuten, die lateinisch sprechen
und die ihm Gehorsam geschworen hatten.

In den Staaten Eurer Kaiserlichen Majestät soll ein
Bericht über diese erstaunliche Verschwörung gedruckt worden sein. Darf ich Sie bitten, mir ein Exemplar zukommen zu lassen? Ich könnte es zur rechten Zeit und am rechten Ort verwenden, falls ich
noch einige Zeit zu leben habe. Ich gestehe, eine
Schwäche für das Leben zu haben, und sei es auch
nur, um den Kupferstich Ihres Gedächtnistempels zu
betrachten und den Ihrer Statue gegenüber der von
Peter dem Großen.

Wir werden hier mit so viel Nachrichten über-
schwemmt, daß ich gar keine mehr glaube. Das Gerücht ist eine Göttin, die erst mit der Zeit vernünftig

STANISLAUS GRAF PONIATOWSKI,
KÖNIG VON POLEN

wird, und auch das nicht immer. Die wahrste Geschichte ist mit Lügen vermischt, wie das Gold in den
Minen von anderen Metallen verunreinigt wird; aber
die wahrhaft großen Taten überdauern. Der Ruhm
entledigt sich der Lumpen, mit dem man ihn bedeckt, und erscheint zuletzt in all seinem Glanz.
Glücklich der Schriftsteller, der nach hundert Jahren
die Geschichte Katharinas II. schreiben wird!

Wir haben in unserer Nachbarschaft in der
Schweiz einen Grafen Orlow mit seiner Familie,
während die anderen Ihnen zu Wasser und zu Lande
dienen. Herr Polianskij gab uns in Ferney mehrmals
die Ehre seines Besuchs; er entzückt uns durch alles,
was er von der Pracht Ihres Hofs, von Ihrer Freund-
lichkeit, von Ihrer unablässigen Arbeit und von der
Menge großer Dinge berichtet, mit denen Sie sich die
Zeit vertreiben. Es bringt mich zur Verzweiflung,
fast achtzig Jahre alt zu sein und das alles nicht miter-
leben zu können. Herr Polianskij sehnt sich danach,
Italien kennenzulernen, wo er für den Dienst bei
Eurer Majestät noch mehr lernen würde als in der
Nachbarschaft der Schweiz und von Genf. Er erwartet darüber Ihre Befehle und Ihr stets erwiesenes
Wohlwollen. Er ist ein sehr verständiger und sehr
guter Mensch, dessen Herz Eurer Majestät wahrhaft
zugetan ist.

Wir durchleben jetzt eine Zeit, in der man meinem
lieben Freund Mustapha keine weiteren Provinzen
wegnehmen kann. Das ärgert mich; aber er soll nur
den Frühling abwarten.

Ich erneuere meine guten Wünsche für das ständige Glück Ihrer Waffen, für Ihre Gesundheit, für Ihren Ruhm und Ihr Wohlergehen. Ich lege mich Eurer Majestät zu Füßen mit größter Dankbarkeit und tiefstem Respekt.

Der kranke Alte von Ferney

28. November / 9. Dezember 1771

Monsieur, aus Ihrem Brief vom 12. November ersehe ich mit Bedauern, daß das Geld für die Uhrmacher Ihnen noch nicht in Verwahrung gegeben wurde, was schlimm ist, weil die armen Leute es brauchen. Ich weiß nicht, worauf diese Verzögerung zurückzuführen ist, die mich sehr bekümmert. Ich hoffe, daß der Wechsel nicht unterschlagen wurde wie der, den ich Diderot einmal schickte und der mit der Post zwischen Paris und der französischen Grenze verlorenging, obwohl das Paket auf den übrigen Stationen registriert war.

Aus dieser Sache meinte man, den Leuten einreden zu können, ich hätte kein Geld mehr. Doch wozu solche erbärmlichen Tricks? Sie können doch nur auf Geistesarmut und Verbitterung schließen lassen. Beides bewirkt weder Wertschätzung noch Achtung. Ich habe meinen Bankier Friederich angewiesen, entsprechende Maßnahmen zu treffen.

Meine Flotte hat den Türken in Negrepont, Volo, Cavalla, Magria, Lurzi[112] und mehreren anderen Orten so viele Magazine weggenommen – von den gekaperten Schiffen nicht zu reden –, daß sie weniger an Verpflegungsmangel leiden wird als diejenigen, die ihr das unterstellen. Ich glaube schon, daß mehr Lebensmittel benötigt werden als zunächst berechnet war, wenn man die Zahl der Albaner bedenkt, die sich unseren Truppen angeschlossen haben; doch die letzten Depeschen vor acht Tagen berichten gegenwärtig von keinem Verpflegungsmangel.

Die Krankheiten in Moskau sind dank der ergriffenen Maßnahmen und der Kälte fast verschwunden. Graf Orlow hat Moskau wieder verlassen und absolviert seine Quarantäne auf seinen Gütern.

Ganz erfüllt von Ihren Freundschaftsbeweisen, hoffe ich, daß Sie nicht an meiner großen Dankbarkeit zweifeln.

Caterine

3./14. Dezember 1771

Monsieur, soeben bekam ich Ihren Brief vom 18. November. Dank der von Graf Orlow in Moskau ergriffenen Maßnahmen gab es am 28. jenes Monats in der Stadt nur noch zwei Tote, die an der Seuche starben, vor der sich Ihre südlicheren Länder mit Recht sehr fürchten. Doch gibt es noch Kranke; die Ärzte versichern, daß zwei Drittel wieder genesen werden. Merkwürdig ist, daß keine Person von Stande erkrankte und mehr Frauen als Männer starben. In den sezierten Leichen fand man, daß das Blut sich in Herz und Lunge zurückgezogen hatte; kein Blutstropfen in den Adern, und alle Arzneien waren tödlich, wenn sie nicht zu Schweißausbrüchen führten.

Ich schicke Ihnen unverzüglich Zedernsamen aus Sibirien; ich ließ dem Gouverneur schreiben, mir nur ganz frische zu senden; Sie werden sie etwa im Frühjahr haben.

Die Geschichten des Abbé Chappe verdienen keinen Glauben. Ich habe ihn nie gesehen; und dennoch behauptet er in seinem Buch, in meinem Zimmer, das er nie betreten hat, Kerzen vermessen zu haben. So verhält es sich.

Ihr Brief macht mich frei von der Beunruhigung bezüglich des Geldes für die Uhren, da es endlich angekommen ist. Was den Uhrenhandel mit China angeht, so glaube ich, er wäre nicht unmöglich, wenn man sich an ein Kontor wenden könnte, das sie an die chinesische Grenze zu befördern weiß; denn was auch bestimmte Schriftsteller sagen mögen, die Krone betreibt keinen Handel mehr.

Die Gemälde, die ich in Holland aus der Sammlung Braamkamp kaufen ließ, sind alle an der Küste von Finnland untergegangen. Man muß sich damit abfinden. Ich habe dieses Jahr Unglück gehabt; in einem ähnlichen Fall gibt es keinen andern Trost, als sich darein zu schicken.

Die Neuigkeiten, die ich von meinen Armeen zu Wasser und zu Lande hörte, habe ich Ihnen bereits übermittelt. Es bleibt mir nur, Ihnen all die Gefühle, die Sie kennen, erneut zum Ausdruck zu bringen.

Caterine

Ferney, 16. Dezember 1771

Madame, ich behellige Eure Kaiserliche Majestät mit
meinen Glückwünschen und mit meinem Hände-
klatschen; das hat man niemals mit Ihnen gemacht.
Kaum ist eine Stadt erobert, hat sich eine andere
ergeben. Kaum werden die Türken am linken Ufer
der Donau geschlagen, werden sie am rechten besiegt; nimmt man ihnen hundert Kanonen bei Giurgiu weg, so hundertfünfzig in einer anderen Schlacht.
So wenigstens sagt man mir; und das erfüllt mich mit
höchster Freude. Ich hoffe darüber hinaus, daß das
Attentat der Konföderierten für Sie ein weiterer Anlaß zum Ruhme sein wird.

Erlauben mir Eure Majestät, diesem Briefchen eine Bittschrift meiner Kolonisten beizufügen. Sie
erinnern sich, daß sich in ihren Kisten mehr Uhren
befanden als auf ihrer Rechnung angegeben waren.
Die Handwerker, die, weil ihre Rechnung vergessen
wurde, in der von Eurer Majestät angeordneten Zah-
lung nicht bedacht wurden, werfen sich Ihnen zu
Füßen; es sind Leute, deren ganzer Reichtum in ihrer
Hände Arbeit besteht. Es handelt sich nur noch um
247 Rubel, soviel ich weiß. Einer meiner Handwerker verfertigt kostbare Repetieruhren mit Läute-
werk. Das ist ein einzigartiges Wunder. Doch solche
kuriosen Kleinigkeiten sind der Heldin nicht würdig,
die den Türken ihre Unverschämtheit gegenüber
Europa heimzahlt, auch gegen den Willen eines Teils
von Europa.

Dem König von Preußen war es ein Vergnügen, ein Gedicht gegen die Konföderierten zu verfassen. Ich glaube, der Abt von Oliva wird die Druckkosten bezahlen müssen.

Mögen Eure Kaiserliche Majestät den tiefsten Respekt, die Anhänglichkeit, die Bewunderung und die Dankbarkeit des kranken Alten von Ferney gütigst annehmen.

Ferney, 1. Januar 1772

Madame, für das Jahr 1772 wünsche ich Eurer Kaiserlichen Majestät keine Steigerung Ihres Ruhmes, denn das geht nicht mehr; aber eine Vermehrung der Nasenstüber für Mustapha und seine Wesire, einige weitere Siege, Ihr Hauptquartier in Adrianopel und den Frieden.

Der Brief Eurer Kaiserlichen Majestät vom 18. November a. St. kann mich wenigstens noch dieses Schaltjahr am Leben erhalten. Wenn Sie die Sitten der Römer in allem angenommen hätten, wären Ihre Briefe immer mit Lorbeer gefüllt. Ich wollte, daß der neue Bruder des Thoas auf Tauris in unsere Gegend reisen und ich ihn treffen könnte. Ich wäre entzückt, unseren Welschen beizubringen, daß es einen Schöngeist in dem Lande gibt, wo Iphigenie als Priesterin alle Fremden erwürgte zu Ehren einer gemeinen Holzstatue, ganz ähnlich der wundertätigen Madonna von Tschenstochau.

Ich weiß noch nicht, ob es tatsächlich die Pest war,

die in Moskau ausbrach; aber sie ist nun nahe bei uns.
Sie sandte fünfhundert Menschen in Cremona zu
Gott an einem Tage, so jedenfalls erzählt man sich.
Sollte sie acht Tage anhalten, gäbe es niemanden
mehr in dieser Stadt. Man sagt, sie sei vom Markt
von Senigallia ausgegangen, einem Ort an der Küste
des Adriatischen Meers, der meinem Heiligen Vater,
dem Papst, gehört.

Die Päpste können heute Fürsten nicht mehr abset-
zen, sie schicken ihnen dafür diese Gottesgeißel, um
sie zu bekehren. Aber die Pest, die bereits in die
Nachbarschaft von Notre Dame von Loreto vorgedrungen ist, könnte sehr wohl auch nach Rom gelangen. Es wäre aber traurig, wenn der Großinquisitor
und das Heilige Collegium Pestbeulen bekämen.

Tatsache ist, daß Genf in meiner Nachbarschaft
vor Angst zittert, denn es treibt mehr Handel mit
Cremona als mit Rom; aber sicherlich werden die
Prozessionen der Katholiken die Luft gereinigt haben, bevor die Pest nach Ferney kommt, das inmitten
von Ketzern liegt.

Eine andere Pest ist die der polnischen Konföderierten, und ich hoffe, Eure Kaiserliche Majestät werden sie von ihrer Seuche heilen. Unsere welschen
Kavaliere, die ihre Unruhe und Neugierde zu den
Sarmaten trieb, müssen vor Hunger sterben, wenn
sie nicht an der Pest sterben. Ja, sie haben einen komischen Kreuzzug unternommen. Er dient nicht dazu,
die Klugheit und die Ritterlichkeit meiner teuren
Nation zur Geltung zu bringen.

Eure Majestät fragen, ob die Autoren der «Encyclopédie» die Genfer Ausgabe billigen; sie dulden sie,
aber sie haben keinen Einfluß darauf. Sie sollte in
Paris herauskommen, aber unsere Inquisition hat es
nicht erlaubt. Die Buchhandlungen von Paris haben
sich mit denen von Genf für dieses Werk zusammen-
getan, das mehrere Jahre in Anspruch nimmt. Sie
haben das Sagen und lassen Autoren arbeiten wie ich
meine Tagelöhner im Garten.

Sie schrieben an den Fürsten Golizyn in Den Haag
und baten ihn um die Schirmherrschaft, um Zu-
schüsse zu bekommen. Sie haben recht: Die Artikel
über Rußland verleihen ihrer Ausgabe Glanz, trotz
der von Herrn Tott geschaffenen Kanone. Der Herr
Tott ist übrigens ein sehr geistvoller Mann; schade
nur, daß er Partei für Mustapha ergriffen hat.

Ich ärgere mich, daß Ali Bey, Fürst Heraklius und
Fürst Alexander nicht die Feste unserer Vorstädte
kennen, unsere bewundernswerten Komischen
Opern, unsere hervorragende Vauxhall, und daß sie
nicht richtig Menuett tanzen können.

Ich lege mich Eurer Kaiserlichen Majestät für das
Jahr 1772 zu Füßen, dessen ersten Tag, der heute
begonnen hat, ich zu erleben hoffe, denn des nächsten
ist niemand sicher.

Der kranke Alte von Ferney

Die Pest in Cremona hat aufgehört; das bedeutet aber
nichts, denn morgen schon geht es vielleicht wieder
weiter.

Ferney, 14. Januar 1772

Madame, ist es denn möglich, daß Ihre Seele, die an
die Krim, die Moldau, die Walachei, Polen und Bulgarien zu denken hat und die damit beschäftigt ist,
den dicken Mustapha zu verprügeln und von Ihren
Argonauten ein Dutzend Inseln im Archipel besetzen zu lassen, sich auch noch Sorgen darüber macht,
ob die Uhrmacher meines Dorfes das Geld für ihre
Arbeit bekommen haben! Sie sind wie Tamerlan,
der am Tage der Schlacht von Ankara nicht einschla-
fen konnte, bevor sein Zwerg zu Abend gegessen
hatte.

Ich teilte inzwischen Eurer Kaiserlichen Majestät
mit, daß sie alle sehr gut bezahlt wurden bis auf drei
oder vier arme Teufel, deren Rechnung vergessen
wurde. Mein Brief dazu ist vom November. Ich hoffe, daß er nicht von Herrn Pulawski abgefangen wurde. Jedenfalls wird er dann erkannt haben, daß eine
Kaiserin, die sich mit den kleinsten wie mit den größten Details befaßt, eine Persönlichkeit ist, die Be-
dachtsamkeit und vorsichtige Behandlung verdient.

Ich erinnere mich, Ihnen in einem meiner Briefe
einen Uhrenhandel mit dem Kaiser von China vorgeschlagen zu haben, was passender wäre als ein
Austausch von Versen, mag er auch ein noch so
großer Poet sein.

Der König von Preußen, der ein Gedicht gegen die
Konföderierten verfaßt hat und der sicherlich bessere
Verse schreibt als alle Chinesen zusammengenom-

men, kann ihm seine Schriften schicken; ich aber werde ihm nur Uhren schicken.

Ich muß gestehen, daß mein Dorf trotz des Krieges Kisten mit Uhren auch nach Konstantinopel versandt hat, so daß ich zugleich mit den Siegern wie mit den Besiegten korrespondiere. Ich weiß allerdings noch nicht, ob Mustapha unsere Uhren gekauft hat. Aber ich weiß, daß er mit Ihnen kein Schäferstündchen hatte und daß Sie ihm sehr üble Stunden verschaffen. Ich höre, er habe einen griechischen Bischof, der Ihre Partei ergriffen hatte, aufhängen lassen. Ich empfehle Ihnen den Mufti bei nächster Gelegenheit.

Erlauben Sie mir, Eurer Majestät zu sagen, daß Sie mir unbegreiflich sind. Kaum hat die Ostsee Gemälde, die Sie im Wert von sechzigtausend Talern aus Holland kommen ließen, verschlungen, da lassen Sie aus Frankreich Gemälde im Wert von vierhundertfünfzigtausend Pfund kommen. Und Sie kaufen auch noch tausend Raritäten in Italien. Doch ehrlich, woher nehmen Sie all das Geld? Haben Sie vielleicht den Schatz des Mustapha geraubt, ohne daß die Zeitungen darüber berichtet hätten? Wir Franzosen leben im tiefsten Frieden und haben keinen Sou. Gott bewahre uns vor einem Kriege! Vor vier Jahren hat man die französischen Soldaten und Offiziere, die von den Truppen des Kaisers von Marokko gefangengenommen worden waren, den Wohltätigkeitsvereinen empfohlen. Vor einem Jahr wurde eine kleine Fregatte des Königs, die auf dem Genfer See stationiert war,

vier Schritte von meinem Dorf entfernt, schulden-
halber in einem Hafen von Savoyen konfisziert. Ich
rettete die Ehre unserer Marine und kaufte die Fregatte frei; das Ministerium aber hat mir nichts bezahlt. Wenn Sie den Mut der Tomyris haben, dann
muß ich annehmen, daß Sie auch die Schätze des
Krösus besitzen, vorausgesetzt, daß Krösus wirklich
so reich war, wie es heißt; denn ich mißtraue stets den
Übertreibungen der Antike, angefangen mit Salomo, der etwa sechs Milliarden Rubel besaß und der
keine Arbeiter fand, um seinen Tempel aus Holz zu
bauen.

Auf die beiden letzten Briefe, mit denen mich Eure
Kaiserliche Majestät beehrten, konnte ich nicht um-
gehend antworten, weil die Schneemassen, von denen ich umgeben bin, mich umbringen. Deshalb
wollte ich mich ja auch an irgendeiner südlichen
Küste des Bosporus niederlassen; aber Sie wollten ja
noch nicht bis dahin vorrücken, worüber ich ärgerlich bin.

Ich lege mich Ihnen zu Füßen; erlauben Sie mir, Sie
in aller Demut zu küssen und auch Ihre Hände; man
weiß ja, daß Sie die schönsten Hände der Welt haben.
Jetzt ist es an Mustapha, sie mit ebensoviel Demut zu
küssen wie ich.   Der alte Kranke von Ferney

30. Januar / 10. Februar 1772

Monsieur, Sie bitten mich um eine Druckschrift über das Attentat der ehrwürdigen Patres der Konföderierten aus Liebe zu Gott; aber es gibt hier keinen Bericht über diese scheußliche Szene.

Ich ließ Herrn Polianskij, Ihrem Schützling, das Geld für seine Reise nach Italien anweisen; ich hoffe, er hat es rechtzeitig bekommen wie auch Ihre Kolonisten, denen ich 247 Rubel, die auf der Rechnung seinerzeit nicht aufgeführt waren, zukommen ließ.

In einem Ihrer Briefe wünschen Sie mir neben anderen schönen Dingen, zu denen Sie Ihre Freundschaft für mich entflammt, noch mehr Vergnügen; ich möchte mit Ihnen über ein für mich sehr interessantes Vergnügen sprechen und bitte um Ihren Rat.

Wie Sie wissen, denn nichts entgeht Ihnen, werden fünfhundert Mädchen in einem Institut erzogen, das früher für dreihundert Bräute unseres Herrn bestimmt war. Diese Mädchen, das muß ich sagen, übertreffen unsere Erwartungen. Sie machen erstaunliche Fortschritte, und jedermann stimmt darin überein, daß sie ebenso liebenswert wie kenntnisreich zum Nutzen der Gesellschaft werden. Ihr Betragen ist untadelhaft, ohne aber die penible Sittenstrenge von Klausnerinnen. Vor zwei Jahren begann man damit, sie Tragödien und Komödien aufführen zu lassen, und sie machen das besser als professionelle Schauspielerinnen; doch gibt es leider nur sehr wenig

Stücke, die für sie geeignet sind, denn ihre Vorsteherinnen möchten vermeiden, daß sie Stücke spielen,
die zu sehr ihre Leidenschaften wecken. Sie sagen, in
den meisten französischen Stücken gehe es zu viel um
Liebe, und selbst die besten Autoren seien oft von
diesem Geschmack oder Nationalcharakter beein-
flußt.

Eigene Stücke zu verfassen ist nicht möglich. Werke auf Kommando gibt es nicht, es geht um Früchte
des Genies. Und schlechte und alberne Stücke würden den guten Geschmack verderben. Was also soll
man tun? Ich weiß es nicht und wende mich daher an
Sie. Soll man nur bestimmte Szenen auswählen?
Doch das wäre meines Erachtens viel weniger interessant als zusammenhängende Stücke.

Niemand könnte das besser beurteilen als Sie. Helfen Sie mir bitte!

Ich wollte gerade diesen Brief beenden, als ich
Ihren vom 14. Januar erhielt. Mit Bedauern sehe ich,
daß ich auf vier Ihrer Briefe noch nicht geantwortet
habe; Ihr letzter ist mit solcher Lebhaftigkeit und mit
solchem Feuer geschrieben, daß offensichtlich jedes
neue Jahr Sie verjüngt. Ich bete um Wiederherstellung Ihrer Gesundheit in diesem Jahr.

Unsere Offiziere, die Sie so liebenswürdig in Ferney aufgenommen haben, kehrten zurück, bezaubert
von Ihnen und von dem Empfang, den Sie Ihnen
gewährten. Wahrlich, Sie geben mir so dankenswerte
Beweise Ihrer Freundschaft. Sie übertragen Sie auch
auf unsere jungen Leute, die begierig sind, Sie zu

sehen und zu hören. Ich fürchte nur, daß sie Ihre
Gefälligkeit ausnutzen.

Sie sagen vielleicht, ich wüßte nicht, was ich wolle
und daß Graf Feodor Orlow in Genf war, ohne nach
Ferney zu kommen; ich habe Graf Feodor ordentlich
dafür gescholten, daß er Sie nicht besucht hat, während er doch vierzehn Stunden in Genf verbrachte.
Doch um alles zu gestehen, Schamhaftigkeit hielt ihn
zurück. Er erklärt, sich auf französisch nicht leicht
genug ausdrücken zu können. Darauf antwortete ich
ihm, daß einer unserer tatkräftigsten Anführer in der
Seeschlacht von Tschesme davon befreit sei, die französische Grammatik genau zu kennen; das Interesse,
das M. de Voltaire an allem bezeige, was Rußland
betrifft, und seine Freundschaft für mich ließen mich
vermuten, daß er es vielleicht nicht bedauert hätte
(obwohl er blutige Schlachten nicht mag), Einzelheiten über die Eroberung von Morea und über die
beiden denkwürdigen Tage vom 24. und 26. Juni
1770 aus dem Munde eines ebenso liebenswürdigen
wie tapferen Offiziers zu erfahren, und daß er ihm
vergeben hätte, wenn er sich in einer fremden Sprache nicht so genau ausdrücken könne, die sehr viele
Leute offenbar nicht mehr verstehen, nach so vielen
abgeschmackten und schlechten Werken zu urteilen,
die alle Tage gedruckt werden.

Sie wundern sich über meine Gemäldekäufe; ich
täte vielleicht besser daran, weniger zu kaufen, aber
Gelegenheiten, die man verpaßt, kehren nicht wieder. Meine Gelder übrigens sind nicht die des Staates;

wenn man Ordnung hält, kommt man in vielen Dingen ans Ziel. Ich spreche aus Erfahrung.

Ich bemerke, daß mein Brief zu lang wird. So
schließe ich mit der Bitte, mir Ihre Freundschaft zu
bewahren. Seien Sie überzeugt, daß ich, wenn der
Friede noch nicht eintritt, alles mir mögliche tun
werde, um Ihnen das Vergnügen zu bereiten, Mustapha noch besser bedient zu sehen als schon geschehen. Ich hoffe, daß alle guten Christen mit uns sich
darüber freuen und daß auf die eine oder andere
Weise diejenigen, die nicht zu uns gehören, sich der
Vernunft beugen werden durch so überzeugende Beweise, wie zwei plus zwei vier sind.

Caterine

Ferney, 12. Februar 1772

Madame, ich fürchte, daß Eure Kaiserliche Majestät
der Briefe eines alten Schweizer Schwätzers überdrüssig sind, der Ihnen in nichts dienen kann, der für
Sie nur einen unnützen Eifer an den Tag legt, der
Mustapha herzlich verabscheut, der die polnischen
Konföderierten überhaupt nicht mag und der sich in
seiner Einsamkeit darauf beschränkt, den Forellen
des Genfer Sees zuzurufen: «Laßt uns Katharina II.
lobsingen!»

Mir fiel ein kleines Gedicht eines jungen Kurlän-
ders in die Händen, der in meine Eremitage kam und
den ich sehr liebe, weil er wie ich denkt. Er sagte mir,
daß er nicht gewagt habe, Ihnen dieses unbedeutende

Papier zu Füßen zu legen, aber daß es mich nichts
weiter kosten würde, Eure Kaiserliche Majestät mit
Versen zu langweilen, nachdem ich die Kühnheit
gehabt hätte, Sie gelegentlich mit Prosa zu langweilen.

Ich weiche also dem Drängen dieses guten Kurlän-
ders, Sie zum Gähnen zu bringen. Sie erhalten seine
Ode inmitten von hundert Paketen, die bei Ihnen aus
der Walachei, von den Inseln des Archipels, aus Archangelsk und Italien eintreffen; doch die Verse wollen nur gelesen werden, wenn man nichts zu tun hat,
und ich glaube nicht, daß das jemals bei Eurer Majestät der Fall ist.

Nach allem werden Sie nicht darüber erstaunt sein,
daß ein Kurländer Verse schmiedet, da der König
von Preußen und der Kaiser von China alle Tage
welche machen. Freilich richten sich die Gedichte des
Kaisers von China nicht gegen die Konföderierten,
an sie wenden sich der König von Preußen und mein
Kurländer.

Übrigens verbreiten unsere Neuigkeitskrämer,
daß Sie, da kein Gottfried von Bouillon, kein Re-
naud, kein Tankred erschien, um Ihre Helden zu
unterstützen, und da niemand vollen Ablaß verdienen wollte, indem er Jerusalem zurückzugewinnen
unternahm, sich damit unterhalten, einen Waffenstillstand mit diesen schurkischen Türken auszu-
handeln. Alles, was Sie tun, ist wohlgetan; ich aber
wollte, die Türken lägen alle auf dem Grunde des
Ägäischen Meeres.

Ich rede von keinen anderen Neuigkeiten, die man hier verbreitet; sie würden mir sehr mißfallen, wenn sie wahr wären. Aber ich glaube nicht an das Geschwätz, das sich Gerücht nennt; ich glaube nur an den Ruhm, der stets bei Ihnen ist. Sie wissen, worum es geht, Sie bauen den Gedenktempel in Petersburg, und ich entzünde Weihrauch in der Tiefe meiner Hütte.

Ich lege mich der Göttin und der Gründerin dieses Tempels zu Füßen mit der Dankbarkeit, dem tiefen Respekt und der Anhänglichkeit, die mein Herz Ihnen schuldet.

Ferney, 6. März 1772

Madame, ich war so weit, Eure Kaiserliche Majestät für immer von der Langeweile meiner unnützen Briefe zu befreien. Während der König von Preußen sein Gedicht gegen die Konföderierten beendete, während einer unserer Franzosen wie ein Dachs durch ein Loch in Krakau eindrang, während Mustapha dickköpfig sich weigerte, sich schlagen zu lassen, und das Abenteuer von Kopenhagen[113] ganz Europa in Erstaunen versetzte, starb ich ganz sanft dahin in meiner Eremitage und entschwand, um Peter den Großen zu grüßen, der all die Wunder vorbereitete, die Sie vollbrachten, und der sich nicht träumen ließ, daß Sie so weit gingen.

Gestatten Sie, daß ich Ihnen, für sehr kurze Zeit meine schwache Gesundheit wiedergewinnend, meine Verehrung und meine Kümmernisse zu Füßen lege. Es erzürnt mich, daß Leute meiner Nation auf den Gedanken kommen, bei den Sarmaten gegen einen König zu kämpfen, der legal gewählt wurde, kraftvoll, klug und gütig ist, mit dem sie nichts zu zanken haben und der sie nicht kennt. Das scheint mir der Gipfel des Absurden, das Lächerlichen und der Ungerechtigkeit zu sein.

Mein weiterer Kummer ist, daß die Griechen der Freiheit unwürdig sind; sie hätten sie schon längst erlangt, wenn sie den Mut gehabt hätten, Sie zu unterstützen. Ich will Sophokles, Homer und Demosthenes gar nicht mehr lesen. Ich würde selbst die griechische Religion verwünschen, wenn Eure Kaiserliche Majestät nicht an der Spitze dieser Kirche stünden.

Ich sehe, daß Sie keine Bilderstürmerin sind, denn Sie kaufen so viele Gemälde, und Mustapha hat nicht eines. Es gibt auf Erden nur ein Porträt, das ich jeder Bildersammlung, mit der Sie Ihr Palais verschönern, vorziehe: Ich trug es auf der Brust, als ich zu sterben glaubte, und ich bilde mir ein, daß dieses Mittel mir ein bißchen das Leben erhalten hat. Was mir davon noch bleibt, verwende ich dazu, über Polen zu seufzen, für Ali Bey zu beten, Mustapha zu verfluchen, Ihnen alles Gute zu wünschen, alle möglichen Freuden und allen Lorbeer, von dem Sie mehr als Bilder in Ihrer Galerie besitzen.

Mögen Eure Kaiserliche Majestät in gewohnter Güte den tiefen Respekt, die Anhänglichkeit und das Geschwätz des Eremiten vom Jura annehmen.

In diesem Augenblick erfahre ich, daß meine Uhrmacher die Kühnheit hatten, Eurer Majestät zu
schreiben; Sie werden ihnen die Freiheit, die sie sich
nahmen, um Ihnen zu danken, verzeihen.

Ferney, 12. März 1772

Madame, Ihr Brief vom 30. Januar a. St., gut oder
schlecht datiert, hat mich offensichtlich wieder belebt, während die Briefe an Ihre Generale Mustapha
ohnmächtig werden lassen.

Der Bericht über Ihre fünfhundert Mädchen interessiert mich außerordentlich. Unser Saint-Cyr hat
nur zweihundertfünfzig. Ich weiß nicht, ob sie sie
Tragödien spielen lassen; aber ich weiß, daß Dekla-
mieren, ob tragisch oder komisch, eine ausgezeichnete Erziehung ist, die dem Geist und dem Körper
Anmut verleiht, die Stimme bildet, die Haltung und
den Geschmack. Man behält hundert Stellen, um sie
bei Gelegenheit zu zitieren; das verschafft Annehm-
lichkeit in der Gesellschaft, das beschert alle Vorzüge
der Welt.

Es stimmt, in all unseren Stücken dreht es sich um
Liebe; das ist eine Leidenschaft, für die ich tiefsten
Respekt empfinde; aber wie Eure Majestät denke
auch ich, sie sollte nicht zu früh geweckt werden.
Man könnte beispielsweise aus irgendwelchen Komödien die für junge Herzen gefährlichen Stellen
streichen, das Interesse am ganzen Stück dennoch
belassen. Im «Misanthrope» hätte man vielleicht

zwanzig Verse zu ändern und keine vierzig Zeilen im
«Avare».[114]

Wenn die jungen Damen Tragödien aufführen, so
hat ein junger Freund von mir neulich ein Trauer-
spiel verfaßt, von dem man nicht sagen könnte, daß
darin die Liebe eine Rolle spiele; es handelt sich
um zwei Sorten von Tataren, die sich mehr als Ehe-
paar denn als Liebende betrachten; ich schicke Eurer
Kaiserlichen Majestät das Stück, sobald es gedruckt ist.

Wenn Sie meinen, man könne für die Erziehung in
Ihrem Saint-Cyr aus unseren besten Autoren ein Re-
pertoire bilden, dann lasse ich aus Paris Tragödien
und Komödien noch ungebunden kommen; ich
durchsetze sie mit weißen Seiten und trage darauf die
notwendigen Änderungen ein, um auf die Tugend
Ihrer hübschen Mädchen Rücksicht zu nehmen. Diese kleine Arbeit wird für mich ein Vergnügen sein
und wird meiner Gesundheit nicht schaden, so
schwach sie auch ist. Ich würde übrigens durch die
Freude gestärkt werden, etwas zu tun, das Ihnen
gefallen könnte.

Ich gehe davon aus, daß Ihr Bataillon von fünfhundert Mädchen ein Amazonenbataillon ist, ich unter-
stelle aber nicht, daß sie die Männer verbannen.
Wenn man Theaterstücke aufführt, müßte mindestens die Hälfte der jungen Heldinnen Helden spielen; doch wie stellen sie einen Greis in den Komödien
dar? Kurz, ich erwarte von Eurer Majestät Instruk-
tionen und Befehle.

Ich bezweifle, daß Mustapha den Mädchen in seinem Serail eine so gute Erziehung angedeihen läßt. Ich halte ihn in der Komödie für einen schlechten Spaßmacher und in der Tragödie nicht für einen Achill.

Ich bewundere, wie Sie allem gerecht werden; Sie machen Ihren Hof zum liebenswürdigsten Europas, während zur gleichen Zeit Ihre Truppen die gefürchtetsten sind. Diese Mischung von Größe und Grazie, von Siegen und Festen erscheint mir charmant. Mein ganzer Kummer ist es, zu alt zu sein, um Zeuge Ihrer Triumphe in so vielen Bereichen zu werden, und statt dessen gezwungen zu sein, mich auf die Stimme Europas zu verlassen.

Und noch etwas anderes ärgert mich, nämlich daß meine Landsleute in Krakau sind anstatt in Paris. Ich kann nicht sagen, ich wünschte, sie würden Ihnen von Ihren Offizieren zusammen mit dem Großwesir vorgestellt; das wäre nicht anständig, und man muß doch ein guter Bürger sein. Ich warte die Entwicklung der Dinge ab, auch die in dem Stück, das man zur Zeit in Dänemark aufführt.

Der kranke Alte legt sich Eurer Kaiserlichen Majestät zu Füßen mit dem tiefsten Respekt und mit der Anhänglichkeit, die er für Sie bis zum letzten Augenblick seines Lebens bewahren wird.

19./30. März 1772

Monsieur, nacheinander bekam ich Ihre beiden Briefe
vom 12. Februar und vom 6. März. Ich konnte nicht
früher antworten wegen einer Verletzung, die ich
mir an der rechten Hand aus Ungeschicklichkeit zu-
zog; das hat mich einige Wochen am Schreiben gehindert, kaum konnte ich Unterschriften leisten.

Ihr letzter Brief hat mich wegen Ihrer schlechten
Gesundheit wahrhaft erschreckt; ich hoffe, daß Sie
wiederhergestellt sind, wenn dieser Brief Sie erreicht. Die Ode des Herrn Dastec ist nicht das Werk
eines Kranken. Wenn die Menschen weise werden
könnten, dann hätten Sie sie schon lange dazu gemacht. Oh, wie liebe ich Ihre Schriften! Es gibt meines Erachtens nichts Besseres. Wenn diese närrischen
Konföderierten der Vernunft zugänglich wären, Sie
hätten sie schon längst überzeugt; aber ich kenne eine
Arznei, die sie heilen wird. Ich habe auch eine für die
vagabundierenden Herrchen, die Paris verlassen, um
Straßenräubern als Lehrmeister zu dienen. Diese
Arznei liegt in Sibirien; sie werden sie an Ort und
Stelle einnehmen. Diese Geheimmittel sind wirksam
und stammen nicht von einem Quacksalber.

Wenn der Krieg weitergeht, bleibt uns nur noch
die Eroberung von Byzanz, und ich beginne tatsächlich zu glauben, daß das nicht unmöglich wäre; aber
man muß klug sein, und man muß mit denen, die es
sind, sagen, daß der Friede mehr wert ist als der
schönste Krieg der Welt. Alles hängt von Herrn Mu-

stapha ab. Ich bin zu beidem bereit; und wenn man Ihnen auch erzählt, Rußland gehe auf dem Zahnfleisch, glauben Sie es nicht. Es hat tausend Hilfsmittel, die andere Staaten selbst in Friedenszeiten bereits verbraucht haben, noch gar nicht angerührt. Seit drei Jahren hat Rußland keine neuen Steuern auferlegt; das wäre allerdings zu machen gewesen, aber alles, was wir brauchen, besitzen wir ausreichend.

Ich weiß, die Liedermacher von Paris verbreiten, ich hätte jeden achten Mann ausheben lassen; das ist eine grobe Lüge und Unsinn. Offensichtlich aber gibt es bei Ihnen Leute, die sich gerne irren; lassen wir ihnen das Vergnügen, denn alles steht ja nach Doktor Pangloss[115] zum besten in dieser bestmöglichen aller Welten.

Das Betragen des Herrn Tronchin gegen mich ist das ehrbarste von der Welt. Ich bin wie die Kaiserin Theodora, ich liebe die Gemälde, aber sie müssen gut gemalt sein. Sie küßte sie, was ich nicht tue, es könnte ja auch Unglück bringen.

Ich erhielt den Brief Ihrer Uhrmacher. Ich schicke Ihnen hiermit die Zapfen, die den Samen des Baumes enthalten, der Zeder von Sibirien genannt wird. Sie können sie pflanzen, sie sind überhaupt nicht empfindlich. Wenn Sie mehr wollen, als dieses Paket enthält, schicke ich Ihnen noch welche.

Empfangen Sie meinen Dank für alle Freundschaft, die Sie mir erweisen, und seien Sie meiner Hochachtung versichert.

                                        Caterine

23. März / 3. April 1772

Monsieur, Ihr Brief vom 12. März hat mich sehr gefreut. Nichts Besseres könnte unserem Internat widerfahren, als was Sie mir vorschlagen. Unsere Mädchen spielen Komödie und Tragödie. Im vergangenen Jahr führten sie «Zaire»[116] auf, und während des diesjährigen Karnevals «Zémire», eine russische Tragödie, die beste von Herrn Sumarokow, von dem Sie sicher schon gehört haben. Ach, Sie verpflichten mich unendlich, wenn Sie für unsere liebenswerten Kinder die Arbeit auf sich nehmen, die Sie als Amüsement bezeichnen und anderen so viel Mühe machen würde. Sie geben dadurch ein anrührendes Zeichen der Freundschaft, die ich so hoch zu schätzen weiß.

Unsere Mädchen sind wirklich charmant, und wer sie sieht, bestätigt das. Sie sind 14, 15 Jahre alt, und wenn Sie sie sähen, sie würden Ihnen gewiß gefallen. Mehr als einmal war ich versucht, Ihnen einige der Briefchen zu schicken, die ich von ihnen erhalten habe und die ganz sicher nicht von ihren Vorsteherinnen verfaßt wurden; dafür sind sie zu natürlich und zu kindlich. Aus jeder Zeile sprechen Unschuld, Anmut und Heiterkeit.

Ich weiß nicht, ob das Mädchenbataillon, wie Sie es nennen, Amazonen hervorbringen wird; aber wir sind weit davon entfernt, Nonnen aus ihnen zu machen, die vor lauter Litaneien nachts in der Kirche schwindsüchtig werden, wie es in Saint-Cyr ge-

schieht. Wir erziehen sie im Gegenteil zu den Freuden
der Familie, wir wünschen sie weder prüde noch
kokett, aber liebenswert und imstande, ihre Kinder
zu erziehen und mit Sorgfalt einen Haushalt zu
führen.

Folgendermaßen werden die Rollen der Theaterstücke zugeteilt: Man sagt ihnen, welches Stück ge-
spielt werden soll, und fragt, wer die oder jene Rolle
übernehmen möchte; oft kommt es vor, daß eine
ganze Stubengemeinschaft dieselbe Rolle lernt; dann
wählt man die beste aus. Die Mädchen, die Männer-
rollen spielen, tragen in den Komödien eine Art
Frack nach der Mode des Landes. In der Tragödie ist
es leicht, unsere Helden entsprechend zu kostümie-
ren, sowohl für das Stück wie auch für ihren Wuchs.
Greise sind die schwierigsten Rollen und werden
weniger gut dargestellt; denn eine große Perücke und
ein Stock machen ein junges Mädchen noch nicht
runzlig; daher waren diese Rollen bisher auch ein
bißchen frostig. Diesen Karneval hatten wir einen
charmanten Stutzer, einen originellen Blaise, eine bewundernswerte Dame de Croupillac, zwei Soubret-
ten, einen schwänzelnden Advokaten und einen sehr
gescheiten Jasmin.[117]

Ich weiß nicht, wie Mustapha über die Komödie
denkt; aber schon einige Jahre gibt er der Welt das
Schauspiel seiner Niederlagen und konnte sich nicht
entschließen, die Rolle zu wechseln. Hier haben wir
den Kalga-Sultan, Bruder des von Gottes Gnaden
und dank der Waffen Rußlands sehr unabhängigen

Khans der Krim. Der junge tatarische Fürst hat einen angenehmen Charakter; er hat Geist, er verfaßt arabische Verse, er läßt keines unserer Schauspiele aus, das macht ihm Spaß. Er besucht sonntags nach dem Essen, wenn es erlaubt ist, mein Internat für zwei Stunden, um die Mädchen tanzen zu sehen. Sie werden sagen, das hieße, den Wolf in den Schafstall lassen. Aber regen Sie sich nicht auf, es ist so üblich.

In einem sehr großen Saal wurde ein doppelter Rang von Balustraden angebracht; die Kinder tanzen in der Mitte, das Publikum verteilt sich auf die Balustraden. Und das ist die einzige Gelegenheit für die Eltern, unsere Mädchen zu sehen, die zwölf Jahre das Haus nicht verlassen dürfen.

Haben Sie keine Angst; Ihre Pariser, die in Krakau sind, schaden mir nicht. Sie spielen eine schlechte Posse, die wie die italienischen Komödien enden wird.

Es ist zu befürchten, daß die unglückliche Geschichte in Dänemark nicht die einzige ist, die vorkommt. Somit denke ich, alle Ihre Fragen beantwortet zu haben. Geben Sie mir alsbald gute Nachricht über Ihre Gesundheit, und seien Sie überzeugt, daß ich immer dieselbe bin.

Caterine

29. Mai 1772

Madame, der kranke Alte von Ferney bekam von Eurer Kaiserlichen Majestät fast gleichzeitig die beiden Briefe, mit denen Sie mich beehren, vom 19. März und 5. April. Zusammen mit dem Paket, das die Zedernfrüchte vom Libanon enthält, die die zehn Stämme, durch den guten Salmanassar verjagt, zweifellos nach Sibirien verpflanzt haben.

Euer Majestät überhäufen mich ständig mit Gunstbeweisen. Ich werde die kleinen Samenkörner aussäen, sobald es die Jahreszeit erlaubt. Die Zedern werden vielleicht eines Tages den Genfern Schatten spenden, wenigstens werden sie in ihrem Schatten keine sarmatischen Konföderierten promenieren sehen.

Endlich hatte ich die Ehre, einen der fünf Orlows kennenzulernen; die Helden, die man die Söhne Aymons nennt, waren an Zahl nur vier, diese aber sind fünf. Ich sah den, der sich für gar nichts engagiert, den Philosophen; ich wunderte mich und habe es um so mehr bedauert, daß ich nicht die Bekanntschaft der vier anderen habe machen können. Doch Eure Majestät wissen, daß ich mit einem noch viel schmerzlicheren Bedauern sterben werde.

Unsere närrischen, herumirrenden Kavaliere, die keinen Auftrag haben, in eisigen Gefilden für das liberum veto zu streiten, verdienen gewiß all Ihren Unwillen; aber die Betbrüder der Madonna von Tschenstochau sind noch hundertmal schuldiger. Unsere welschen Don Quichotes können sich wenigstens nicht Gemeinheit oder Fanatismus vorwerfen; sie waren sehr schlecht informiert, sehr unbesonnen und sehr ungerecht.

Ich selbst war auch sehr schlecht informiert, oder vielmehr waren die Augen der Seele blind wie die des Körpers, um zu verstehen, was mir der König von Preußen etwa vor einem Jahr schrieb: «Sie werden eine Lösung der Dinge erleben, die niemand erwartet hätte.» Mir ging immer Mustapha im Kopf herum. Meine illusionären Vorstellungen über die Grenzen der Schweiz hinaus gingen dahin, daß es dank meiner Heldin keine Türken mehr in der Türkei gäbe. Sie aber haben inzwischen eine edlere und nützlichere Wahl getroffen, nämlich der Anarchie in Polen ein Ende zu bereiten, indem Sie jedem das gaben, von dem er glaubte, daß es ihm gehöre, und bei sich selbst damit anfingen.

Aber wer weiß, ob Sie, nachdem Sie dieses große Projekt durchgeführt haben, nicht auch noch das andere realisieren werden und ob Sie nicht eines Tages drei Hauptstädte haben, Petersburg, Moskau und Byzanz. Byzanz hat eine angenehmere Lage als die beiden anderen. Mit Ihrer Anwesenheit am Bosporus wird es gehen wie mit meinen Zedern vom Libanon; ich werde sie nicht mehr sehen, wenigstens aber meine Erben.

Ich werde auch Ihr Saint-Cyr nicht mehr erleben, das weit über unserm Saint-Cyr steht. Unsere Mädchen sind sehr fromm und sehr ehrbar, aber Ihre verbinden mit diesen beiden guten Eigenschaften auch noch die, Komödie spielen zu können, wie es einst auch unsere taten.

Der Artikel über den Bart verwirrt Sie; aber wenn

Esther keinen Bart hatte, Mardochai hatte einen. Man behauptet sogar, daß, als Mardochai, versehen mit einem winzigen blonden Bärtchen, eines Tages kam, um ihre Rolle mit Esther zu üben, diese ganz verwundert sie fragte: «Mein Gott, Schwester, warum tragen Sie Ihren Bart am Kinn?»[118]

Wie dem auch sei, Eure Kaiserliche Majestät vereinigen aufs vortrefflichste das Irdische und das Geistige. Sie schicken einerseits Unterhändler und andererseits siegreiche Truppen; so stiften Sie Frieden mit bewaffneter Hand, und anders geht es auch nicht.

Schließlich triumphiere ich in meinem Winkel. Immer habe ich gegen meine hartnäckigen Widersacher daran festgehalten, daß Sie ans Ziel gelangen werden. Offenbar ist Ihr Mut auch in meinen Kopf übergegangen. Vier Jahre lang konnten meine Gegner mich nicht einschüchtern; am Ende habe auch ich gewonnen, als Sie den Gipfel Ihres Ruhms und Ihres Glücks bestiegen und Mustapha, Kien-Long, Ganganelli und der Groß-Lama Ihnen den ersten Rang auf Erden nicht mehr streitig machen konnten. Das macht mich stolz.

Aber wie eh und je bin ich Eurer Kaiserlichen Majestät mit dem Respekt verbunden, den alle Welt Ihnen ebenso schuldet wie ich.

Der kranke Alte

Petershof, 25. Juni / 6. Juli 1772

Monsieur, aus Ihrem Brief vom 29. Mai ersehe ich mit
Freude, daß meine Zedernsamen bei Ihnen angekommen sind; Sie werden sie in Ferney säen, wie ich
es schon im Frühjahr in Zarskoje Selo getan habe.
Dieses Wort auszusprechen, mag Ihnen vielleicht etwas hart vorkommen; es ist aber ein Ort, den ich
herrlich finde, denn dort pflanze und säe ich. Die
Baronin von Thunderdentronk[119] hielt ihr Schloß
auch für das schönste aller Schlösser. Meine Zedern
sind schon so hoch wie ein kleiner Finger, wie steht es
bei Ihnen?

Ich liebe jetzt über alles die englischen Gärten, die
geschwungenen Linien, die sanften Hänge, die Tei-
che wie Seen, die Landzungen, und ich verachte sehr
die geraden Wege und die Zwillingsalleen. Ich hasse
die Fontänen, die dem Wasser Gewalt antun, um es
einen seiner Natur entgegengesetzten Lauf nehmen
zu lassen. Statuen sind in Galerien und in Vorhöfe
verbannt. Mit einem Wort, Anglomanie beherrscht
meine Plantomanie.

Inmitten dieser Beschäftigungen erwarte ich in aller Ruhe den Frieden. Meine Gesandten befinden sich
seit sechs Wochen in Jassy, ein Waffenstillstand für
die Donau, die Krim, Georgien und das Schwarze
Meer wurde am 19. Mai a. St. in Giurgiu unterzeichnet. Die türkischen Unterhändler sind auf dem Wege
über die Donau; ihre Wagen werden mangels Pferden von der Rasse des Gottes Apis gezogen[120]. Am

Ende jeden Feldzuges habe ich den Herren den Frieden angeboten; jetzt aber fühlten sie sich hinter dem Berge Hemus anscheinend nicht mehr sicher, da sie diesmal sich allen Ernstes in Verhandlungen eingelassen haben. Wir werden sehen, ob sie so vernünftig sind, rechtzeitig Frieden zu schließen.

Die Kunden der Madonna von Tschenstochau verbergen sich unter der Kutte des heiligen Franziskus und haben immer Zeit, um über ein großes Wunder auf Fürbitte dieser Dame nachzudenken. Ihre gefangenen Stutzer werden nach Hause zurückkehren und dünkelhaft in den Gassen von Paris verbreiten, daß die Russen Barbaren seien und die Kriegführung nicht verstehen.

Mein Gemeinwesen, das durchaus nicht barbarisch ist, empfiehlt sich Ihnen. Vergessen Sie uns bitte nicht. Ich meinerseits verspreche Ihnen, alles zu tun, um weiterhin denen Unrecht zu geben, die gegen Ihre Meinung vier Jahre lang behauptet haben, ich würde unterliegen.

Seien Sie versichert, daß ich für alle Zeichen Ihrer Freundschaft sehr dankbar bin. Meine Freundschaft und meine Hochachtung für Sie enden erst mit meinem Tode.

Caterine

Ferney, 31. Juli 1772

Madame, schon lange habe ich nicht mehr gewagt, Eure Kaiserliche Majestät mit meinen unnützen

Briefen zu behelligen. Ich nahm an, daß Sie aufs
stärkste mit Mustapha und den polnischen Konföderierten zu tun haben. Sie bringen sie nach ihrer Schul-
digkeit zur Ordnung, und sie müssen Ihnen dafür
dankbar sein, daß Sie ihnen, für welchen Preis auch
immer, den Frieden gewähren, dessen sie so dringend
bedürfen.

Vielleicht glauben Eure Majestät, daß ich schmoll-
te, weil Sie nicht nach Stambul und Athen gegangen
sind, wie ich hoffte. Ich bin traurig, das ist wahr; aber
ich kann auf Sie nicht ärgerlich sein, und wenn Eure
Majestät nicht an den Bosporus gehen, so doch an die
Weichsel. Was auch kommt, Mustapha hat das Verdienst, wenigstens zu Ihrer Größe beigetragen zu
haben, wenn er Sie schon daran hinderte, Ihr schönes
Gesetzeswerk fortzuführen. Und Pallas, die Kriegerin, nachdem sie ihn besiegt, wird wieder Minerva,
die Gesetzgeberin.

Bleibt nur noch der arme Ali Bey zu beklagen; es
heißt, er sei geschlagen und auf der Flucht; das ist
schade. Ich hielt ihn schon für den friedlichen Besit-
zer des schönen Landes, in dem man einstens Katzen
und Hunde anbetete. Aber da Sie Preußen näher sind
als Ägypten, denke ich, daß Sie sich über das kleine
Unglück meines lieben Ali Bey rasch trösten werden. Ich vermute auch, daß Eure Majestät unsere
französischen Narren, die in Polen waren, wo sie
nichts zu suchen hatten, nicht nach Sibirien reisen
ließen. Da sie gerne reisen, hätten sie nach Petersburg
kommen sollen, um Sie zu bewundern; das wäre

vernünftiger, anständiger und angenehmer gewesen.
Ich würde die Gelegenheit noch ergreifen, wäre ich
nicht an die achtzig Jahre alt.

Die Madonna von Tschenstochau achte ich sehr,
aber auf meiner Pilgerfahrt hätte ich der Madonna
von Petersburg den Vorzug gegeben. Ich atme kaum
mehr, aber sterbend noch werde ich Sie als meine
Heilige anrufen, die heiligste, die es im Norden je
gegeben hat.

Der kranke Alte von Ferney legt sich Ihnen zu
Füßen mit dem tiefsten Respekt und mit einer Dankbarkeit, die erst mit seinem Leben endet.

Ferney, 17. August 1772

Madame, es ist erstaunlich, wie viele Offiziere anderer
Herrscher in Ihre Dienste treten wollen, in den
Dienst derer, die von Europa und Asien bewundert
wird. Mehr als zwanzig junge Leute, die wissen, daß
Eure Kaiserliche Majestät mir gnädig gesonnen sind,
baten mich um Empfehlungsschreiben. Ich bin nicht
so kühn gewesen, mir diese Freiheit herauszuneh-
men. Ich war aber noch zurückhaltender, denn ich
wußte ja nicht, ob diese jungen Leute überhaupt
würdig waren, in Ihren Dienst zu treten.

Hier indessen stelle ich Ihnen den Baron von Pellemberg vor, geboren in Flandern, Offizier in Spanien bei den wallonischen Garden, Sohn des Barons
d'Horrost Pellemberg, Generalmajor im Dienst der
Kaiserin-Königin. Er will keiner anderen Kaiserin

dienen, nur Ihnen. Er will durchaus nach Petersburg gehen, ob er nun einen Empfehlungsbrief von mir bekommt oder nicht.

Er spricht sieben Sprachen und gleicht darin Eurer Majestät. Bald wird er eine achte sprechen, die Sie in ganz Europa zur Anerkennung gebracht haben. Ich beschränke mich darauf, Ihnen in meiner Sprache zu sagen, daß ich mit tiefstem Respekt und mit unendlicher Dankbarkeit Euer Kaiserlichen Majestät demütiger und gehorsamster Diener bin.

Ferney, 21. August 1772

Madame, ich höre nicht auf, diejenige zu bewundern, die alle Tage in die Türkei, nach China und nach Polen schreibt und dennoch Zeit findet, dem kranken Alten vom Jura zu schreiben. Schon lange weiß ich, daß Sie mehrere Seelen haben, auch wenn die Theologen heute nur noch eine zulassen. Aber schließlich haben Eure Kaiserliche Majestät nicht mehrere rechte Hände und nur einen Mund, um zu diktieren, und der Tag hat nur vierundzwanzig Stunden, gleicherweise für Sie wie für die Türken, die weder lesen noch schreiben können. Mit einem Wort, Sie erstaunen mich immer mehr, obwohl ich mir geschworen habe, mich über nichts mehr zu wundern.

So wundere ich mich auch nicht, daß meine Zedernsamen nicht gekeimt haben, während die Eurer Majestät schon um Fingerlänge aus der Erde sind. Es wäre auch nicht gerecht, wenn die Natur mich ebenso gut behandelte wie Sie. Wenn Sie im Januar Lorbeer pflanzen, dann bin ich sicher, daß Sie schon im Juni genug hätten, um Ihr Haupt zu bekränzen.

Ich weiß nicht, ob es stimmt, daß die Damen von Krakau in Frankreich ein Schloß für unsere Offiziere bauen lassen. Ich bezweifle, daß die Polinnen genug Geld dafür haben. Dieses Schloß könnte das der Armida sein oder irgendeines in Spanien.

Was uns Franzosen geradezu märchenhaft erscheint und doch real ist nach allem, was man mir sagt, ist, daß Eure Majestät nach vier Kriegsjahren und folglich nach ungeheuren Ausgaben den Sold für Ihre Truppen um ein Fünftel angehoben haben. Unser Finanzminister muß auf den Rücken fallen, wenn er das erfährt.

Ich hoffe, daß Falconet zwei Worte über die Basis Ihrer Statue sagen wird; auch hoffe ich, daß der erhöhte Betrag für den Sold der Kasse entnommen wird, aus der mein lieber Mustapha Ihnen alle Kosten des Prozesses bezahlen muß, den er so töricht begonnen hat.

Heute kündige ich Ihnen einen flämischen Edelmann an, jung, tapfer, gebildet, mehrere Sprachen sprechend, der durchaus Russisch lernen und in Ihre Dienste treten will; außerdem ist er auch ein guter Musiker; es ist der Baron von Pellemberg. Da er weiß, daß ich die Ehre habe, Ihnen zu schreiben, hat er sich als Kurier angeboten. Er ist bereits unterwegs und wird das bestmögliche machen; alles, was ich weiß, ist, daß er andere übertreffen wird und daß ich gerne dabei wäre.

Jetzt ist die Jahreszeit, da Sie sich Ihrer schönen Gärten erfreuen können, die dank Ihrem guten Geschmack nicht symmetrisch angelegt sind. Könnten doch alle Zedern des Libanon und alle Palmen dort gedeihen!

Der kranke Alte von Ferney legt sich Eurer Kaiserlichen Majestät zu Füßen mit dem tiefsten Respekt und der größten Dankbarkeit.

Petershof, 11./22. August 1772

Monsieur, da ich nichts Besonderes zu berichten habe, glaube ich, es wird Ihnen Freude machen, wenn ich Ihnen wenigstens eine kuriose Geschichte erzähle. Das anliegende Blatt macht Sie damit bekannt.

Aus der Zeitung haben Sie wohl von der Eröffnung des Kongresses[121] gehört. Noch vor Jahresende soll es Frieden geben, aber sicher kann man dessen erst dann sein, wenn er tatsächlich geschlossen ist.

Im September könnte sich einiges ereignen. Im übrigen glauben Sie mir, der Anteil, den Sie an allem, was mich betrifft, nehmen, macht mir die größte Freude. Leben Sie wohl, und bewahren Sie mir Ihre Freundschaft. Glauben Sie ja nicht, ich sei krank, niemals habe ich mich besser gefühlt als in diesem Jahr.

Caterine

PS: In diesem Jahr lernten wir einen anonymen Autor[122] der russischen Komödie kennen, der uns die amüsantesten Gestalten aus dem Volke vorstellte und dazu Salz aus vollen Händen streute. Wir alle sind äußerst interessiert, den Autor kennenzulernen, aber er hält sich so sehr im Verborgenen, daß niemand ihn bisher ausfindig gemacht hat und jeder seine Stücke irgendeinem aus dem Kreise, wo er verkehrt, zuschreibt. Er kam heraus mit drei Farcen, und ich glaubte, vor Lachen zu sterben; dann präsentierte er eine merkwürdige Familie und kam schließlich in sechs, sieben Monaten mit sechs, sieben Komödien nieder. Sie erregten großes Aufsehen, zumal sie Wahrheiten enthalten, und stellen alle anderen Stücke in den Schatten.

Ferney, 28. August 1772

Madame, verzeihen Sie mir, Eure Kaiserliche Majestät beschirmen mich nicht nur, Sie belehren mich auch. Sie haben mich nicht nur von einigen französischen Irrtümern über Sibirien befreit, Sie erlauben mir auch, Fragen zu stellen.

So nehme ich mir denn die Freiheit, Sie zu fragen, ob es wahr ist, daß es in Sibirien eine Art weißer Reiher gibt, Flügel und Schwanz aber feuerrot, und ob es insbesondere wahr ist, daß Peter der Große durch den Friedensschluß am Pruth verpflichtet war, jährlich der Hohen Pforte einen solchen Vogel nebst einer Diamantenkette zu liefern. In unsern Büchern heißt es, daß dieser Vogel bei Ihnen Kratschot und bei den Türken Chungar genannt wird.

Ich bezweifle sehr, daß Eure Kaiserliche Majestät dem Herrn Mustapha noch weiterhin einen solchen Tribut entrichten. Die Zeitungen melden, Sie kaufen einen Diamanten in Amsterdam für ungefähr drei Millionen; ich hoffe, daß Mustapha diesen Brillanten bezahlen wird, wenn er den Friedensvertrag unterzeichnet, falls er schreiben kann.

Ihre außerordentliche Nachsicht hat mich an die Kühnheit gewöhnt, Eurer Kaiserlichen Majestät Fragen zu stellen. Das ist nicht üblich. Aber es gibt wahrlich nichts so Außergewöhnliches auf Erden wie Eure Majestät, zu deren Füßen ich mich mit tiefstem Respekt lege.

Der kranke Alte von Ferney

1./12. September 1772

Monsieur, in Beantwortung Ihres Briefes vom 21. August muß ich Ihnen ankündigen, daß ich einen neuen Briefwechsel mit Mustapha mit Kanonenschüssen anfangen werde. Es hat ihm gefallen, seinen Unterhändlern den Abbruch der Verhandlungen in Fokschani zu befehlen; der Waffenstillstand mit ihm ist beendet. Das ist nun offensichtlich die Seele dieser Abteilung, die Ihnen diese Neuigkeit mitteilt. Sagen Sie mir bitte, was die andern Seelen tun, die Sie mir geben, während ich an Mustapha denke. Mir kam es

immer so vor, daß ich jeweils immer nur einen Gedanken hätte. Daher hoffe ich, daß die Herren Theologen mir beim ersten ökumenischen Konzil unter
meinem Vorsitz feierlich das Kompliment machen,
in diesem Fall ihre Meinung unterstützt zu haben.

Ich glaube, man muß das Schloß, das die polnischen Damen den im Dienste der Konföderierten
stehenden französischen Offizieren bauen wollen,
unter die Zahl vieler anderer Luftschlösser einreihen,
die die eine oder andere Nation sich seit mehreren
Jahren bauen und die in so winzige Teilchen ver-
dampft sind, daß niemand sie mehr wahrnehmen
konnte. Bis zu den Wundern der Madonna von
Tschenstochau hat alles diesen Gang genommen,
seitdem die Mönche dieses Klosters sich in Gesellschaft eines schönen russischen Infanterieregiments
befinden, das jetzt die Festung besetzt hat.

Man hat Sie nicht getäuscht, als man Ihnen berichtete, ich hätte im Frühjahr den Sold aller meiner
Offiziere vom Feldmarschall bis zum Fähnrich um
ein Fünftel erhöht. Zur gleichen Zeit kaufte ich die
Gemäldesammlung des verstorbenen Herrn von
Crozat, und ich bin dabei, einen Diamanten so groß
wie ein Ei zu erwerben.

Während einerseits auf diese Weise meine Ausgaben in der Tat steigen, ist mein Land durch einen
Vertrag zwischen dem Hof von Wien, dem König
von Preußen und mir auch ein bißchen gewachsen.[123]
Wir sahen keine andere Möglichkeit, unsere Grenzen
vor den Einfällen der von französischen Offizieren

geführten Konföderierten zu schützen, als sie zu erweitern.

Übrigens, was sagen Sie zur Revolution in Schweden?[124] Da verliert eine Nation in weniger als einer Viertelstunde ihr Regierungssystem und ihre Freiheit. Die Stände, von Truppen und Kanonen umgeben, berieten zwanzig Minuten über siebenundfünfzig Artikel und unterzeichneten sie von Rechts wegen. Schwerlich kann man diesen Gewaltakt freundlich nennen. Ganz gewiß aber hat Schweden seine Freiheit verloren, und sein König wird ebenso despotisch sein wie der König von Frankreich, und das zwei Monate nachdem der Herrscher und die Nation gegenseitig die strikte Wahrung ihrer Rechte beschworen hatten. Findet Pater Adam nicht, daß sehr viele Gewissen in Gefahr sind?

Leben Sie wohl; gedenken Sie gütigst meiner, und seien Sie des dankbaren Vergnügens versichert, das mir Ihre Briefe bereiten. Einen noch größeren Gefallen aber könnten Sie mir tun, wenn Sie sich trotz Ihrer Jahre wohl fühlen.

Caterine

September 1772

Madame, Ihr Rhinozeros überrascht mich nicht; es kann doch gut sein, daß irgendein Inder einst ein Rhinozeros nach Sibirien gebracht hat, wie sie auch nach Frankreich und Holland gekommen sind. Wenn Hannibal die verschneiten Alpen mit Elefanten über-

querte, kann Ihr Sibirien doch auch gleiche Unternehmungen erfahren haben, und die Knochen dieser
Tiere konnten sich unter der Erde erhalten. Ich glaube nicht, daß sich die Position des Äquators jemals
geändert hat; aber ich glaube, daß die Welt sehr alt ist.

Was mich mehr erstaunt, ist Ihr unbekannter Autor, der Komödien schreibt, die eines Molière würdig
sind; und um noch mehr zu sagen, würdig, Eure
Kaiserliche Majestät zum Lachen zu bringen; denn
Majestäten lachen selten, obwohl sie es doch so nötig
hätten. Wenn ein Genie wie Sie Komödien lustig
findet, dann sind sie es auch zweifellos.

Ich bat Eure Majestät um Zedern aus Sibirien,
heute wage ich, Sie um eine Komödie aus Petersburg
zu bitten. Sie zu übersetzen wäre leicht. Ich bin leider
zu früh geboren, um noch die Sprache Ihres Reiches
zu lernen. Wären die Griechen dessen würdig gewesen, was Sie für sie getan haben, dann wäre heute
Griechisch die Weltsprache; doch die russische Sprache könnte sehr wohl ihren Platz einnehmen.

Ich weiß, es gibt viele Späße, deren Witz nur zur
rechten Zeit und am rechten Ort wirkt, aber es gibt
auch welche, die überall passen, und das sind gewiß
die besten. Sicherlich enthält die Komödie, die Ihnen
so gefiel, viele dieser Art; um ihre Übersetzung darf
ich Sie bitten. Es ist, wie mir scheint, auch schön,
Theaterstücke zu übersetzen, wenn man eine so große Rolle auf dem Welttheater spielt. Mustapha und
noch weniger Herrn Pulawski werde ich niemals um
eine Übersetzung bitten.

Der letzte Akt Ihrer großen Tragödie scheint sehr schön zu werden; das Theater wird nicht mit Blut besudelt, und Ruhm krönt seinen Schluß.

1. Oktober 1772

Madame, wie kann es nur sein, daß es bei unseren Welschen noch sogenannte Rationalisten und Politiker gibt, die zu sagen wagen, Peter der Große habe alle Kräfte erschöpft, um eine Armee, eine Flotte und einen Hafen zu schaffen, und daß seine Nachfolger alles vollends zugrunde gerichtet und damit die Vergeblichkeit seiner prahlerischen Schöpfung erwiesen hätten.

So heißt es wörtlich auf Seite 204 eines jüngst erschienenen Buches mit dem Titel «Histoire philosophique et politique des établissements et du commerce des Européens aux Indes».[125] Es gibt schon einige sehr gute Sachen in diesem Buch; aber jener einfältige Satz stammt von dem Narren Jean-Jacques Rousseau, der sich angemaßt hat, souverän alle Könige von der Höhe seines Speichers herab zu beurteilen.

Ich meine, Ihre Erfolge hätten alle Gesetzgeber lehren sollen, ein wenig zurückhaltender mit ihren Reden zu sein; doch wenn man die Klugen in Erstaunen setzt, kann man die Dummen nur beschämen.

Mögen Eure Kaiserliche Majestät Ihr Wohlwollen gütigst dem kranken Alten von Ferney erhalten!

6./17. Oktober 1772

Monsieur, ich bestreite nicht die Möglichkeit, daß Rhinozerosse und Elefanten von Indien nach Sibirien gelangt sind; so kann es sein. Den Bericht unserer Gelehrten habe ich Ihnen nur als interessante Rarität übersandt, nicht um Ihnen meine Meinung aufzudrängen. Allerdings hätte ich es gern, wenn der Äquator seine Lage veränderte, die angenehme Vorstellung, in zwanzigtausend Jahren könnte Sibirien statt vom Eis von Orangen- und Zitronenbäumen bedeckt sein, macht mir schon jetzt Vergnügen.

Sobald die russische Komödie, die uns so sehr zum Lachen brachte, übersetzt ist, geht sie ab nach Ferney. Vielleicht werden Sie dann sagen, es sei wohl leichter, mich als andere Majestäten zum Lachen zu bringen, und Sie hätten recht; denn mein Charakter ist recht eigentlich sehr heiter.

Hier meint man, der anonyme Autor der neuen russischen Komödie habe trotz seines Talents doch auch große Fehler; er kenne das Theater nicht, seine Intrigen seien schwach, aber mit den von ihm gezeichneten Charakteren sei es nicht so; diese seien der Natur, wie er sie vor Augen habe, entnommen; auch habe er witzige Einfälle, seine Moral sei intakt, und er kenne gut sein Volk. Ob das alles in der Übersetzung herauskommt, weiß ich freilich nicht.

Da wir gerade von Komödien sprechen, erlauben Sie mir, Sie an Ihr Versprechen, es ist etwa ein Jahr her, zu erinnern, einige gute Theaterstücke für meine

Erziehungsanstalt entsprechend zu arrangieren. Heute möchte ich nicht von der großen Tragödie des Krieges sprechen, nicht vom Abbruch und von der Wiederaufnahme der Verhandlungen und von der Verlängerung des Waffenstillstands; ich hoffe, Ihnen in Kürze das Ende der Sache berichten zu können. Sie werden als einer der ersten von der Unterzeichnung des Friedensvertrages unterrichtet; alsdann werden wir uns freuen.

Wie immer verbleibe ich mit größter Hochachtung und Wertschätzung

Caterine

2. November 1772

Madame, aufgrund Ihres Briefes vom 12. September glaube ich, daß eine Ihrer Seelen mehr Wunder vollbringt als die Madonna von Tschenstochau, ein Name, der wirklich sehr schwierig auszusprechen ist. Eure Kaiserliche Majestät werden mir bestätigen, daß die Santa Casa di Loreto für das Ohr angenehmer klingt und daß sie sehr viel wundertätiger ist, weil sie tausendmal reicher ist als Ihre polnische Madonna. Die Muselmanen wenigstens kennen ähnliche abergläubische Vorstellungen nicht, denn ihre Heilige Stätte in Mekka ist viel älter als der Islam und selbst der Judaismus. Die Muselmanen beten nicht wie wir eine Menge Heilige an, von denen die meisten gar nicht existiert haben und unter denen es vielleicht keine vier gibt, mit denen Sie soupiert hätten.

Aber das ist auch alles, was man Gutes von Ihren Türken sagen könnte. Ich bin sehr zufrieden, daß meine Kaiserin die Gewohnheit wieder aufnimmt, ihnen Ohrfeigen zu versetzen.

Von ganzem Herzen danke ich Eurer Majestät dafür, daß Sie gegen Süden vorrücken. So werde ich am Ende doch noch in der Lage sein, die Reise zu unternehmen, die ich seit langem plane; von Tag zu Tag verkürzen Sie meine Reiseroute.

Jetzt also hat man drei schöne und gute Köpfe unter einem Hut; Ihren, den des römischen Kaisers und den des Königs von Preußen.

Dieser übersandte mir seine schöne Medaille vom Regno redintegrato.[126] Das Wort redintegrato ist merkwürdig, ich hätte novo vorgezogen. Redintegrato wäre passender für den römischen Kaiser, wenn er mit Ihnen zu Pferde stiege, um einen Teil dessen wieder in Besitz zu nehmen, was einst legitim oder usurpiert dem Throne der Cäsaren gehörte, unter der Bedingung, daß Sie das übrige nähmen, das Ihnen nie gehörte, immer auf dem Wege nach Süden, um mir meine Reise zu erleichtern.

Seit etwa vier Jahren predige ich diesen kleinen Kreuzzug. Einige närrische Geister wie ich behaupten, die Zeit komme, da die heilige Maria Theresia einvernehmlich mit der heiligen Katharina meine inbrünstigen Gebete erhören wird; denn nichts ist leichter, als in einem Feldzug Bosnien und Serbien zu erobern und Ihnen die Hand in Adrianopel zu reichen. Das wäre ein charmantes Schauspiel, wenn zwei Kaiserinnen Mustapha bei den Ohren nähmen und ihn nach Asien zurückschickten.

Man sagt, das sei ganz sicher so; denn wenn sich die beiden tapferen Damen so gut verstanden haben, das Gesicht Polens zu verändern, dann werden sie sich noch besser darüber verständigen, auch das der Türkei zu verändern.

Jetzt ist die Zeit für große Umwälzungen, für eine neue Welt von Archangelsk bis zum Djnepr; auf so gutem Wege darf man nicht anhalten. Den Standarten, die Ihre schönen Hände zum Grabe Peters des Großen trugen, der meines Erachtens weniger groß ist als Sie, muß nun die Fahne des Propheten folgen.

Dann werde ich nochmals die Schirmherrschaft Eurer Kaiserlichen Majestät über meine Kolonie erbitten, die Ihr Reich mit Uhren versorgen und Kopfputz für Ihre Hofdamen liefern wird.

Was die Revolution in Schweden angeht, so fürchte ich, daß es eines Tages einen kleinen Aufruhr gibt. Doch der Hof von Frankreich hat schon lange nicht mehr genug Geld, um die guten Absichten zu unterstützen, die sich in diesem Teil des Nordens mit der Zeit herausstellen könnten; er ist nicht der fruchtbarste, und gewiß verkauft man Ihnen dort nicht den Diamanten, der Pitt oder Regent genannt wird; aber er ist ja nur so groß wie ein Taubenei, und Ihr Diamant ist größer als ein Hühnerei.

Ich lege mich Eurer Majestät zu Füßen mit der Begeisterung eines zwanzigjährigen Jünglings und den Träumen eines Greises von fast achtzig Jahren.

JEAN LE ROND D'ALEMBERT

11./22. November 1772

Monsieur, Ihr Brief vom 2. November traf ein, als ich gerade einen schönen und langen Brief von Herrn D'Alembert beantwortete, den er mir nach fünf oder sechs Jahren des Schweigens geschrieben hat und in dem er im Namen der Philosophen und der Philosophie die Freilassung der in Polen gefangenen Franzosen einfordert. Das beiliegende Schreiben enthält meine Antwort.

Ich bin ärgerlich, daß Verleumdung die Philosophen zu Irrtümern verleitet hat, von denen Herr Mustapha sich gerade abwendet; denn er läßt aufrichtig in Bukarest seinen Reis-Effendi[127] an der Wiederherstellung des Friedens arbeiten, um dann die Pilgerfahrt nach Mekka wieder zu ermöglichen, die Herr Ali Bey seit seinem Aufstand etwas gestört hat.

Ich weiß nicht, wie weit der Respekt der Türken für ihre Heiligen geht; aber ich war Augenzeuge, daß es welche gibt.

Auf meiner Reise auf der Wolga ging ich zwanzig Werst unterhalb von Kasan[128] an Land, um die Ruinen des alten Bulgar zu besichtigen, das Tamerlan für seinen Enkel erbaut hat. Ich sah dort sieben oder acht steinerne Häuser und ebenso viele sehr solide gebaute Minarette. Ich ging zu einem verfallenen Gemäuer, wo sich an die vierzig Tataren aufhielten. Der Gouverneur der Provinz sagte mir, es sei ein Ort der Verehrung und daß die Leute, die ich sah, als Pilger gekommen seien. Ich wollte wissen, worum es sich bei der Verehrung handle; ich wandte mich daher an einen der Tataren, der ein einnehmendes Gesicht hatte; er bedeutete, daß er Russisch nicht verstehe, und ließ einen Mann in der Nähe kommen. Ich fragte ihn, wer er sei. Es war ein Imam[129], der recht gut Russisch sprach; er sagte mir, in jenem Gemäuer habe ein Heiliger gewohnt, und daß sie von weit her gekommen seien, um an seinem nahe gelegenen Grabe zu beten. Daraus schloß ich, daß es gleicherweise eine Heiligenverehrung bei ihnen wie bei uns gibt.

Der König von Schweden könnte möglicherweise Ihre geplante Reise verhindern, wenn er sich Norwegens bemächtigt, wie man hört. Der Krieg könnte dann sehr wohl dank dieser politischen Eskapade allgemein werden. Wenn Frankreich kein Geld hat, Spanien hat genug; es gibt wahrlich nichts Bequemeres, als daß ein anderer für uns zahlt.

Leben Sie wohl, und erhalten Sie mir Ihre Freundschaft. Von ganzem Herzen wünsche ich, daß Sie so alt wie der Engländer Jean Kings werden, der hundertneunundsechzig Jahre gelebt hat. Ein schönes Alter!

Caterine

1. Dezember 1772

Madame, es ist wirklich einzigartig, daß Sie mir die Übersetzung einer Komödie schicken und gleichzeitig mit den Türken Frieden schließen und Polen Gesetze geben. Ich sehe wohl, daß es gewisse Seelen gibt, denen ihre Universalität nichts ausmacht. So hätten Eure Kaiserliche Majestät der griechischen Kirche und die Kaiserliche Majestät der römischen Kirche beide mit ihren weißen Händen die Majestät Mustaphas ohrfeigen, allen Damen des Serail die Freiheit geben und die Hagia Sophia erneut weihen können. Daher werde ich Ihnen niemals verzeihen, meine Damen, daß Sie sich nicht über diesen hübschen Streich haben verständigen können. Man hätte aufgehört, noch je von Clorinde und Armida zu sprechen, es wäre auch keine Rede mehr von Goffredo. Es war gewiß wichtiger, Konstantinopel zu erobern als eine so elende Stadt wie Jerusalem; der Bosporus ist mehr wert als der Bach Kidron.[130] Ich habe da eine schreckliche Kasteiung erfahren, aber schließlich tröste ich mich mit dem Ruhm, den Sie errungen, und doch auch noch mit der Hoffnung, daß das, was aufgeschoben, nicht aufgehoben ist.

Darf ich, so ärgerlich ich auch auf Sie bin, dennoch Eure Kaiserliche Majestät um eine Gnade bitten? Sie betrifft weder Mustapha noch seinen Großwesir; es handelt sich um einen Ingenieur meines Landes, der wie ich halb Franzose, halb Schweizer ist. Er ist ein guter Naturwissenschaftler, der gegenwärtig in unseren Alpen das Eis erforscht; denn wir haben Eis hier ganz wie in Petersburg. Dieser Ingenieur heißt Aubry; er ist wenig bekannt, aber er verdient es zu sein. Es wäre eine weitere, mich Eurer Majestät unendlich verpflichtende Gnade, wenn Sie ihn zum Mitglied Ihrer berühmten Akademie ernennen wollten. Es ist wahr, daß wir im Augenblick hier kein Eis haben, was sehr selten ist, denn es kommt immer wieder. Ich bitte wegen meiner Kühnheit sehr demütig um Vergebung; Ihre Nachsicht aber hat mich seit langem an solche Freiheiten gewöhnt.

Lächerlich und gewöhnlich sind die Gerüchte, die in der geschwätzigen Stadt Paris über den Kongreß von Fokschani und alles, was damit zusammenhängt, umlaufen. Könige sind wie Götter; die Völker erzählen sich über sie viele Geschichten, und die Götter trinken ihren Nektar, ohne sich um die Theologie der elenden Sterblichen zu kümmern. Ich zum Beispiel bin ganz sicher, daß Sie sich wegen meines Ärgers, daß Sie in diesem Winter den Bosporus nicht überschritten haben, keine Gedanken machen. Ebenso sicher bin ich, daß ich sterben werde, untröstlich darüber, mich Ihnen nicht in Petersburg zu Füßen gelegt zu haben. Mein Herz ist dort, mein Körper ist es nicht. Dieser arme fast achtzigjährige Körper schafft es nicht, doch mein Herz ist durchdrungen vom tiefsten Respekt und von der größten Dankbarkeit für Eure Kaiserliche Majestät.

Ferney, 11. Dezember 1772

Madame, der Vogel, den man Flamant nennt, ähnelt zu sehr den Karikaturen, die mein Freund Huber von mir gezeichnet hat; er hat mir den Hals und die Beine und sogar etwas von der Physiognomie des angeblich weißen Reihers gegeben. Daß Peter der Große

jemals einen derartigen Tribut dem Sultan gezahlt
hat, kann ich nicht glauben.

Gewiß aber schuldet man Eurer Kaiserlichen Majestät einen Tribut an Lobpreisungen wegen Ihrer
schönen Erziehungsanstalten für Knaben und Mädchen. Ich weiß gar nicht, warum man noch von
Lykurg und seinen Spartanern zu reden wagt, die nie
etwas Großes zustande gebracht haben, kein Denkmal hinterließen, die Künste nicht kultivierten und
die seit langem Sklaven der Barbaren sind, die Sie
vier Jahre lang besiegt haben.

Der Brief, der mit dem Paket von Herrn Bezkij
kam, ist wirklich köstlich; ich denke, er ist von Falconet, aber was mir Eure Kaiserliche Majestät über Ihr
Internat, das mehr ist als Saint-Cyr, schrieben, steht
über dem gedruckten Brief von Falconet, so gut er an
sich ist.

Da ich zu früh geboren wurde, um Zeuge alles
dessen zu sein, was meine große Kaiserin vollbringt,
nahm ich die Gelegenheit wahr, Ihnen den jungen
Baron von Pellemberg zu schicken, der zu je einem
Drittel Deutscher, Flame und Spanier ist und diese
drei Drittel für einen totalen Russen eintauschen
wollte. Ich kenne ihn nur von seiner Begeisterung für
Ihre einzigartige Person; ich sah ihn nur auf der
Durchreise. Er bat mich um einen Empfehlungsbrief, und ich war so frei, ihm einen zu geben, wie ich
es, wenn Sie es gestatten, mit jedem mache, der die
Pilgerfahrt nach Petersburg aus reiner Verehrung für
die heilige Katharina II. antreten möchte.

Ich erhielt eine für mich traurige Nachricht, nämlich daß jener Polianskij, den Eure Kaiserliche Majestät auf Reisen schickten, den ich sehr geliebt und
dessen Charakter ich geschätzt habe, in der Newa
ertrunken sei, als er nach Petersburg zurückkehrte.
Wenn das so ist, dann bin ich aufs äußerste betrübt.
Leider ereignen sich immer wieder Unglücksfälle in
der privaten Sphäre, Sie aber bewirken Glück für die
Allgemeinheit. Mein Glück finde ich in den Briefen,
mit denen Sie mich beehren.

Ich warte auf die Komödie; ich lasse sie in meiner
kleinen Kolonie aufführen an dem Tage, an dem ich
wegen des Friedens von Fokschani oder Bukarest ein
Freudenfeuer veranstalte, vorausgesetzt, Sie behalten
durch den Frieden drei oder vier Provinzen und die
Herrschaft über das Schwarze Meer.

Doch immer werde ich gegen jeden Frieden protestieren, der Ihnen nicht Stambul verschafft. Stambul
war der Gegenstand meiner Gebete, wie die heilige
Katharina II. der meines Kults.

Möge meine Heilige alle Arten von Vergnügungen genießen wie jede Art von Ruhm.

Der kranke Alte von Ferney, der weder Ruhm
noch Vergnügungen hat.

3. Januar 1773

Madame, ich bin recht ärgerlich, daß man nicht Philosoph gegenüber Norwegen war. Dieser Streich
schiene mir allzu voreilig; Ihrer Krone könnte er

weiteren Lorbeer zufügen, aber in diesem Teil der
Welt ist der Lorbeer etwas dürr, mir wäre er an der
Donau lieber.[131]

Meine friedliebende Philosophie erlaubt sich, Eurer Kaiserlichen Majestät ein Gutachten zu unterbrei-
ten. Unter Peter dem Großen forderte Ihre Akademie
Aufklärung, unter Katharina der Großen ist man
darauf zurückgekommen.

Es geht um einen Ingenieur, ein bißchen Schweizer
wie ich, der den Verwüstungen zuvorkommen
möchte, die die Gewässer ständig in unseren Alpen
verursachen. Er meint, daß Sie sich zum Thema Eis
noch besser auskennen als wir. Denn trotz unseres
46. Breitengrades und des unerhört milden Winters
in diesem Jahr, leiden wir nicht selten unter ebenso
grausamer Kälte wie bei Ihnen. Ich habe daher gedacht, dieses Gutachten in Ihre schönen Hände gelangen zu lassen, die zu küssen meine allzu große Jugend
und mein Respekt mir verbieten.

Dieser Ingenieur namens Aubry wird noch an
Gelbsucht sterben, wenn er nicht Mitglied Ihrer Akademie wird. Ich habe die Ehre, es schon lange zu sein;
wer gewährte mir Schutz, wenn nicht unsere Herrscherin!

Herr Polianskij läßt mich wissen, daß er nicht ertrunken ist, wie es hieß. Ganz im Gegenteil, er sei im
Hafen und Eure Majestät habe ihn zum Sekretär der
Akademie ernannt. Ich nehme an, daß Sie die Güte
haben, ihm das Gutachten zu übergeben. Wir haben
zwar nahe bei uns Notre-Dame-des-Neiges, die ich

in dieser sie betreffenden Angelegenheit hätte bemühen können; aber ich bete nur zu Notre Dame de
Petersbourg, deren Füße ich küsse in aller Demut und
in aufrichtiger Verehrung.

Ferney, 13. Februar 1773

Madame, was mich am meisten bei Ihren zwei russischen Komödien verblüfft hat, ist der immer echte
und natürliche Dialog; das ist meines Erachtens einer
der wichtigsten Vorzüge bei einer Komödie; freilich
ein seltenes Verdienst ist es, auch alle anderen Künste
zu pflegen, wenn die Kriegskunst die ganze Nation in
Anspruch nimmt.

Ich sehe, die Russen haben jetzt Geist und Witz;
Eure Kaiserliche Majestät waren auch nicht geschaffen, über Dummköpfe zu regieren. Deswegen habe
ich ja auch immer gemeint, die Natur habe Sie dazu
bestimmt, über Griechenland zu herrschen. Ich komme eben immer wieder auf meine Vision zurück, und
Sie werden sie auch noch verwirklichen. Es wird
dahin kommen, daß in zehn Jahren Mustapha sich
mit Ihnen entzweit, Ihnen in der Krim Schwierigkeiten macht und Sie ihm dann Konstantinopel wegnehmen. An Teilungen sind Sie ja schon gewöhnt;
das Türkenreich wird auch geteilt werden, und Sie
werden «Oedipus» von Sophokles in Athen aufführen lassen.

Ich freue mich, daß die Dissidenten, für die ich
mich so sehr interessiert hatte, endlich ihren Kampf

gewonnen haben. Ich hoffe auch, daß die Sozinia-
ner[132] in Litauen sich bald an einem öffentlichen Ort
versammeln dürfen, wo Gottvater seinen Thron
nicht mehr mit jemandem teilen muß, den er bis zum
Konzil von Nicäa ganz allein innehatte. Es ist sehr
komisch, daß die Juden, die den Logos kreuzigten, so
viele Synagogen in Polen haben, während diejenigen,
die mit der Ansicht der römischen Kurie über den
Logos nicht übereinstimmen, keine Stätte haben, wo
sie ihr Haupt betten können.

Bald werde ich Eurer Kaiserlichen Majestät etwas
über die Schrecken all dieser kirchlichen Streitereien
zu Füßen legen, denn da kenne ich mich aus, und
davon lasse ich nicht ab. Ich will Toleranz, das ist die
Religion, die ich predige, und Sie stehen an der Spitze
der Synode, in der ich nur ein schlichter Mönch bin.
Wenn meine Blasenkrankheit mich nicht hinweg-
rafft, werden Sie mein Schriftchen bekommen.

Wir haben zur Zeit die Ehre, ebensoviel Schnee
und Eis zu haben wie Sie. Ein so schwacher Körper
wie der meinige kann da nicht mehr Widerstand
leisten. Glücklich sind die Kinder Ruriks, noch
glücklicher die Lappen und ihresgleichen, die nur in
ihrem Klima leben können. Das beweist mir, daß die
Natur jede Gattung für ihre Umgebung geschaffen
hat, daß sie die Samojeden im Norden und die Neger
im Süden angesiedelt hat, ohne daß die einen von den
andern abstammen.

Ich hatte Ihnen ja gesagt, daß ich ein Schwätzer
bin. Leben Sie wohl, ruhmbedeckt, und vergessen

Sie die Vergnügungen nicht; das ist jetzt kein Geschwätz.

Ich lege mich Eurer Kaiserlichen Majestät zu Füßen in tiefstem Respekt und aufrichtigster Anhänglichkeit.

Der kranke Alte von Ferney

Petersburg, 20. Februar / 3. März 1773

Monsieur, ich hoffe, daß von dem Zorn, den Sie am
1. Dezember gegen die Kaiserlichen Majestäten der
griechischen und der römischen Kirche hegten, keine
Rede mehr ist.

Fürst Orlow, der die experimentelle Physik liebt
und natürlich mit besonderem Scharfsinn hinsichtlich all dieser Fragen begabt ist, hat vielleicht die
merkwürdigste Erfahrung mit dem Eis gemacht:

Im Herbst ließ er das Fundament eines Einfahrtto-
res ausgraben und füllte es während des stärksten
Frostes im Winter mit Wasser, damit es sich in Eis
verwandle. Als das Fundament angemessen mit Wasser gefüllt war, schützte man es sorgfältig vor den
Strahlen der Sonne, und im Frühjahr erbaute er darüber das Tor mit fest sich wölbenden Ziegelsteinen.
Es steht seit vier Jahren und wird, glaube ich, so lange
stehen, bis man es wieder abreißt. Dabei muß man
wissen, daß der Boden, auf dem das Tor errichtet
wurde, sumpfig ist, so daß das Eis die Funktion von
Pfählen einnimmt, die man sonst benötigt hätte.

Das Experiment mit der mit Wasser gefüllten und

bei Frost ausgesetzten Bombe wurde in meiner Anwesenheit gemacht. Nach kaum einer Stunde zer-
sprang sie mit ungeheurem Krach.

Als man Ihnen sagte, der Frost sprenge Häuser aus
der Erde, hätte man noch anmerken müssen, daß das
bei schlechten Holzbaracken passiert, nie aber bei
Häusern aus Stein. Allerdings werden schwache Gar-
tenmauern mit schlechter Grundierung aus der Erde
gehoben und langsam durch den Frost umgeworfen.
Auch Pfähle, die das Eis einschließen kann, kommen
mit der Zeit hoch.

Wenn die Türken weiterhin auf die guten Ratschläge ihrer sogenannten Freunde hören, dann können Sie sicher sein, daß Ihr Wunsch, uns am Bosporus
zu sehen, sich doch noch erfüllt, was Ihrer Genesung
sehr entgegenkommen wird. Ich hoffe, daß Sie von
dem elenden ständigen Fieber, von dem Sie sprechen,
befreit sind, woran ich niemals zweifelte, wenn ich
die Heiterkeit bedachte, die in Ihren Briefen herrscht.

Zur Zeit lese ich die Werke Algarottis. Er behauptet, alle Künste und alle Wissenschaften kämen von
den Griechen. Sagen Sie mir bitte, ob das stimmt.
Geist und Pfiffigkeit haben sie noch; aber sie sind so
entkräftet, daß sie keinen Schwung mehr haben.
Doch fange ich an zu glauben, daß man sie mit der
Zeit im Kriege abhärten könnte; ein Beispiel dafür ist
der Sieg bei Patras[133] über die Türken am Ende des
zweiten Waffenstillstands. Graf Alexej berichtet mir,
Griechen hätten sich dabei glänzend gehalten.

Etwas Ähnliches gab es auch an den Küsten Ägyptens, worüber ich aber Näheres noch nicht weiß; ein griechischer Kapitän hatte dort ein Kommando. Ihr Baron Pellemberg ist bei der Armee. Herr Polianskij ist Sekretär der Akademie der Schönen Künste. Er ist nicht ertrunken, wiewohl er mit seiner Kutsche oft die Newa überquert; aber in diesem Winter ist das ungefährlich.

Es freut mich, daß meine beiden Komödien keinen ganz schlechten Eindruck auf Sie gemacht haben. Mit Ungeduld erwarte ich Ihre jüngste Schrift, die Sie mir versprochen haben; noch ungeduldiger aber bin ich, von Ihrer Genesung zu hören.

Seien Sie meiner größten Dankbarkeit für alles, was Sie mir Verbindliches und Schmeichelhaftes sagen, versichert. Ich bete für Ihre Gesundheit und verbleibe in Freundschaft und mit allen guten Wünschen, die Sie kennen.

Caterine

Ferney, 25. März 1773

Madame, erlauben Sie, daß einer Ihrer Untertanen, der zwischen den Alpen und dem Jura lebt und soeben nach zweiundfünfzig Fieberanfällen für einige Tage von den Toten auferstanden ist, Eurer Kaiserlichen Majestät einige Neuigkeiten von jener Welt berichtet. An den Ufern des Styx traf ich Tomyris, Semiramis, Penthesilea und Elisabeth von England; sie erklärten alle, daß sie sich mit Katharina, der einzigen Katharina, die die Blicke der Nachwelt auf sich ziehen werde, nicht vergleichen könnten; aber sie belehrten mich auch, daß Sie noch nicht am Ziel Ihrer Aufgaben seien und daß Sie sich noch der Mühe unterziehen müßten, meinen lieben Mustapha zu schlagen.

Der König von Preußen scheint zu glauben, daß Ihre Verhandlungen mit dem dicken Muselmanen abgebrochen seien; aber die Dinge können sich von einer Stunde zur andern ändern, ob nun Verhandlungen oder Krieg. Demütigst erwarte ich vom Schicksal und von Ihrem Genie die Entwirrung all des Chaos, in das die Welt versunken ist, von Danzig bis zur Donaumündung, überzeugt davon, daß, wenn auf Finsternis Licht folgt, alles zu Ihren Gunsten und zu Ihrem Ruhm ausgehen wird.

Wenn der Krieg wieder anhebt, dann werde ich das Ende nicht mehr erleben, weil ich wahrscheinlich tot bin, bevor Sie wieder fünf oder sechs Schlachten gegen die Türken gewonnen haben.

In meinem letzten Brief beschränkte ich mich darauf, Sie um Schutz zu bitten, um zu erfahren, welche Vorsichtsmaßnahmen in Ihrer illustren und eisigen Zone ergriffen werden, um Bewegungen von Erde und Mauern durch die Gewalt des Eises zu verhindern; ich habe mich auf die Physik zurückgezogen, für die Politik bin ich nicht zuständig.

Man sagt, unter den Franzosen gäbe es Welsche, die dicke Freunde von Mustapha seien und die sich tummeln, um meiner Katharina Verlegenheiten zu bereiten; ich kann es gar nicht glauben. Ich bin nur

ein armer Schweizer, der alle umlaufenden Gerüchte
von sich weist und ungläubig wie der Apostel Tho-
mas ist. Aber fest glaube ich an Ihren Ruhm, Ihre
Herrlichkeit, Ihre Überlegenheit, die Sie über die
übrige Welt seit Regierungsantritt errungen haben,
glaube an Ihr edles, mannhaftes Genie und an Ihre
Güte für mich.

Ich lege mich Eurer Kaiserlichen Majestät zu Füßen für die kurze Zeit, die ich noch zu leben habe, mit
tiefstem Respekt und aufrichtiger Anhänglichkeit.

Der kranke Alte von Ferney

20. April 1773

Madame, jetzt sind Eure Kaiserliche Majestät mehr
denn je meine Heldin, noch weit über der Majestät.
Inmitten Ihrer Verhandlungen mit Mustapha und
Ihren neuen Vorbereitungen, ihn zu schlagen, und
während die eine Hälfte Ihres Genies sich auf Polen,
die andere auf Bukarest richtet, bleibt Ihnen noch ein
weiteres Genie, das mehr weiß als die Mitglieder
Ihrer Akademie der Wissenschaften und das meinem
Ingenieur die Lektionen erteilt, die er von jenen erwartete. Wie viele Genies haben Sie denn, machen Sie
mir bitte diese vertrauliche Mitteilung.

Ich bitte nicht mehr, mir zu sagen, ob Sie Adrianopel belagern werden, das ganz leicht einzunehmen
ist, während die österreichischen Truppen sich Ser-
biens und Bosniens bemächtigen. Doch für diese

Geheimnisse fühle ich mich ebensowenig kompetent wie für die Freilassung unserer fahrenden Ritter. Ich kann nur noch lachen, wenn ich in einem Ihrer Briefe lese, Sie wollten sie noch einige Zeit in Ihren Staaten behalten, damit sie in Ihren Provinzen gute Manieren lehren.

Das auf Eis errichtete Portal, das schon vier Jahre steht, ist mir eines der Wunder Ihrer Regierung, doch auch ein Wunder Ihres Klimas. Ich bezweifle sehr, daß man in meinen Kantonen ein ähnliches Bauwerk erstellen könnte; eine bei starkem Frost mit Wasser gefüllte Bombe würde wohl auch bei uns wie in Petersburg bersten.

Ich höre, daß in diesem Jahr in Ihrer Residenz das Thermometer fünfzig Grad unter dem Gefrierpunkt angezeigt habe; wir Schweizer würden umkommen, wenn jemals das Thermometer auf zwanzig Grad absänke; unsere größte Kälte liegt bei fünfzehn/sechzehn Grad, und in diesem Jahr hatte es nicht einmal zehn Grad.

Ich hoffe sehr, daß Ihre Bomben demnächst über den Köpfen der Türken explodieren und daß Fürst Orlow seine Triumphbögen nicht auf Eis, sondern im Atmeidan von Stambul errichten wird; alsdann werden in Griechenland auch wieder Phidiasse und Miltiadesse geboren werden.

Algarotti irrt wohl, wenn er meint, die Griechen hätten die Künste erfunden. Sie haben einige vervollkommnet, doch das recht spät. Schon ein alter Spruch besagt, daß die Chaldäer die Ägypter und daß die Ägypter die Griechen unterrichtet haben. Die Griechen waren so spät zivilisiert worden, daß sie das Alphabet von Tyrus erlernen mußten, als die Phönizier mit ihnen Handel trieben und Städte bauten. Zuvor bedienten sich die Griechen der Symbolschrift der Ägypter. Ein anderer Beweis für den wenig erfinderischen Geist der Griechen ist, daß ihre ersten Philosophen zum Studium nach Indien gingen und daß selbst Pythagoras dort die Geometrie erlernte.

Und so kommen heute die ausländischen Philosophen nach Petersburg, um dort zu studieren. Der große Mann, der den Weg vorbereitete, den Sie dann einschlugen und der der Vorläufer Ihres Ruhmes war, war sehr zu Recht der Ansicht, daß die Künste rund um die Welt wandern, wie das Blut in unseren Adern zirkuliert.

Eure Kaiserliche Majestät scheinen heute gezwungen, die Kriegskunst zu kultivieren, doch Sie vernachlässigen die anderen Künste nicht.

Vor einem Monat glaubte ich nicht mehr, noch länger auf diesem Erdball, den Sie in Erstaunen setzen, zu leben. Ich danke der Natur, die vielleicht wollte, daß ich noch so lange lebe, bis Sie sich im Vaterlande des Orpheus und des Mars niedergelassen haben, also in einigen Monaten; aber lassen Sie mich bitte nicht länger warten, sonst muß ich umsonst dahingehen. Ich werde sterben in dem Kult für Eure Majestät. Die unsterbliche Katharina möge meinen tiefen Respekt und meine aufrichtige Anhänglichkeit annehmen.

                              Der kranke Alte von Ferney

Petershof, 19./30. Juni 1773

Monsieur, ich ergreife die Feder, um Ihnen mitzuteilen, daß Feldmarschall Rumjanzew am 11. Juni a. St.
mit seiner Armee die Donau überschritten hat. General Baron Weissmann bahnte ihm den Weg, indem er
als erster ein Korps von 12000 Türken über den
Haufen warf. Generalleutnant Stupichin und Potemkin machten es ihrerseits ebenso. Sie hatten es mit
18000 oder 20000 Muselmanen zu tun, von denen sie
viele in die bessere Welt schickten, um die Nachricht
jenen liebenswürdigen Damen zu überbringen, von
denen Sie mir so viele schmeichelhafte Dinge sagten,
nach den zweiundfünfzig Fieberanfällen, von denen
Sie sich zu meiner großen Zufriedenheit glücklicherweise wie ein junger Mann von zwanzig Jahren wieder erholt haben.

Jedes türkische Korps ließ uns sein Lager zurück,
die Artillerie und das Gepäck. So ist denn unser lieber
Mustapha im Begriff, erneut eins über den Kopf zu
bekommen, nachdem er verhandelt und zwei aufein-
anderfolgende Kongresse abgebrochen und fast ein
Jahr lang verschiedene Waffenstillstandsabkommen
genossen hat. Dieser Ehrenmann kann aus den Umständen keinen Nutzen ziehen. Zweifellos werden
Sie Augenzeuge des Endes dieses Krieges sein. Ich
hoffe, daß der Übergang über die Donau dazu beiträgt. Wir werden die Freude haben, den Sultan ver-
handlungswilliger zu machen, und lassen die Welschen weiter dummes Zeug reden. Ihre Meldungen

SULTAN MUSTAPHA III.

verdienen sehr wenig Beachtung; so haben sie verbreitet, ich hätte den Khan um dreißigtausend Tataren gebeten und daß er sie mir verweigert habe. An
solchen Unsinn habe ich nie gedacht, und ich zweifle
sehr, ob Herr de Saint-Priest, wie man versichert, so
etwas an seinen Hof berichtet hat; denn gewöhnlich
stehen Gesandte im Ruf, gesunden Menschenverstand zu haben.

Die Kälte, die wir in diesem Winter hier verspür-
ten, war geringer als die in Sibirien, die besonders in
Irkutsk auf einen unwahrscheinlichen Grad absteigt.

Ich bin geneigt, den Ansichten von Algarotti über
Griechenland keinen Glauben mehr zu schenken. In
vier Worten haben Sie mich von Irrtümern befreit;
Sie haben mich überzeugt, daß die Künste nicht in
Griechenland erfunden wurden. Dennoch betrübt es
mich, denn ich liebe die Griechen, ungeachtet all
ihrer Fehler.

Leben Sie wohl, bewahren Sie mir Ihre Freundschaft, und seien Sie meiner guten Gedanken für Sie
versichert. Freuen wir uns des Übergangs über die
Donau; er ist nicht so berühmt wie der Ludwigs XIV.
über den Rhein, aber er ist seltener, nachdem die
Russen seit achthundert Jahren, wie unsere Alter-
tumsforscher sagen, die Donau nicht mehr überschritten haben.

                                        Caterine

Ferney, 10. August 1773

Madame, der Tag in Petersburg müßte mehr als vierundzwanzig Stunden haben, wenn Eure Kaiserliche
Majestät auch nur die Zeit finden, alles zu lesen, was
man Ihnen aus Europa und Asien schreibt. Nicht zu
reden von der Mühe, auf all das zu antworten.

Ich Elender, ich Sterbender wollte mir die Freiheit
nehmen, Ihnen über die falschen Nachrichten zu
schreiben, die über den erneuerten Krieg mit Mustapha hier verbreitet werden, wollte mit Ihnen über die
Hochzeit Ihres Sohnes sprechen, über die Reise der
Frau Landgräfin von Darmstadt[134], die nach Ihnen
das vollkommenste ist, was je in Deutschland das
Licht der Welt erblickte; ich wollte soweit gehen,
Ihnen zu sagen, daß Diderot, kein Welscher, der
glücklichste aller Franzosen ist, denn er reist an Ihren
Hof. Vom Testament des Helvetius wollte ich sprechen, in dem sein nachgelassenes Werk Eurer Majestät gewidmet ist. Meine Indiskretion hätte ich so
weit getrieben, Ihnen zu sagen, daß ich keineswegs
seiner Meinung über das Kernthema seines Buches
bin. Er behauptet nämlich, alle Köpfe seien von Geburt an gleich; nichts ist lächerlicher. Welch Unterschied zwischen einer gewissen Herrscherin und diesem Mustapha, der Herrn de Saint-Priest fragen ließ,
ob England eine Insel sei.

Ich wollte auch gründlich über den Donauüber-
gang sprechen. Ich wollte fragen, ob Falconet-Phi-
dias die Statue Katharinas II., der einzig wahren Ka-

tharina, an den Dardanellen oder im Atmeidan von Stambul aufstellen wird. Aber wenn ich bedenke, daß Sie keinen Augenblick zu verlieren haben, und da ich fürchte, Sie zu belästigen, so schreibe ich nichts.

Ich beschränke mich darauf, meine Hände gegen den Stern des Nordens zu erheben; ich teile den Glauben der Sabäer[135], die einen Stern anbeteten.

Der kranke Alte von Ferney

Ferney, 12. August 1773

Madame, Eure Kaiserliche Majestät mögen mich zuerst Ihren Brief vom 19. Juni nach Ihrer Zeitrechnung, die nicht besser ist als unsere, küssen lassen; auf welche Weise wir auch die Zeit berechnen, Sie tun es nach Ihren Siegen, und Sie wissen, wie sehr ich sie schätze. Mir kommt es so vor, als hätte ich selbst die Donau überschritten. Ich steige im Traum zu Pferd und galoppiere nach Adrianopel.

Ich werde nicht aufhören, Ihnen zu sagen, wie unbegreiflich, inkonsequent, wie traurig und in jeder Hinsicht schlecht ich es finde, daß Ihre Freunde, die Kaiserin-Königin, der römische Kaiser und der Held von Brandenburg nicht mit Ihnen die Reise nach Konstantinopel unternehmen. Das wäre ein Vergnügen von drei, höchstens vier Monaten; danach würden Sie sich verständigen, wie Sie sich über Polen verständigt haben.

Ich bitte Eure Majestät um Vergebung, aber diese

Spazierfahrt auf der Propontis[136] scheint mir so natürlich, so leicht, so angenehm, so angemessen, daß
ich ganz bestürzt bin, daß die drei Mächte ein so
schönes Fest versäumt haben. Sie werden sagen, ich
würde im Laufe der Zeit schon zufriedengestellt werden; aber gestatten Sie, darauf aufmerksam zu machen, daß ich es sehr eilig habe, daß mir nur noch
zwei Tage zu leben bleiben und daß ich unbedingt
noch vor meinem Tode dieses Abenteuer erleben
möchte.

   Kann denn die erhabene Katharina nicht von
Freundin zu Freundin der erhabenen Maria Theresia
sagen: «Meine liebe Maria, bedenken Sie doch, daß
die Türken schon zweimal Wien belagert haben; bedenken Sie doch, daß Sie die schönste Gelegenheit
verpassen und daß, wenn man die Feinde der Christenheit und der schönen Künste wieder zu Atem
kommen läßt, diese verfluchten Türken vielleicht
furchtbarer werden denn je. Der Chevalier de Tott,
ein Mann von Geist, wird, obwohl er kein Ingenieur
ist, alle ihre Plätze am Ägäischen Meer und am Pontus Euxinus[137] befestigen, obwohl Mustapha und
sein Großwesir gar nicht wissen, daß diese beiden
kleinen Meere einmal Pontus Euxinus und Ägäis
hießen. Die Janitscharen und die Levantiner werden
sich an Kriegszucht gewöhnen. Nun ist unser Freund
Ali Bey tot, Mustapha wird absoluter Herrscher über
Ägypten werden, das einst Katzen anbetete und das
den Heiligen Johann Nepomuk[138] nicht kennt.

   Nutzen wir die günstige Stunde, die uns noch

bleibt. Russen, Österreicher, Preußen, stürzen wir uns auf die Feinde der griechischen und der römischen Kirche! Dem König von Preußen, der sich überhaupt um keine Kirche kümmert, werden wir eine oder zwei Provinzen mehr zugestehen, und dann soupieren wir in Konstantinopel!»

Die erhabene Katharina wird gewiß eine eloquentere und pathetischere Rede halten. Gibt es denn aber etwas Vernünftigeres und Plausibleres? Ist das nicht mehr wert als meine Kriegswagen des Cyrus? Ach, mit meiner Kreuzzugsidee wird es mir leider nicht besser ergehen als mit meinen Kriegswagen. Sie werden Frieden schließen, nachdem Sie die Türken tüchtig geschlagen haben, werden noch einige Vorteile mehr haben, aber die Türken werden weiter ihre Frauen einsperren und die Freunde der Welschen bleiben, so galant diese Welschen auch sind. Ich bin also nur halb befriedigt, aber ich bin kein halber Anbeter Eurer Kaiserlichen Majestät, ich bin es mit brennender Begeisterung. Halten Sie meinem tiefen Respekt meine Leidenschaft zugute.

Der kranke Alte von Ferney

15./26. September 1773

Monsieur, ich will auf die Fragen, die Sie mir nicht stellten, aber in Ihrem Brief vom 10. August nur andeuteten, antworten, ebenso auf Ihren Brief vom 12. August, den ich gleichzeitig erhielt.

Ich kündige Ihnen also ein langes, langweiliges Schreiben an als Antwort auf Ihre charmanten, aber sehr kurzen Briefe. Werfen Sie, wenn Sie wollen, meinen Brief ins Feuer, aber erinnern Sie sich daran, daß Langeweile zu meinem Metier gehört und sich gewöhnlich im Gefolge der Könige findet. Doch um es kurz zu machen, komme ich zur Sache.

Herr von Rumjanzew, anstatt sich, Ihren Wünschen folgend, im Atmeidan von Stambul niederzulassen, hielt es für angebracht, wieder umzukehren, weil es, wie er sagt, in der Umgebung von Silistria nichts zu essen gab und weil der Kochtopf des Wesirs noch in Schumla war. So geht es, aber er hätte wenigstens voraussehen können, daß er essen mußte, ohne sich auf seinen Gastgeber zu verlassen. Diese Tatsache bewerte ich wie orthographische Fehler und finde Trost in der Unterhaltung mit der Frau Landgräfin von Darmstadt, die eine starke und männliche Seele und einen erhabenen und gebildeten Geist hat. Die vierte ihrer Töchter wird meinen Sohn heiraten; die Hochzeitsfeierlichkeiten sind auf den 29. September a. St. angesetzt.

Als Haupt der griechischen Kirche muß ich Sie vom Glaubenswechsel der Prinzessin in Kenntnis setzen, der sorgfältig, mit religiösem Eifer und mit Überzeugungskraft von Bischof Platon bewirkt wird; er führt sie in den Schoß der griechisch-orthodoxen Kirche, der einzig wahren im Osten. Freuen Sie sich mit uns, es soll Sie trösten in einer Zeit, da Ihre Kirche krank, zerrissen und mit der denkwürdi-

gen Abschaffung der «Gesellschaft Jesu» beschäftigt
ist.[139]

Ich hatte die Freude, im Gefolge des Erbprinzen
von Darmstadt Herrn Grimm begrüßen zu können.
Die Unterhaltung mit ihm ist für mich das größte
Vergnügen, aber wir haben uns noch so viel zu erzählen, daß unsere Gespräche bisher mehr durch Wärme
des Gefühls als durch Ordnung der Gedanken gekennzeichnet waren. Wir haben viel von Ihnen gesprochen. Ich sagte ihm, was Sie vielleicht vergessen
haben, daß Ihre Werke mich zu denken lehrten.

Jeden Augenblick erwartete ich die Ankunft von
Diderot; aber nun höre ich, zu meinem großen Bedauern, daß er in Duisburg erkrankte. Die «Histoire
politique et philosophique du commerce des Indes»
flößt mir eine sehr starke Abneigung gegen die Eroberer der Neuen Welt ein und hat mich bis jetzt
gehindert, das nachgelassene Werk von Helvetius zu
lesen. Ich hatte davon keine Ahnung; aber schwerlich
kann man sich vorstellen, daß der Wilde Peter, ein
Lastträger in den Straßen von London, dessen vom
Sohn des Phidias-Falconet gemaltes Bild ich besitze,
mit den gleichen Fähigkeiten wie die ersten Geister
dieses Jahrhunderts geboren wurde.

Ich würde nicht wagen, Herrn Mustapha zu zitieren, meinen und Ihren Freund, weil Herr von Saint-
Priest, der in Paris lebte und daher viermal soviel
Geist hat wie gewöhnliche Sterbliche, behauptet, er
habe außerordentlich viel davon. Aber weil wir gerade von Mustapha reden, so kann ich Ihnen mitteilen,

daß Lamerie, Ihr Schützling, in der Tragödie als Orosman[140] und in der Komödie in der Rolle des Sohnes des «Familienvaters»[141] debütiert hat, jedesmal mit Erfolg.

Ich danke Ihnen tausendmal für die schöne Rede, die Sie für mich verfaßten, um die in der polnischen Angelegenheit zusammenarbeitenden Höfe zu einem Souper im Serail einzuladen. Davon werde ich gern Gebrauch machen; aber ich weiß schon im voraus, daß die Dame, an die ich mich wenden soll, einen unbezwinglichen Cherubim hat, der auf dem Dreifuß der Politik sitzt und der wegen der Schwerfälligkeit und der Unklarheit seiner Orakel die Wirkung der schönsten Reden der Welt zerstören würde, wie groß auch immer ihre Wahrheiten wären. Im übrigen gibt es Leute, die nur das schätzen, was sie selber erdacht haben, und alles ablehnen, was andere meinen.

Ohne Zweifel wünsche ich den Frieden, doch um dahin zu gelangen, bleibt mir nichts anderes übrig, als Krieg zu führen, solange die Umstände sich nicht ändern; Sie aber dürfen wenigstens hoffen, die Befreiung der türkischen Damen noch zu erleben.

Mit allen guten Gedanken und größter Dankbarkeit für Ihre Freundschaft, wünsche ich Ihnen, daß Sie so alt werden wie Methusalem oder wenigstens so alt wie der Engländer, der bis zu seinem hundertsiebenundsiebzigsten Lebensjahr munter war und sich wohl fühlte. Tun Sie es ihm gleich, Sie, der Sie unvergleichlich sind.

Caterine

Ferney, 1. November 1773

Madame, aus dem Brief vom 26. September, mit dem
Eure Kaiserliche Majestät mich beehren, ersehe ich,
daß Diderot an der holländischen Grenze erkrankt
ist. Ich hoffe, daß er jetzt zu Ihren Füßen sitzt; Sie
haben mehr als einen Franzosen, der für Ihren Ruhm
sich begeistert. Wenn es auch einige gibt, die auf
Seiten Mustaphas stehen, so möchte ich doch glauben, daß diejenigen, die sich der heiligen Katharina
weihen, sehr viel mehr wert sind als die, die sich zu
Türken gemacht haben. Diderot und ich betreten
freilich keine Städte durch ein Nadelöhr wie jene
Narren; wir lassen uns auch nicht gefangennehmen
wie diese Dummköpfe; wir kümmern uns auch nicht
um die Artillerie, wovon wir nichts verstehen. Wir
sind weltliche Missionare und predigen den Kult der
heiligen Katharina, und wir dürfen uns rühmen, daß
unsere Gemeinde weltweit ist.

Zu meiner Schande muß ich gestehen, daß ich mit
meinem Kreuzzugsprojekt gescheitert bin. Ich hätte
gewünscht, daß die Frau Großfürstin[142] in der Hagia
Sophia noch einmal getauft worden wäre, in Gegenwart des Propheten Grimm, und daß Ihre erhabene
Verbündete in Bosnien und Serbien Keuschheitstri-
bunale errichtet hätte, so viele sie wollte. Peter der
Eremit[143] war mindestens ebenso grillenhaft wie ich
und hat doch Erfolg gehabt; freilich muß man bedenken, daß er Mönch war; Gottes Gnade half ihm, mir
fehlt sie gänzlich. Finde ich aber auch keine Gnade, so

habe ich wenigstens die Vernunft auf meiner Seite.
Im Ernst, es scheint mir absurd, daß man einen so
schönen Streich hätte führen können und daß man es
versäumt hat; ich bin überzeugt, die Nachwelt wird
den Kopf schütteln.

Hat nicht vor dem Pruth-Feldzug ein Gesandter
Peter I. gefragt, wo er den Sitz seines Reiches etablie-
ren wolle, und antwortete Peter nicht: In Konstantinopel? Darauf fußend sage ich: Katharina die Große
wird, nachdem sie sein Unglück[144] so glänzend wie-
dergutgemacht hat, seinen Plan gewiß verwirklichen; und die erhabene Maria Theresia, deren Hauptstadt zweimal von den Türken belagert wurde, wird
nach bestem Vermögen zu diesem heiligen Unternehmen beitragen. Ich habe mich in allem geirrt; sie
hat als gute Christin den Türken verziehen, und der
König von Preußen, der König der Calvinisten, war
der einzige Fürst, der die Jesuiten schützte, als der
gute Heilige Vater den guten Ignatius auslöschte.
Was sagt der Prophet Grimm dazu?

Herr von Saint-Priest hat zweifellos recht, Mustapha hat einen sehr überlegenen Geist, da er verstand,
die besten Christen der Welt für seine Interessen ein-
zuspannen und gleichzeitig sogar die Franzosen und
die Deutschen zu seinen Gunsten zu vereinen.

Der König der Preußen sagt immer, Sie werden
Mustapha ganz allein schlagen, Sie benötigten niemanden, und ich will es glauben. Aber Ihre Staaten
sind bei weitem nicht so bevölkert, wie es ihrer Größe angemessen wäre; die Zeit, die Mühsal, die Kämp-

fe vermindern die Armeen, und bis die Bevölkerung
der Ausdehnung ihrer Länder proportional ist, vergehen noch Jahrhunderte. Und das macht mir Kummer; ich sehe, daß die Zeit für die großen Seelen
immer zu kurz ist. Ein unnützer Tintenkleckser
braucht keine langen Jahre, wohl aber eine Heldin,
die geboren wurde, die Welt zu verändern. Sie ist
noch in der Blüte ihrer Jahre; ich wollte, Gott schickte ihr ein von Methusalem gegengezeichnetes Patent,
damit sie ihre Staaten dahin bringen kann, wohin sie
will. Ich höre, türkische Korps seien besiegt worden;
welch großer Trost für Peter den Eremiten!

Ich lege mich Eurer Kaiserlichen Majestät zu Füßen mit dem tiefsten Respekt und unverbrüchlicher
Anhänglichkeit.

Ferney, 30. Dezember 1773

Madame, der König von Preußen beehrte mich, mir
mitzuteilen mit Brief vom 10. Dezember, daß Ihre
Armee den Großwesir geschlagen und Silistria erobert habe. Mit der Fahne des Propheten sei er nach
Adrianopel geflohen.

Ich nehme an, daß ein König sich niemals irrt,
wenn er Neuigkeiten mitteilt; in dieser Annahme bin
ich bereit, vor Freude anstatt aus Altersschwäche zu
sterben, wie man mir ankündigte, gerade als der
Brief des Königs von Preußen eintraf.

Tot oder lebendig, es ist sehr ärgerlich, von den
Wundern Ihrer Regierung so weit entfernt zu sein.

Diderot kann sich glücklich schätzen, und er verdient sein Glück. Ich aber verzweifle darüber, daß ich meine Heldin, die die Heldin der ganzen Welt sein wird, nicht habe sehen und ihr nicht persönlich meinen tiefen und ganz nutzlosen Respekt habe darbringen können.

27. Dezember / 7. Januar 1774

Monsieur, der Philosoph Diderot, dessen Gesundheit noch schwach ist, bleibt bei uns bis zum Februar und wird dann nach Hause zurückkehren; Grimm will etwa um die gleiche Zeit abreisen. Ich sehe sie beide sehr oft, und unsere Unterhaltungen nehmen kein Ende. Sie können Ihnen erzählen, wie sehr ich die «Henriade»[145] schätze und den Autor so vieler anderer Werke, die unser Jahrhundert erhellt haben.

Ich weiß nicht, ob sie sich in Petersburg sehr langweilen; ich könnte mich mein ganzes Leben mit ihnen unterhalten, ohne daß es mir langweilig würde. Diderot hat eine unerschöpfliche Phantasie, und ich zähle ihn zu den hervorragendsten Männern, die es je gegeben hat. Wenn er Mustapha nicht liebt, wie Sie es verlangen, so bin ich doch sicher, daß er ihm nichts Böses will. Seine Herzensgüte würde das nicht zulassen trotz der Kraft seines Geistes und der Neigung, meine Partei zu ergreifen.

Sie müssen sich darüber hinwegtrösten, daß Ihr Kreuzzugsprojekt gescheitert ist, und davon ausgehen, daß Sie es mit guten Seelen zu tun hatten, die

DENIS DIDEROT

man freilich nicht mit der Geisteskraft eines Diderot
vergleichen kann.

Als Oberhaupt der griechischen Kirche darf ich Sie
nicht in einem Irrtum lassen. Sie hätten es gern gesehen, wenn die Großfürstin in der Hagia Sophia wiedergetauft worden wäre. Wiedergetauft, sagen Sie?
Aber die griechische Kirche tut das nicht; sie hält jede
Taufe unserer christlichen Gemeinschaften für gut
und gültig. Nachdem die Großfürstin in russischer
Sprache das orthodoxe Glaubensbekenntnis gesprochen hatte, wurde sie in den Schoß der Kirche, unter
dem Zeichen des Kreuzes und gesalbt mit wohlrie-
chendem Öl, feierlich aufgenommen, was man bei
Ihnen wie bei uns Konfirmation nennt. Dabei erhält
sie einen Namen, doch sind wir knauseriger als Sie,
die sich ein Dutzend Namen geben. Hier begnügt
man sich mit einem.

Nachdem Sie über diese Wichtigkeiten ins Bild
gesetzt, fahre ich mit der Antwort auf Ihren Brief
vom 1. November fort. Sie werden jetzt wissen, daß
ein Korps unserer Armee nach Überschreitung der
Donau im Oktober ein starkes türkisches Korps
schlug und einen Pascha von drei Roßschweifen ge-
fangennahm.

Dieses Ereignis hätte Folgen haben können, aber es
hatte keine, womit Sie vielleicht nicht zufrieden sind.
Mustapha und ich, wir sind also wieder da, wo wir
schon vor sechs Monaten waren, nur daß er an Asth-
ma leidet und ich mich pudelwohl fühle. Vielleicht ist
der Sultan ein vorzüglicher Kopf, nichtsdestoweni-

ger wurde er seit fünf Jahren besiegt, trotz der Ratschläge von Herrn von Saint-Priest und der Instruk-
tionen des Chevalier Tott, der sich beim Gießen von
Kanonen und beim Drill der Kanoniere noch umbringen wird. Er mag sich mit Kaftanen und Herme-
linpelzen kleiden, die türkische Artillerie wird deswegen nicht besser; aber das alles sind Kindereien,
denen man mehr Bedeutung zubilligt, als sie verdienen. Ich weiß nicht, wo ich las, daß diese Geisteseska-
paden bei den Welschen ganz natürlich sind.

Adieu und leben Sie wohl, und glauben Sie mir,
niemand freut sich über Ihre Freundschaft mehr als
ich.

Caterine

Petersburg, 8./19. Januar 1774

Monsieur, ich glaube, daß die Neuigkeiten, die der
König von Preußen Ihnen über die Niederlage des
Wesirs und die Einnahme von Silistria berichtete, aus
Polen stammen, dem Lande, wo man nach Frankreich die falschesten Nachrichten verbreitet. Jetzt
warte ich darauf, daß die Unsinnschmierer viel von
einem Straßenräuber hermachen, der das Gouvernement Orenburg ausraubt und sich manchmal, um die
Bauern zu erschrecken, als Peter III. ausgibt, manchmal auch als seinen Diener. Diese riesige Provinz ist
im Verhältnis zu ihrer Größe kaum bevölkert; in den
Bergen wohnen die Tataren, Baschkiren genannt
und Räuber seit Erschaffung der Welt. Auf dem fla-

chen Land hausen alle Taugenichtse, von denen sich zu trennen Rußland seit vierzig Jahren für richtig hielt, so wie man es ungefähr mit den amerikanischen Kolonien gemacht hat, um sie mit Menschen zu versorgen.

General Bibikow hat sich mit einem Korps in Marsch gesetzt, um die Ruhe wiederherzustellen. Bei seiner Ankunft in Kasan, das siebenhundert Werst oder hundert deutsche Meilen von Orenburg entfernt liegt, bot ihm der dortige Adel an, sich mit seinen Truppen zu vereinen mit viertausend gut bewaffneten Leuten, auf eigene Kosten und mit Pferden ausreichend ausgestattet. Der General nahm das Angebot an. Diese Truppe allein wird völlig ausreichen, um in dem angrenzenden Gouvernement Ordnung zu schaffen.

Doch diese Beleidigung des Menschengeschlechts stört nicht im geringsten das Vergnügen, das mir die Unterhaltung mit Diderot bereitet. Das ist wahrlich ein ganz ungewöhnlicher Kopf, und ein Herz seiner Art sollten alle Menschen haben. Aber da ja alles zum besten in dieser besten aller möglichen Welten steht und man die Dinge nicht ändern kann, muß man ihnen ihren Lauf lassen und sich nicht den Kopf mit unnützen Anforderungen belasten. Mein Bestreben wird immer sein, Ihnen meine Dankbarkeit für all Ihre Zeichen der Freundschaft zu bezeigen.

Caterine

2. Februar 1774

Madame, der Brief vom 19. Januar, mit dem Eure Kaiserliche Majestät mich beehren, hat mich im Geist nach Orenburg versetzt und mir die Bekanntschaft mit Pugatschow verschafft; offenbar hat der Chevalier de Tott diese Farce ins Spiel gebracht; aber wir leben nicht mehr in den Zeiten der falschen Demetriusse, und jenes Theaterstück, das vor zweihundert Jahren Erfolg hatte, wird heute ausgepfiffen. Wenn ein angeblicher Inka nach Peru käme und sich als Sohn oder Enkel der Sonne ausgäbe, dann glaube ich nicht, daß er als solcher anerkannt würde, selbst wenn er von den Jesuiten präsentiert würde und sie zu seinen Gunsten Prophezeiungen geltend machten.

Euer Majestät scheinen von dem Aufstand von Pugatschow nicht allzu beunruhigt zu sein. Ich hielt bisher die Provinz Orenburg für das angenehmste Land Ihres Reiches, wohin die Perser während ihrer Bürgerkriege all ihre Schätze verbrachten und wo man nur daran dachte, sich des Lebens zu freuen. Und nun kommt heraus, daß es sich um ein barbarisches Land handelt, voller Vagabunden und Verbrecher.

Ihre Strahlen der Aufklärung können eben nicht überall gleichzeitig durchdringen; ein Reich von zweitausend Meilen in der Länge zivilisiert sich nur langsam. Das bestätigt mich in meiner Annahme vom Alter der Erde. Ich bitte die Genesis um Vergebung, aber ich dachte immer, daß es wohl fünf- oder sechstausend Jahre brauchte, bis der jüdische Stamm lesen und schreiben konnte; und ich vermute, daß Hercules und Theseus in Ihre Akademie zu Petersburg nicht aufgenommen worden wären. Aber es kommt der Tag, an dem Orenburg mehr Einwohner hat als Peking und man dort Opern aufführen wird.

Ich hoffe, daß Sie sich damit vergnügen, den neuen Sultan[146] zu schlagen und daß Sie ihm die Friedensbedingungen diktieren werden, so wie es die alten Römer mit den Königen von Syrien machten.

Unendlich belastet mit dem Krieg gegen ein großes Reich und mit der Regierung eines noch größeren, alles bemerkend, alles selber in die Hand nehmend, finden Sie noch Zeit, sich mit unserem Philosophen Diderot zu unterhalten, wie wenn Sie nichts zu tun hätten.

Mir war niemals der Trost zuteil, diesen einzigartigen Mann persönlich kennenzulernen; er ist der zweite Mensch auf Erden, mit dem ich mich gern unterhalten hätte; er würde mir von Eurer Majestät erzählen; Majestät, das ist es gar nicht, was ich sagen wollte, von Ihrer Überlegenheit über alle denkenden Wesen würde er mir erzählen; alle anderen Wesen halte ich für nichts. Ich erbitte Ihre Protektion bei ihm. Kann er denn nicht einen Umweg von etwa fünfzig Werst machen, um mir mein Leben zu verlängern, indem er von dem, was er in Petersburg sah und hörte, berichtet? Wenn er nicht ans Ufer des Genfer Sees kommt, dann werde ich mich am Ufer des Ladoga-Sees begraben lassen; ich muß Ihre neue Schöpfung sehen, alle andern bin ich leid.

Ich lege mich zu Ihren Füßen in Anbetung und Verehrung.

März/April 1774

Monsieur, nur die Zeitungen machen großen Lärm um den Räuber Pugatschow, der keinerlei Beziehung zu Herrn von Tott hat. Ich halte ebensoviel von seinen Kanonen wie von Pugatschows Unternehmungen. Doch haben beide gemeinsam, daß der eine seinen Hanfstrick spinnt und der andere jeden Augenblick die seidene Schnur fürchten muß.

Diderot ist nach Paris abgereist. Wir hatten viele Gespräche, sein Besuch hat mir großes Vergnügen gemacht. Man trifft nicht oft auf solche Menschen. Er trennte sich schwer von uns, nur aus Liebe zu seiner Familie.

Ich übermittelte ihm Ihren Wunsch, ihn zu sehen. Er wird sich einige Zeit in Den Haag aufhalten. Dieser Brief beantwortet Ihren vom 4. März a. St. Sonst habe ich nichts Interessantes zu berichten. Ich kann es aber nicht unterlassen, Ihnen die Gefühle der Hochachtung, der Freundschaft und der Wertschätzung zu wiederholen, die ich seit langem für Sie hege.

Caterine

Ferney, 7. Mai 1774

Madame, ich bin so verwegen, Eure Kaiserliche Majestät um eine Gnade zu bitten. Nicht für einen Türken, auch nicht für einen welschen Kanonier im
Dienste der Hohen Pforte, nicht für einen der Lumpen, die Pugatschow folgen, nicht für einen ultra-
montanen Priester und auch nicht für einen welschen
Stutzer; es handelt sich um einen Ihrer Untertanen,
der in meiner kleinen Behausung in Ferney für vier
Monate mein Gast war. Er benutzte die Zeit, um
Französisch zu lernen, und als er es konnte, sagte er
mir: Ich bin Livländer, Kaufmann von Beruf und in
religiöser Hinsicht tolerant. Ich habe Verluste gehabt, ich habe Schulden, und andere sind meine
Schuldner. Ich möchte von Ihrer Kaiserlichen Majestät einen Geleitbrief für zwei Jahre, wie kann ich
dazu kommen?

Ich sagte ihm, er müsse Eurer Majestät eine kurze
und klare Bittschrift überreichen, die folgendes enthält: Michel Rose, geboren zu Riga, bittet unterta-
nigst Ihre Kaiserliche Majestät, ihm einen Geleitbrief
zu Händen des Bankiers Gansplan in Lübeck auszustellen. Alsdann ließ ich ihn nach Lübeck reisen und
wäre gern mit ihm gereist, da Lübeck auf dem Wege
nach Petersburg liegt; doch bin ich dazu verurteilt, in
Ferney zu sterben und zu beten, daß die Türken
geschlagen werden, daß die Kanonen des Herrn Baron Tott explodieren und daß Herr Pugatschow unverzüglich aufgehängt wird.

Ich schleppe mich zu Füßen Eurer Majestät, so gut ich kann, mit allem Respekt, aller Anhänglichkeit, aller Dankbarkeit und aller nur möglichen guten Gesinnung.

Der kranke Alte von Ferney

Ferney, 16. Mai 1774

Madame, nochmals wage ich, Eure Kaiserliche Majestät zu stören, und bitte, Herrn Michel Rose einen Geleitbrief auszustellen; Ihr Untertan machte mich erröten, denn er kam, um in Ferney Französisch zu lernen, und ich kann kein Wort Russisch. Er ist schon nach Lübeck in Erwartung Ihres Wohlwollens abgereist. Ich werfe mich Eurer Kaiserlichen Majestät zu Füßen und bitte, den Geleitbrief für Michel Rose an den Bankier Gansplan anzuweisen.

Ich höre, der Marquis Pugatschow habe den Transport von Gold und Silber aus den Bergwerken von Sibirien nicht verhindern können. Ich hätte nie geglaubt, daß diese Edelmetalle in der Nachbarschaft von Ostjaken und Samojeden vorkommen, auch nicht, daß im Meer bei Kamtschatka ein Archipel entdeckt wurde. Aber Eure Majestät haben mich an Wunder gewöhnt.

Der Tod des Königs von Frankreich[147] ist ein Ereignis, das, wie ich denke, nichts in Europa verändern wird; aber in Versailles wird es Revolutionen geben, die aber für Sie ohne Bedeutung sind. Ein neuer König, eine neue Wirtschaft, sagte unser Heinrich IV.

Unsere Zeitungen melden, daß Eure Majestät im Begriff sind, mit den Türken Frieden zu schließen. Friede ist eine schöne Sache, und ich habe ihn sehnlich nach der Einnahme von Konstantinopel gewünscht. Die Gesetzgeberin nimmt nun den Platz der Eroberin ein. Olivenbäume und Lorbeer werden am Ufer der Newa wachsen.

Eure Kaiserliche Majestät wollen den tiefen Respekt und die unverbrüchliche Anhänglichkeit Ihres alten Kranken von Ferney gütigst annehmen.

9. August 1774

Madame, ich bin nun tatsächlich an Ihrem Hof in Ungnade gefallen. Eure Kaiserliche Majestät haben mich zugunsten von Diderot, Grimm oder irgendeines anderen Favoriten im Stich gelassen. Auf mein Alter haben Sie keinerlei Rücksicht genommen; das ginge noch an, wenn Eure Majestät eine französische Kokette wäre; wie aber kann eine siegreiche und gesetzgebende Kaiserin so flatterhaft sein?

Für Sie habe ich mich mit allen Türken zerstritten und selbst mit dem Marquis Pugatschow; zum Lohn dafür haben Sie mich nun vergessen. So ist es, und in meinem Leben werde ich nie mehr eine Kaiserin lieben.

Ich denke darüber nach, daß ich Ihre Ungnade wohl verdient haben könnte. Ich bin ein kleiner, unbesonnener Greis und habe mich durch die Bitten eines Ihrer Untertanen namens Rose rühren lassen,

DENIS DIDEROT UND
FRIEDRICH MELCHIOR VON GRIMM

Livländer und Kaufmann von Beruf, Deist, der nach
Ferney kam, um Französisch zu lernen; vielleicht hat
er Ihr Wohlwollen, um das ich für ihn zu bitten
wagte, nicht verdient.

Auch klage ich mich an, Sie mit einem Franzosen,
dessen Name ich vergessen habe, behelligt zu haben;
er rühmte sich, nach Petersburg zu eilen, um Eurer
Majestät nützlich zu sein, und vermutlich ist er gänzlich unbrauchbar.

So suche ich bei mir Vergehen, die Ihre Gleichgültigkeit rechtfertigen. Ich sehe aber auch ein, daß es
keine Leidenschaft gibt, die nicht einmal zu Ende
ginge. Dieser Gedanke würde mich vor Kummer
umbringen, wenn ich nicht ohnehin im Begriff wäre,
aus Altersschwäche zu sterben. Mögen denn Eure
Majestät geruhen, diesen Brief als meinen letzten
Willen, als mein Testament entgegenzunehmen.

Ihr Bewunderer, Ihr Verlassener, Ihr alter Russe
von Ferney.

15./26. August 1774

Monsieur, obwohl Sie komischerweise behaupten, an
meinem Hof in Ungnade gefallen zu sein, erkläre ich
Ihnen, daß Sie es nicht sind; ich habe Sie weder
zugunsten von Diderot, Grimm noch eines anderen
Favoriten sitzenlassen. Ich verehre Sie wie immer;
und was man Ihnen auch über mich erzählen mag, ich
bin nicht flatterhaft und auch nicht wankelmütig.

Der Marquis Pugatschow hat mir in diesem Jahr

viel zu schaffen gemacht; ich war gezwungen, mich sechs Wochen ununterbrochen dieser Sache anzunehmen, und da schelten Sie mich aus und sagen mir, in Ihrem Leben keine Kaiserin mehr lieben zu wollen. Ich denke, für einen so hübschen Frieden mit den Türken, meine und Ihre Feinde, hätte ich Ihrerseits etwas Nachsicht und keinen Groll verdient.

Trotz meiner drängenden Geschäfte habe ich den Fall des Livländers Rose, Ihres Schützlings, nicht vergessen. Ein Geleitbrief konnte nicht, wie Sie es wünschten, nach Lübeck gesandt werden, weil Rose, abgesehen von seinen Schulden, sich vor dem Gefängnis rettete, denn er hatte bei verschiedenen Leuten einige tausend Rubel mitgehen lassen; trotz des Geleitbriefs, der bei uns nicht mehr ausgestellt wird, wäre er sofort ins Gefängnis geworfen worden.

Außer Ihrem Brief zum Thema Rose habe ich seit mehreren Monaten keine mehr von Ihnen bekommen; daher weiß ich auch nichts über den Franzosen, von dem Sie mir in Ihrem Brief vom 9. d. M. schreiben.

Wahrhaftig, ich hätte Lust, mich meinerseits bei Ihnen über das Erlöschen Ihrer Gefühle für mich zu beklagen, wenn ich nicht durch Ihren Zorn Ihr altes freundschaftliches Interesse für mich hindurchschimmern sähe.

Leben Sie weiter, und vertragen wir uns wieder, denn es besteht doch überhaupt nicht der geringste Grund, uns zu zanken. Auch hoffe ich sehr, daß Sie in einem Kodizill zu meinen Gunsten dieses angebliche und so wenig galante Testament widerrufen werden. Sie sind ein zu guter Russe, als daß Sie mein Feind sein könnten.

Caterine

Ferney, 29. August 1774

Madame, Ihre siegreichen Waffen haben den Türken mit Zins und Zinseszins an den Ufern der Donau heimgezahlt, was sie Peter dem Großen am Pruth zugefügt hatten. Wenn ein so nützlicher und ruhmreicher Friede den Krieg beendet, dann stirbt auch der alte Simeon in Frieden, ob nun Eure Kaiserliche Majestät sich seiner zu erinnern geruhen oder ihn vergessen.

Der kranke Alte von Ferney

25. September 1774

Monsieur, Ihr Brief vom 29. August zeigt mir in sieben Zeilen Ihre Anteilnahme am Friedensschluß mit Abdul Hamid an. Haben Sie die Güte, meinen aufrichtigen Dank dafür entgegenzunehmen. Auch wenn Sie mit mir noch wegen meiner langen Schweigsamkeit schmollen, so läßt mich Ihr sehr kurzes Schreiben doch hoffen, daß ich mit meinem Brief vom 26. August von Ihnen volle Absolution erlangen werde. Neues habe ich im Augenblick nicht zu berichten, nur daß es ganz den Anschein hat, als sei

der Marquis Pugatschow am Ende. Was den Livländer Michel Rose betrifft, so beziehe ich mich auf
meinen letzten Brief, und wenn Sie danach noch
immer darauf bestehen, werde ich ihm einen Geleitbrief schicken, damit Sie nicht länger glauben, es
gäbe eine Verstimmung zwischen uns.
                                            Caterine

                              Ferney, 6. Oktober 1774

Madame,
  L'Amour fit le serment, l'amour l'a violé.[148]
  Ich verzeihe Eurer Majestät und begebe mich wieder in Ihre Ketten. Weder der Großtürke noch ich
würden das geringste gewinnen, wenn wir in Zorn
gegen Sie verharrten. Aber wenn ich es wagte, würde
ich an die Vergebung, die ich Eurer Majestät so gütig
gewähre, eine Bedingung knüpfen: Ich wüßte gern,
ob der Marquis Pugatschow ein selbständig Han-
delnder oder ob er Werkzeug ist. Ich bin nicht so
anmaßend, Sie um Aufdeckung dieses seines Ge-
heimnisses zu bitten; ich glaube nicht, daß der Marquis Instrument des Sultans ist, der seine Handlanger
so schlecht auswählte und wahrscheinlich auch
nichts Gutes zu wählen hatte. Pugatschow stand auch
nicht in Diensten des Papstes Ganganelli, der sich
gerade zu St. Petrus mit einem Paß des heiligen Ignatius begeben hat. Er wurde weder vom Kaiser von
China noch vom Schah von Persien, noch vom
Großmogul bezahlt. Ich würde aber vorsichtig diesen Pugatschow fragen: Sind Sie, Monsieur, Herr

oder Knecht? Handeln Sie auf eigene Rechnung oder
im Auftrag eines andern? Ich frage nicht, wer Sie
beschäftigt, sondern nur, ob Sie beschäftigt werden;
doch wie dem auch sei, Herr Marquis, ich fürchte, Sie
enden am Galgen. Und Sie verdienen es auch, denn
Sie haben sich nicht nur gegen meine erhabene Kaiserin schuldig gemacht, die Sie vielleicht begnadigen
würde; Sie haben sich gegen den Staat versündigt,
der Ihnen nicht verzeihen wird. Nun aber lassen Sie
mich den Gesprächsfaden mit Ihrer Herrscherin wieder aufnehmen.

In einer Zeit, da Sie mit dem Sultan, dem Großwesir, seiner vernichteten Armee, mit Ihren Triumphen
und Ihrem so ruhmreichen und nützlichen Frieden,
mit Ihren großen Vorhaben und selbst mit Pugatschow befaßt sind, haben Sie sich auch noch zu dem
Livländer Rose herabgelassen! Sie ahnten, daß er ein
Gauner und Betrüger ist, Eure hellsichtige Majestät
haben das sehr wohl erkannt, während ich so dumm
war, mich durch sein Vollmondgesicht verführen zu
lassen.

Ich kann auch in diesem Jahr die Schar der Europä-
er und Asiaten nicht vermehren, die sich auf den Weg
machen, um die bewundernswerte, siegreiche und
friedenstiftende Selbstherrscherin anzustaunen. Das
Jahr ist schon gar zu weit vorgeschritten; aber ich
bitte Eure Majestät um die Erlaubnis, mich Ihnen im
nächsten Jahr oder in zwei oder in zehn Jahren zu
Füßen legen zu dürfen; warum sollte ich nicht das
Vergnügen haben, mich in irgendeiner Ecke in Pe-

tersburg begraben zu lassen, von wo ich Sie, mit
Lorbeer und Oliven bekränzt, unter Ihren Triumphbögen hin- und herziehen sehen könnte.

Inzwischen lege ich mich von meinem Nest in
Ferney aus zu Ihren Füßen, Ihr Bild mit immer er-
staunteren Augen und mit einem immer entzückte-
ren Herzen betrachtend.

Der kranke Alte

Ferney, 19. Oktober 1774

Madame, meine Aufdringlichkeit belästigt Eure Kaiserliche Majestät heute nicht mit dem breiten Gesicht
des Livländers Rose, auch nicht mit dem des Advokaten Duménil, der Ihnen bei der Gesetzgebung auf
Rat seines Patenonkels helfen wollte.

Heute handelt es sich um einen jungen Edelmann,
guter Geometer, guter Ingenieur, anständig und mutig; er heißt Murnau. Seine Familie stammt aus der
gleichen Provinz wie ich. Er wird wärmstens von
Herrn Euler empfohlen, dem Sie Ihre Protektion
angedeihen lassen. Alle seine Lehrer stellen ihm das
beste Zeugnis aus.

Eure Majestät müssen nicht überrascht sein, wenn
er leidenschaftlich gern in Ihre Dienste treten möchte. Was diesen jungen Offizier nur bekümmern muß,
ist Ihr zu früh geschlossener Friede mit dem Sultan,
denn er hätte gern den Stadtplan von Konstantinopel
aufgenommen und gegen den Chevalier Tott gearbeitet.

Es kommt mir nicht zu, Ihnen irgend jemand vorzuschlagen; aber schließlich können Eure Majestät mich nicht daran hindern, auf alle eifersüchtig zu sein, die fünfundzwanzig Jahre alt sind, die an die Newa und an den Bosporus reisen können, um Ihnen mit Herz und Hand zu dienen, und denen möglicherweise bestimmt ist, in Ihrem Dienst zu fallen. Da ist es hart, in einem Winkel am Kamin zu hocken.

Traurig lege ich mich Eurer Kaiserlichen Majestät zu Füßen als ein alter, unnützer Schweizer.

22. Oktober / 2. November 1774

Monsieur, was Pugatschow betrifft, so will ich Ihre Neugier gerne befriedigen. Das fällt mir um so leichter, als er vor einem Monat gefangen wurde, oder um es genauer zu sagen, er wurde von seinen eigenen Leuten in der unbewohnten Steppe zwischen Wolga und Jaik, wohin er von den auf ihn angesetzten Truppen gejagt worden war, in Fesseln gelegt. Aller Möglichkeiten, sich zu ernähren, beraubt, haben ihn seine Kumpane dem Kommandanten des Forts am Jaik übergeben, selber seiner Grausamkeiten überdrüssig und in der Hoffnung auf Pardon. Von dort wurde er nach Simbirsk zum General Graf Panin überstellt.

Vor Graf Panin gab er im ersten Verhör unbefangen zu, daß er Donkosak sei, er nannte seinen Geburtsort und sagte, er sei mit der Tochter eines Donkosaken verheiratet und habe drei Kinder; in den Wirren der Zeit habe er eine andere Frau geheiratet,

JEMELJAN J. PUGATSCHOW

seine Brüder und Neffen dienten in der Armee, und er selbst habe die beiden ersten Feldzüge gegen die Pforte mitgemacht usw.

Da General Panin viele Donkosaken unter seinem Kommando hat und die Truppen dieser Nation dem Räuber niemals auf den Leim gingen, so konnte das alles von Pugatschows Landsleuten bestätigt werden.

Er kann weder lesen noch schreiben, ist aber ein äußerst kühner und entschlossener Mensch. Bisher gibt es nicht die geringsten Anzeichen dafür, daß er das Werkzeug irgendeiner Macht gewesen wäre, noch daß er Weisungen von welcher Seite auch immer befolgt hätte. Man kann annehmen, daß Pugatschow ein selbständiger Räuberhauptmann und keines anderen Knecht ist.

Ich glaube, daß es nach Tamerlan niemanden gab, der mehr Menschen umgebracht hat als er. Ohne jedes Erbarmen ließ er alle Edelleute, Männer, Frauen und Kinder, alle Offiziere und alle Soldaten, deren er habhaft werden konnte, aufhängen; kein Ort, der auf seinem Wege lag, blieb verschont. Er beraubte auch diejenigen, die, um seinen Greueltaten zu entgehen, ihn günstig zu stimmen suchten, indem sie ihn gut aufnahmen. Niemand war vor Raub, Gewalttaten und Mord sicher.

Doch wie sehr sich ein Mensch in Illusionen wiegen kann, zeigt, daß er sich noch irgendwelche Hoffnungen macht. Er bildet sich ein, ich könnte ihn wegen seiner Tapferkeit begnadigen und daß man ihm seine Verbrechen im Hinblick auf künftige

Dienste nachsehen würde. Hätte er sich nur gegen mich versündigt, ich würde ihm verzeihen; aber es geht um den Staat, der seine Gesetze hat.

Sie sehen, daß der Advokat Duménil, von dem ich nie hörte, trotz der Ratschläge seines Paten zu spät kam, um den Gesetzgeber zu spielen. Selbst Herr La Rivière, der meinte, wir liefen noch auf allen vieren, und der sich sehr höflich die Mühe gab, von Martinique zu uns zu kommen, um uns den Gang auf unseren Hinterfüßen beizubringen, traf nicht mehr rechtzeitig ein.

Was den Handkuß bei Priestern angeht, so muß ich Ihnen sagen, daß das in der griechischen Kirche Brauch ist, seitdem sie besteht. Vor zehn oder zwölf Jahren begannen die Priester, ihre Hand zurückzuziehen, die einen aus Höflichkeit, die andern aus Demut. Regen Sie sich also über einen alten Brauch nicht auf, der allmählich von selbst verschwindet.

Ich weiß auch nicht, ob Sie Grund haben, mich zu schelten, weil ich mich seit meinem vierzehnten Lebensjahr diesem Brauch angepaßt habe. Jedenfalls wäre ich nicht die einzige, die Schelte verdiente. Wenn Sie kommen und sich hier zum Priester machen, werde ich um Ihren Segen bitten; und wenn Sie ihn mir erteilt haben, werde ich von Herzen die Hand küssen, die so viele schöne Dinge und so viele nützliche Wahrheiten geschrieben hat. Aber damit Sie wissen, wo Sie mich finden, teile ich Ihnen mit, daß ich in diesem Winter nach Moskau gehe. Adieu, leben Sie wohl!

Caterine

Ferney, 16. Dezember 1774

Madame, dieser Marquis Pugatschow war also ein
Teufelskerl, und der Diwan muß sehr dumm gewesen sein, ihn nicht mit etwas Geld versehen zu haben.
Er konnte also ebensowenig schreiben wie Dschin-
gis-Khan und Tamerlan? Es soll ja sogar Religions-
gründer gegeben haben, die nicht einmal ihren Namen schreiben konnten. All das ist für die Menschheit nicht ehrenvoll; ehrenvoll ist nur Ihre Großmut.
Eure Kaiserliche Majestät haben davon große Beispiele geliefert, denen auch schon der Großfürst, Ihr
Sohn, gefolgt ist. Er hat gerade einem jungen Mann
unter meinen Freunden eine Pension gewährt, Herrn
de La Harpe, den er nur von seinen in Frankreich
verkannten Verdiensten her kennt. Solche Wohltaten
zur rechten Zeit heben das Ansehen und gehen auf
die Nachwelt über.

Ich glaube, daß Eure Majestät, die lesen und schreiben können, das schöne Werk der Gesetzgebung wieder aufnehmen werden, auch wenn der arme Solon,
genannt La Rivière, nicht mehr bei Ihnen ist, der
gekommen war, um Ihnen Lektionen zu erteilen, und
obwohl Sie als erster Minister noch nicht diesen Advokaten ohne Auftrag, Herrn Duménil, haben, der
Petersburg das herkömmliche Recht von Paris lehren
wollte. So sind Sie denn genötigt, Gesetze ohne die
Hilfe dieser beiden großen Persönlichkeiten zu geben; aber ich beschwöre Sie, in Ihren Kodex aus-
drücklich ein Gesetz einzufügen, das die Erlaubnis

zum Handkuß bei Priestern nur deren Mätressen gestattet. Es ist zwar wahr, daß Jesus Christus sich von Maria Magdalena die Füße küssen ließ, aber weder unsere noch Ihre Priester haben irgend etwas mit Jesus Christus gemein.

Ich gebe zu, in Italien und in Spanien küssen die Damen die Hand eines Dominikanermönchs oder eines Franziskaners, und diese Schurken nehmen sich viele Freiheiten bei unseren Frauen heraus. Ich wollte, die Damen von Petersburg wären etwas stolzer. Wenn ich in Petersburg eine Frau wäre, jung und hübsch, ich würde nur die Hände Ihrer tapferen Offiziere küssen, die die Türken zu Lande und zu Wasser geschlagen haben, und diese könnten mich küssen, wo sie wollten. Nie könnte man mich dazu bringen, die Hand eines Mönchs zu küssen, die oft auch noch sehr schmutzig ist. Zu diesem großen Problem will ich den Paten des Herrn Duménil um Rat fragen.

Inzwischen aber erlauben Sie mir, die Statue Peters des Großen zu küssen und den Saum der Robe Katharinas der Größeren. Ich weiß, daß sie eine schönere Hand hat als alle Priester ihres Reichs, doch wage ich nur, ihre Füße zu küssen, die so weiß sind wie der Schnee ihres Landes.

Ich bitte Sie gütigst, ein wenig Wohlwollen für den alten Schwätzer von den Alpen zu bewahren.

Zarskoje Selo, 19. Dezember 1774 / 9. Januar 1775

Monsieur, ich beantworte heute zwei Ihrer Briefe. Der vom 19. Oktober wurde mir von Herrn Murnau überbracht, den Sie damit beauftragt hatten; auf Ihre Empfehlung wurde er, wie Sie es wünschten, in meine Dienste genommen, obwohl der Krieg beendet ist.

Der Marquis von Pugatschow, von dem Sie noch in Ihrem Brief vom 16. Dezember sprechen, hat als Verbrecher gelebt und endet als Memme. Er zeigte sich im Gefängnis so furchtsam und so schwach, daß man gezwungen war, ihn für den Urteilsspruch behutsam vorzubereiten, weil zu fürchten war, daß er aus Angst auf der Stelle sterben würde.

In einigen Tagen reise ich nach Moskau. Dort werde ich das große Werk der Gesetzgebung wieder aufnehmen, freilich ohne die Unterstützung von Solon-La Rivière und der Rechtsprechung des Advokaten Duménil, von dem ich bisher noch nicht gehört habe. Es wäre mir allerdings lieb, die Bekanntschaft seines Paten zu machen; vielleicht würde er mir einen Plan erarbeiten, um den Brauch des Handkusses bei Priestern völlig abzuschaffen, gegen den Sie so nachdrücklich protestieren. Wenn Sie diesen Paten konsultiert haben, teilen Sie mir bitte seine Meinung mit. Inzwischen erlauben Sie bitte, daß die alte Sitte von selber ganz sanft einschläft.

Vier meiner Fregatten sind im Archipel von Konstantinopel eingetroffen; die eine segelte ins Schwarze Meer, um unseren Hafen Kertsch anzulaufen, ohne daß diesem Phänomen, das erste meines Erachtens, seitdem die Welt besteht, die Erscheinung eines Kometen vorangegangen wäre. Weiß das der Pate von Herrn Duménil? Und was sagt er dazu?

Es wäre vielleicht nicht unbillig, von einem Akt der Höflichkeit seitens meines guten Bruders und Freundes, des Sultans Abdul-Hamid zu erfahren; aus seinem Harem heraus sah er meine Fregatten vorbeiziehen und schickte ihnen eine Schaluppe, um sie auf die vielen unter Wasser befindlichen Felsen an jener Stelle des Kanals aufmerksam zu machen und sie davor zu warnen, von der Strömung abgetrieben zu werden; das ist menschlich, das ist höflich.

Seien Sie versichert, daß meine Gefühle für Sie immer die gleichen sind und daß ich für alles empfänglich und dankbar bin, was Sie mir Angenehmes sagen.

Caterine

Ferney, 28. Juni 1775

Madame, verzeihen Sie, es geht um folgendes: Ein sehr guter Maler namens Barrat trifft bei mir ein und findet mich am Schreibtisch vor Ihrem Porträt; in dieser Stellung malt er mich und hat die Kühnheit, dieses Gebilde Eurer Kaiserlichen Majestät zu Füßen zu legen; er versieht es mit einem Rahmen und schickt es ab. Ich kann Sie nur bitten, die Verwegenheit des Malers zu entschuldigen. Er hat übrigens das

Talent, in einer Viertelstunde zu produzieren, wofür andere eine ganze Woche brauchen. Er würde eine Galerie in weniger Zeit ausmalen, als ein Ball darin dauert; und besonders versteht er, vollkommen ähnlich zu porträtieren. Ich hätte nichts an ihm auszusetzen, ausgenommen die Kühnheit, sich mit seinen Talenten dem Urteil Eurer Kaiserlichen Majestät zu stellen. Vielleicht sind Sie so nachsichtig, dieses Bild in irgendeiner Ecke zu plazieren und, wenn Sie vorbeigehen, zu sagen: Da ist einer, der mich um meiner selbst willen verehrt, wie die Quietisten Gott verehren. Ihre Untertanen sind glücklicher als ich, sie beten Sie an und sehen Sie auch.

In diesem Augenblick erfahre ich, daß Eure Majestät, die sich im Mittelmeer so gut auskennen, einen Vizekonsul in Cádiz hatten, einen Deutschen, der verstorben ist. Es gibt einen anderen Deutschen namens Jean-Louis Pettreman, wohnhaft in Cádiz, der Euer Majestät sehr gute Dienste leisten würde, wenn Sie über die Stelle nicht schon entschieden hätten. Es kommt mir nicht zu, Ihnen einen Vizekonsul oder einen Prokonsul vorzuschlagen; ich glaube, wenn es noch römische Konsuln gäbe, sie vor Ihnen nicht mehr gälten als die Großwesire.

Nehmen Sie vom Gipfel Ihres Ruhms den tiefen und unnützen Respekt, die unverbrüchliche Anhänglichkeit und die Dankbarkeit des kranken Alten von Ferney gütigst auf.

Ferney, 7. Juli 1775

Madame, ich bin gegenüber der Wohltäterin von fünfzig oder sechzig Provinzen, der Siegerin über Mustapha, kühner, als ich dachte. Sie werden meine Ungebührlichkeit verzeihen, wenn Sie hören, worum es sich handelt.

Marc Lefort, der Großneffe jenes François Lefort, der Rußland unter den Augen des Kaisers Peter des Großen einige recht bedeutende Dienste leistete, bietet der Kaiserin Katharina II., der sehr Großen, seine Dienste im Handel mit seiner Nation zu Marseille an. Er verbrachte mehr als zwanzig Jahre in dieser Hafenstadt und war für alle Kaufleute der Levante von großem Nutzen. Wenn Eure Kaiserliche Majestät beabsichtigen, einen Handelsvertrag zwischen Rußland und Frankreich zu schließen, ganz besonders im Hinblick auf das Mittelmeer, dann bietet Ihnen Marc Lefort seine ergebensten Dienste an.

Er meint, die russischen Schiffe könnten mit großem Gewinn Hanf, Eisen, Holz, Pottasche und Fischöl nach Marseille bringen und von dort mit allen Waren der Provence zurückkehren. Er sagt, die Schweden und die Dänen machen diesen Handel und haben Konsuln in Marseille; diese Konsuln sind Genfer. Der Großneffe des Generals Lefort wäre ein sehr würdiger Konsul Eurer Kaiserlichen Majestät.

Sie sehen, in sehr kurzer Zeit lege ich Ihnen einen Vizekonsul und einen Konsul zu Füßen. Dieser Vorschlag hat etwas vom Römischen Reich an sich; aber im tiefsten Herzen gebe ich dem russischen Reich den Vorzug.

Ich weiß überhaupt nicht, in welchen Beziehungen gegenwärtig Ihr Reich mit dem kleinen Land der Welschen steht, die ständig behaupten, Franzosen zu sein. Was mich angeht, so habe ich die Ehre, ein alter Schweizer zu sein, den Sie zu Ihrem Untertan gemacht haben. Marc Lefort ist aber ein besserer Untertan als ich, wir erwarten Ihre Befehle.

Der kranke Alte von Ferney legt sich Eurer Kaiserlichen Majestät zu Füßen und wird mit Ihrem Namen auf den Lippen sterben.

Moskau, 23. Juli / 3. August 1775

Monsieur, das Porträt, von Barrat oder irgendeinem andern gemalt, ist hier sehr willkommen, falls es gelungen ist; ich werde es nicht in einer Ecke, sondern in meinem Schloß in Zarskoje Selo plazieren, gegenüber Ihrer Büste. Schade, daß der Maler Barrat keine Zeit hatte, während des Friedensfestes hierzusein; bei seiner raschen Malerei hätte er mancherlei malen können, besonders am vergangenen Mittwoch hätte er Gelegenheit dazu gehabt.

Um ein Volksfest zu veranstalten, wählte man eine große Fläche, die das Schwarze Meer darstellte; Schiffe waren darauf und auf zwei Wegen gelangte man dahin, einer als Tanais oder Don, der andere als Boristhenes oder Dnjepr bezeichnet. Längs dieser Wege waren Bauten errichtet, Dörfer, Mühlen und anderes. Ich schicke Ihnen einen Lageplan. Auf kleinen Hügeln, die sich über dieser Fläche erheben, waren Ballsäle erbaut, die Kertsch und Jenikale hießen, der Bankettsaal hieß Asow. In Taganrog gab es einen Jahrmarkt, Kinburn war ein riesiges Theater, das Feuerwerk fand jenseits der Donau statt. Weinfontänen, Schaukeln, Seiltänzer und andere Belustigungen gab es, wo gewöhnlich die Nogai-Tataren zelten. Die übrige Fläche war illuminiert und hatte Bauten für Küchen und andere Bedürfnisse, so daß sechzig- bis hunderttausend Menschen fanden, was sie während zehn bis zwölf Stunden benötigten. Und alles ereignete sich bei schönstem Wetter, ohne Zwischenfälle und in fröhlichster Stimmung, nicht der geringste Unfall hat dieses, ich darf sagen charmante Fest beeinträchtigt. Gern hätte ich mit Ihnen getanzt, und sicherlich hätte es Ihnen gefallen.

Vom Tode meines Konsuls Brandenburg in Cádiz habe ich noch keine Nachricht. Wenn sie eintrifft, will ich sehen, was ich für Jean-Louis Pettreman, Ihren Schützling, tun kann.

Seien Sie meiner Hochachtung und meiner grenzenlosen Wertschätzung versichert.

Caterine

Ferney, 4. September 1775

Madame, ein großer, junger, ansehnlicher Oberst hat mich in meiner Hütte besucht, nachdem er in Glanz und Gloria diejenige gesehen hat, die noch darüber steht. Dieser junge, wohlgestalte Oberst ist einer von unseren Montmorency, die einst die Witwen unserer Könige geheiratet haben. Er ist begeistert, trunken vor Freude, er hat Ihre schönen Hände geküßt, er betrachtet sich als den glücklichsten aller Franzosen. Er ist der erhabenen Katharina II. abgöttisch ergeben und ebenso auch Ihren Untertanen zugetan. Ich zeigte ihm Ihr Porträt, er sagte, es gleiche Ihnen vortrefflich, nur daß Sie noch schöner seien als auf dem Gemälde.

Wir beide sind vor diesem Bild auf die Knie gesunken, und ich versprach ihm, Ihnen von diesem Akt der Anbetung zu berichten, und halte hiermit mein Wort. Gleichzeitig bitte ich Eure Majestät für all die lächerlichen Freiheiten, die ich mir herausgenommen habe, um Verzeihung, besonders für ein Bild, das ein frecher Maler Ihnen zu schicken gewagt hat.

Sie sehen, Alter und Jugend unseres Landes liegen Ihnen gleicherweise zu Füßen, einhellige Begeisterung herrscht allenthalben.

Die Chinesen, die in Moskau sein sollen, werden wie Graf Montmorency sprechen. Was ich vor zwölf Jahren prophezeite, geht in Erfüllung, nämlich daß alle Welt zu einem Tempel werden würde, in dem Weihrauch für Sie aufsteigt. Schon hundertmal war ich versucht abzureisen, um Sie einen Augenblick zu bewundern und dann wieder heimzukehren, ohne etwas anderes sehen zu wollen. Ich bin erst zweiundachtzig Jahre alt, ich kann noch reisen.

Wenn Eure Kaiserliche Majestät wünschen, daß ich lebe, dann wollen Sie sich bitte meiner inmitten des Beifalls der Welt gütigst erinnern.

Ferney, 18. Oktober 1775

Madame, nachdem ich vier Jahre lang über Ihre Siege erstaunt und entzückt war, bin ich es jetzt über Ihre Feste. Es fällt mir schwer zu begreifen, wie Ihre Kaiserliche Majestät dem Schwarzen Meer befehlen konnten, in eine Ebene bei Moskau vorzurücken. Ich sehe Schiffe auf diesem Meer, Städte an den Ufern, Volksfeste für eine ungeheure Menge, Feuerwerk und vereint alle Wunder der Oper. Wohl wußte ich, daß die sehr große Katharina II. die erste Stelle in der Welt einnimmt; aber ich wußte nicht, daß sie eine Zauberin ist.

Da sie nun so viel Macht über alle Elemente hat, was würde es ihr da noch ausmachen, mir den Pfeil des Abaris zu schicken oder den Wagen des guten Elia, damit ich Zeuge all ihrer Größe und ihrer Freuden wäre?

In meinem Lande glaubt man, das alles sei ein Traum. Ich hätte gern bestätigt, daß es Wahrheit ist; ich hätte meinen kleinen Landsleuten, die so altklug tun, gesagt: Meine Herren, die Feste am Schwarzen Meer sind noch gar nichts, verglichen mit den Waisenhäusern und Erziehungsanstalten; die Feste gehen an einem Tag vorüber, aber diese Stätten überdauern die Jahrhunderte.

Ich lege mich Eurer Kaiserlichen Majestät zu Füßen, um Sie demütigst um Verzeihung zu bitten, daß ich es wagte, Sie mit all meiner elenden Zudringlichkeit gestört zu haben. Ich bitte mir zu vergeben, daß ich das Gemälde eines Malers aus Lyon absenden ließ.

Ich bitte, mir zu verzeihen, von einem Vizekonsul in Cádiz gesprochen zu haben und von einem anderen, der sich anbietet, die hohe Würde des Vizekonsulats zu übernehmen, und ich bitte um Vergebung, ein anderes Konsulat in Marseille vorgeschlagen zu haben. Ich schäme mich zu sagen, daß sich noch ein weiterer Konsul in Lyon anbietet.

Das Römische Reich vergab nie mehr als zwei Konsulate gleichzeitig; jetzt aber will jeder Konsul von Rußland werden. Alle, die mich besuchen und Ihr Porträt sehen, meinen, ich hätte großes Ansehen an Ihrem Hof. Sie sagen: Machen Sie uns zu Konsuln dieser Kaiserin, die die Herrscherin der ganzen Erde sein sollte, wovon sie etwa ein Viertel schon besitzt. Ich versuche, ihren Ehrgeiz zu dämpfen.

Besser täte ich freilich, meine Geschwätzigkeit zu dämpfen. Ich fühle, daß ich die Eroberin, die Gesetzgeberin, die Wohltäterin langweile; es ist mir erlaubt, sie anzubeten, nicht aber, sie bis zum Überdruß zu langweilen. Man muß meinem Eifer und meiner Vermessenheit Grenzen setzen, ich muß mich auf meinen tiefen Respekt beschränken.

November 1775

Monsieur, aus Ihrem Brief vom 18. Oktober ersehe
ich, daß mein Kupferstich vom Friedensfest angekommen ist und Sie damit zufrieden sind. Die Dun-
kelheit der Nacht und die Schiffe trugen zur Illusion
eines Meeres auf dem Festland bei. Die Feierlichkei-
ten haben meine ganze Zeit in Anspruch genommen.

Ich habe gerade meinem Reich eine Verordnung
über die Provinzialverwaltung gegeben[149], die zwei-
hundertfünfzehn Seiten im Quartformat umfaßt und
die, wie man sagt, in keiner Weise hinter der Instruktion zurücksteht. Ich gebe ihr den Vorzug, es war ein
Werk von fünf Monaten, an dem ich allein gearbeitet
habe. Ich habe eine Übersetzung angeordnet und
werde sie Ihnen schicken.

Das Bild des Malers aus Lyon ist bis jetzt nicht
eingetroffen. Ihre Konsuln und Vizekonsuln konnten nicht eingestellt werden, weil die Stellen nicht frei
oder schon vergeben waren oder ich keine Konsuln
in den betreffenden Orten habe.

Seien Sie versichert, daß nichts meine Gesinnung
Ihnen gegenüber ändern könnte und daß ich für Ihre
Freundschaft unendlich dankbar bin. Leben Sie wohl
und möglichst ebenso lange, wie Ihre Schriften im
Gedächtnis der Menschheit bleiben.

                                        Caterine

Zarskoje Selo, 14./25. Juni 1776

Monsieur, je länger man auf dieser Welt lebt, um so
mehr gewöhnt man sich daran, daß glückliche Ereignisse mit den traurigsten Vorgängen abwechseln und
auf diese wiederum erstaunliche Szenen folgen. Die
Verluste[150], von denen Sie sprechen, haben mich sehr
betroffen wegen all der unglücklichen Umstände, die
sie begleiteten, da kein menschlicher Beistand sie
voraussehen, sie verhindern, noch alle beide oder
wenigstens eines von ihnen retten konnte. Ihre Anteilnahme ist mir ein erneuter Beweis der Gefühle,
die Sie mir stets entgegengebracht haben und wofür
ich Ihnen tausendmal danke. Jetzt sind wir dabei,
unsere Verluste wiedergutzumachen.[151]

Die Verordnungen, um die Sie mich bitten, sind
bis jetzt nur auf deutsch übersetzt und gedruckt;
nichts ist schwieriger, als eine gute französische
Übersetzung aus dem Russischen anzufertigen. Diese Sprache ist so reich, so kraftvoll und hat so viele
Wortversetzungen und Begriffsbildungen, daß man
sie handhaben kann, wie man will; Ihre Sprache ist so
trocken und so arm, daß man Sie sein muß, um sie so
vorteilhaft und brauchbar zu gestalten, wie Sie es
verstanden haben.

Sobald ich eine einigermaßen leidliche Übersetzung habe, schicke ich sie Ihnen; aber ich warne Sie,
dies Werk ist sehr trocken, sehr langweilig, und wer
anderes als Ordnung und Vernunft darin sucht, wird
enttäuscht sein. In dem ganzen Wortkram gibt es

gewiß weder Geist noch Genie, sondern nur viel
Nützlichkeit.

Adieu und leben Sie wohl, und seien Sie versichert,
daß nichts auf der Welt meine Denkungsart Ihnen
gegenüber ändern kann.

Caterine

24. Januar 1777

Madame, Ihr Untertan, halb Schweizer, halb Gallier
namens Voltaire war vor einigen Tagen nahe daran
zu sterben. Sein katholisch-apostolisch-römischer,
also universeller Beichtvater, Kundschafter aus Rom,
kam, um mich auf die Reise vorzubereiten. Der
Kranke sagte zu ihm: Hochwürdigster Vater, Gott
könnte mich wohl verdammen. Und warum, guter
Alter, fragte der Priester. Ach, antwortete ich, man
hat mich bei ihm verklagt, undankbar zu sein. Ich bin
von einer Wohltäterin, von einer Selbstherrscherin,
die eine seiner schönsten Gestalten hier auf Erden ist,
mit Wohltaten überschüttet worden und habe ihr seit
mehr als einem Jahr nicht mehr geschrieben. Was ist
eine Selbstherrscherin, fragte mein Quälgeist. Eh
pardieu, sagte ich, das ist eine Kaiserin. Sie sind ein
großer Ignorant, diese Kaiserin tut Gutes von Kamtschatka bis nach Afrika. Oh, wenn es so ist, antwortete der Priester, dann haben Sie recht gehandelt, sie
hat keine Zeit zu verlieren. Man darf eine Selbstherr-
scherin-Kaiserin-Wohltäterin, die Tag und Nacht damit beschäftigt ist, bald die Türken zu schlagen, bald

Frieden mit ihnen zu machen oder das Schwarze
Meer mit Schiffen zu bedecken, die sich damit vergnügt, 1 100 000 Quadratmeilen ihres Landes erblühen zu lassen, nicht behelligen. Lassen Sie's gut sein,
ich erteile Ihnen Absolution.

Petersburg, 28. Januar / 8. Februar 1777

Monsieur, ich las in diesem Winter zwei neue russische Übersetzungen, eine des Tasso, die andere von
Homer. Man hält sie für sehr gut; aber ich muß sagen,
daß Ihr Brief vom 24. Januar, den ich soeben erhielt,
mir mehr Vergnügen gemacht hat als Tasso und
Homer. Die Heiterkeit und die Lebhaftigkeit, die
darin herrschen, lassen mich hoffen, daß Ihre Krankheit keine bösen Folgen gehabt hat und daß Sie sehr
leicht über hundert Jahre alt werden.

Daß Sie sich meiner erinnern, ist mir ebenso
schmeichelhaft wie angenehm, meine Gefühle für Sie
sind stets unverändert.
Caterine

Ferney, 25. Juli 1777

Madame, gestatten Sie, daß einer Ihrer Bewunderer,
einer Ihrer zahlreichen Untertanen, Hunderte von
Meilen von Ihren Staaten entfernt, ein Greis, der
nicht weiß, ob er lebt oder tot ist, sich Eurer Kaiserlichen Majestät noch einmal zu Füßen wirft.

Zunächst darf ich Ihnen sagen, daß mich der tatarische Fürst Jussupow zweimal besucht hat; sein Großvater war noch Heide, er ist einer der liebenswürdigsten Christen dieser Hemisphäre, spricht Französisch wie Eure Majestät, kennt fast ebenso viele Sprachen und weiß fast ebensoviel wie Sie. Solches Wunder erstaunt mich nicht mehr, aber es entzückt mich immer wieder. Was haben Sie nicht alles geschaffen!! Zum andern möchte ich sagen, daß ich nicht sterben will, ohne Ihre Gesetze empfangen zu haben, um die ich Sie aus folgendem Grunde bitte.

Der Magistrat von Bern setzt einen mit 50 Louisdor dotierten Preis für denjenigen aus, der der Wissenschaftlichen Gesellschaft von Bern ein Gutachten über die Reform einreicht, die für das deutsche Strafgesetz vorgenommen werden muß. Ein Anbeter der Heiligen Katharina von Petersburg wird weitere 50 Louisdor dazugeben, damit die Belohnung der Bedeutung dieser Arbeit angemessener sei. Er selbst wird den Bewerbern den Entwurf eines neuen Gesetzes, ganz im Gegensatz zur Praxis in unseren Provinzen, vorlegen, aber in Übereinstimmung mit allem, was er von den Gesetzen Eurer Kaiserlichen Majestät weiß.

Der Preis wird erst 1779 vergeben, aber der Entwurf wird in wenigen Monaten veröffentlicht werden. Wenn Eure Majestät dieses Vorhaben mit 200 Rubeln zu unterstützen geruhen, dann werden Sie die Gesetzgeberin unserer dreizehn Kantone sein, so wie Sie es für ein Viertel des Erdballs sind.

Die Sache wird bis Ende 1779 geheim bleiben. Ich
werde dann nicht mehr dasein, aber Sie werden
strahlender und verehrter denn je sein, immer ge-
fürchtet von den Türken, aber eine Wohltäterin der
Krimtataren wie der Tataren, die die kleinen Schweizer Kantone bewohnen. Neue Menschen werden Sie
geschaffen haben vom Eismeer bis zu den Alpen und
dem Jura.

Verzeihen Sie meinen Freimut, unterstützen Sie
bitte noch den alten Schwätzer, den Sie mit Wohltaten so überhäuft haben und der mit tiefstem Respekt
und lebhaftester Dankbarkeit Euer Kaiserlichen Majestät untertänigster und gehorsamster Diener ist.

Ferney, 1. August 1777

Madame, die Gesetzgeberin für ein Fünftel des Erdballs wird mir gewiß meinen Eifer verzeihen. Es
handelt sich um ein Unternehmen, das alle Tage
notwendiger wird denn je. Es geht darum, Eurer
Kaiserlichen Majestät nachzueifern.

Hier das Programm der Republik Bern. Wir erfahren soeben, daß die Inquisition der römischen Mönche in Spanien in all ihrer Macht wiederhergestellt
wurde. Graf Aranda hatte, als er Premierminister
war, durch königliches Edikt dem Großinquisitor ein
für allemal verboten, einen Spanier eigenmächtig zu
verhaften. Dieses Edikt ist nun widerrufen worden.
Das berühmte Buch des Herrn Beccaria, Rat in Mai-
land, über Verbrechen und Strafen wurde von dem

geweihten Scharfrichter der Inquisition in Madrid
öffentlich verbrannt. Bald werden sie ein Autodafé
veranstalten.

Daher wird in dem kleinen Land der guten
Schweizer ein Preis für denjenigen ausgesetzt, der
sich mit ganzer Kraft gegen diese albernen und barbarischen Gesetze auflehnt und Ihrem humanen Gesetzbuch am nächsten kommt, diesem Gesetzbuch,
das so unsterblich ist wie Sie selbst.

Einst waren es die tapferen Schweizer, die anfingen, das riesige Gebäude der römischen Tyrannei
niederzureißen. Eine wissenschaftliche Gesellschaft,
der ich angehöre, arbeitet weiter an dieser Aufgabe.
Sie beruft sich auf Ihre Gesetze. Sie will, daß die
ganze Welt sie annimmt.

Unterstützen Sie uns, herrschen Sie über uns, und
lassen Sie Spanien vor Scham erröten! Ich werfe mich
Eurer Majestät zu Füßen.

Ferney, 21. September 1777

Madame, es ist sehr hart, sterben zu müssen, ohne die
erhabene Katharina II., oder besser Katharina die
Einzige, gesehen und nicht zu ihren Füßen gelegen zu
haben. Alles, was ich über Ihr Reich lese, alles, was
ich durch glückliche Zufälle erfahre, steigert ständig
meine Bewunderung. Die Krim hat einen Herrscher,
der vom Sultan trotz aller Schikanen anerkannt wird;
das Schwarze Meer wurde für den Handel geöffnet;
die Entdeckungen, die jenseits von Kamtschatka,

zwischen den Inseln von Japan und Amerika gemacht wurden, alles das formt eine neue Welt und
verleiht Eurer Kaiserlichen Majestät neuen Ruhm.

In diesem Augenblick bekomme ich eine Serie von
Medaillen, darunter auch eine der unsterblichen Katharina. Sie ist als Minerva dargestellt mit Helm und
Panzer. Es gibt weder eine antike noch eine neuzeitliche Medaille, die an die Schönheit dieser Arbeit heranreicht. Wir verdanken sie Herrn Waechter, der erst
in Petersburg seine Kunst zur Vollendung führte.
Unser Jahrhundert wird in jedem Betracht ein glorreiches Jahrhundert sein wie das Ludwigs XIV., der
Medici und Alexanders.

Gestatten Sie, daß ich mich vom Fuß der Alpen vor
diesem schönen Jahrhundert und vor derjenigen, die
es herauführte, tief verneige. Geruhen Eure Kaiserliche Majestät den tiefen Respekt dessen anzunehmen,
der Ihren Ruhm seit fünfzehn Jahren auf Erden verkündet.

Ihr demütiger Diener, Bewunderer und Anbeter.

Petersburg, 20. September / 1. Oktober 1777

Monsieur, um auf Ihre Briefe zu antworten, darf ich
Ihnen zunächst sagen, daß, wenn Sie mit Fürst Jussupow zufrieden waren, ich bezeugen kann, daß er von
dem Empfang, den Sie ihm gütigst gewährten, entzückt war und von allem, was Sie sagten, als er das
Vergnügen hatte, Sie zu sehen. Ferner, ich kann Ihnen

unsere Gesetzessammlung nicht schicken. Im Jahre 1775 erließ ich Verordnungen für die Verwaltung der Provinzen; diese sind bis jetzt nur ins Deutsche übersetzt. Ihre Einleitung begründet die Neuordnung; sie wird wegen der Kürze und Prägnanz geschätzt, mit der die geschichtlichen Fakten der verschiedenen Epochen beschrieben werden. Ich glaube nicht, daß diese Verordnungen den dreizehn Kantonen von Nutzen sein könnten. Ein Exemplar schicke ich für die Bibliothek des Schlosses von Ferney.

Unser Gesetzesbau wächst langsam; die Instruktion für das Gesetzbuch bildet das Fundament; ich übersandte sie Ihnen vor zehn Jahren. Sie werden erkennen, daß die Verordnungen den Prinzipien keinen Abbruch tun, denn diese fließen ein; bald werden Vorschriften für die Finanzen, den Handel, die Polizei etc. folgen, die uns seit zwei Jahren beschäftigen. Alsdann wird das Gesetzbuch nur noch ein leicht zu redigierendes Werk sein.

Hier meine Gedanken zum Verbrechen. Sie sollten nicht in zahlreiche Fälle unterteilt werden, aber um Strafe und Verbrechen in Übereinstimmung zu bringen, bedarf es wohl noch einer besonderen Arbeit und vieler Überlegungen. Ich denke, die Art und die Stärke der Beweise könnten auf eine sehr methodische, sehr einfache Form von Fragen, die den Tatbestand zu klären hat, eingeschränkt werden. Ich bin überzeugt, und so habe ich es festgelegt, daß das beste und sicherste Strafverfahren darin besteht, solche Fälle durch drei Instanzen in begrenzter Zeit zu ver-

handeln; ohne ein solches Verfahren wäre die Sicher-
heit der Angeklagten der Willkür von Leidenschaften, der Unwissenheit, der Dummheit und Hitzköp-
fen ausgeliefert. Das sind Vorsichtsmaßnahmen, die
dem sogenannten Heiligen Offizium nicht gefallen
werden; aber die Vernunft hat ihr Recht, wogegen
früher oder später Dummheit und Vorurteile schei-
tern werden.

Ich schmeichle mir, daß die Wissenschaftliche Gesellschaft von Bern diese Art zu denken billigen wird.
Seien Sie überzeugt, daß die meine Ihnen gegenüber
unverändert bleibt.

Caterine

Ich vergaß, Ihnen zu sagen, daß die Erfahrung, die
wir in zwei Jahren gemacht haben, uns bestätigt, daß
das Gewissensgericht, das durch meine Verordnungen eingerichtet wurde, zum Grab der Schikanen
wird.

Ferney, 28. Oktober 1777

Madame, wenn Eure Kaiserliche Majestät Zeit finden
und die Güte haben, einen Blick auf die drei Blätter
zu werfen, die ich Ihnen zu Füßen lege, so werden Sie
sehen, daß die ersten beiden das Thema für den Preis
von hundert Louisdor enthalten (ich stifte die Hälfte), den derjenige bekommen soll, der Ihrer Gesetzgebung nacheifert. Das dritte Blatt zitiert Eure Majestät als Vorbild für alle Nationen, und darin täuscht
sich der Autor nicht.

Der König von Preußen macht davon in seinen Rechten Gebrauch wie Sie in den Ihrigen. Schon mehrere Fürsten haben in ihren Landesgesetzen entsprechende Änderungen vorgenommen. Diese Revolution wird sich bis nach Rom erstrecken und Eingang finden in den Ländern, die noch die Inquisition kennen. Ein neues Jahrhundert zieht herauf, und Sie haben es geschaffen.

Ich lasse vollständige Exemplare nach Petersburg abgehen und lege sie zu Ihren Füßen. Bitte verzeihen Sie mir meine kühnen Absichten. Meine Tage kann ich mit keiner besseren und aufrichtigeren Huldigung an Eure Majestät beschließen.

Nehmen Sie gnädigst meinen tiefen Respekt und die Dankbarkeit Ihres demütigen Bewunderers und Verehrers entgegen.

Der kranke Alte von Ferney

Petersburg, 23. November / 4. Dezember 1777

Monsieur, ich bekam die drei Druckbogen, die Ihrem Brief vom 28. Oktober beilagen. Der Gegenstand, den Sie in Vorschlag bringen, ist Ihrer würdig; es wäre zu wünschen, daß er ganz und gar gelänge. Die Staats- und Kirchengerichte hätten ihren Wust an Vorschriften und Formen nicht nötig, wenn die Fürsten unterrichtet oder aufgeklärt wären. Mit großer Ungeduld warte ich auf die vollständigen Exemplare, die Sie mir versprechen; diese Ihre Schriften sind mir gewiß die kostbarsten. Sie könnten mich von der Last bestimmter Finanzvorschriften befreien, die auf das Wort hinauslaufen: leben und schreiben lassen. Seit zwei Jahren arbeitet man daran, und ich sehe kein Ende ab.

Adieu, leben Sie wohl, und denken Sie manchmal an mich. Herr von Schuwalow ist zurückgekehrt, von Ihnen noch mehr angetan denn je.

Caterine

Ferney, 5. Dezember 1777

Madame, gestern abend empfing ich eines der Beweisstücke Ihrer Unsterblichkeit, das Gesetzbuch auf deutsch, mit dem Eure Kaiserliche Majestät mich beschenken.[152] Schon heute morgen begann ich, es in die Sprache der Welschen übersetzen zu lassen; es wird auch ins Chinesische und in alle Sprachen übersetzt werden, es wird das Evangelium des Universums sein.

Ich hatte, es sind dreizehn Jahre her, wahrlich Grund zu sagen, daß uns alles Gute vom Stern des Nordens kommen werde. Vor zwei Wochen nahm ich mir die Freiheit, Eurer Majestät durch die deutsche Post den Prix de la Justice et de l'Humanité zu übersenden.

Das ist ein kleiner Glockenschlag, der der Menschheit Ihre Wohltaten verkündet. Wir sind zwei Mitglieder der Berner Wissenschaftlichen Gesellschaft, von denen jeder fünfzig Louisdor für den Bewerber hinterlegte, der den Entwurf eines Strafgesetzbuches erarbeitet, das Ihren Gesetzen am nächsten kommt und sich für das Land, in dem wir leben, am besten eignet.

Ich möchte noch einen Preis für denjenigen vorschlagen, der das schnellste und sicherste Mittel fände, die Türken in das Land, aus dem sie kamen, zurückzutreiben; noch immer glaube ich, daß dies Geheimnis Katharina der Zweiten, die an der Spitze der Menschheit steht, vorbehalten bleibt. Ich werfe mich Ihnen zu Füßen und rufe in meiner Agonie: Allah, Allah, Cathérine resoul[153], Allah!

Ferney, 16. Januar 1778

Madame, ich kann Eurer Kaiserlichen Majestät gar nicht genug für den Brief danken, den Sie mir am 4. Dezember 1777 zu schreiben geruhten.

Die Exemplare, die ich mit der Post schickte, werden erst nach drei oder vier Monaten ankommen. Ihr Ruf ist etwas schneller als unsere Postkutschen.

Mit Nachdruck lasse ich den Teil Ihrer Gesetze übersetzen, den Sie mir gütigst zukommen ließen; ich bitte um die Erlaubnis, sie Ihnen zu Füßen zu legen, sobald die Übersetzung vorliegt. Anfang des nächsten Jahres werden wir demjenigen den Preis verleihen, der es am besten versteht, Ihnen nahe zu kommen und den Spuren Ihres Genies zu folgen.

Während wir uns bemühen, die Menschen in unserem Erdenwinkel weniger boshaft zu machen, besa-

gen die neuesten Nachrichten, daß die Türken Sie ein
zweites Mal zwingen wollen, von Ihnen geschlagen
zu werden. Es wird Ihnen also nichts anderes übrig-
bleiben, als nun doch in Konstantinopel einzuziehen,
wohin ich schon vor einigen Jahren eine kleine Reise
unternehmen wollte, um Eurer zweifachen Kaiserlichen Majestät meine Aufwartung zu machen.

Ich werde Eure Majestät bitten, mir anzugeben,
auf welchem Wege ich reisen soll, wobei ich sicher
bin, daß Sie sie alle frei gemacht haben. Ich bitte auch
noch, den Bosporus vor Ablauf von drei Jahren zu
erobern, denn da ich vierundachtzig Jahre alt bin,
wäre ich Ihnen sehr verbunden, mich nicht mehr
lange warten zu lassen.

Diese verdammten Türken, die Ihre Schiffe auf
dem Schwarzen Meer schikanieren und Hospodare
der Moldau umbringen, haben es dringend nötig,
unter Ihren Gesetzen zu leben und Ihr Gesetzbuch zu
studieren.

Wenn Eure Majestät bei der Unzahl von Geschäften, bei der Regierung über so viele Völker und bei all
Ihren Wohltaten auch noch an mich denken, dann
werde ich getrost sterben, auch wenn ich Sie nicht auf
dem Throne Konstantins gesehen habe.

Wollen Sie den tiefen, wenn auch unnützen Respekt eines Ihrer wahrhaften Untertanen, des kranken Alten von Ferney, gütigst annehmen.

Paris, 30. April 1778

Madame, die Güte Eurer Kaiserlichen Majestät macht mich zum Glücklichsten von ganz Paris; ich finde dort keine Welschen mehr, ich sah nur 700 000 liebenswürdige Franzosen, die den Namen Eurer Majestät lobpreisen.

Die französische Übersetzung Ihrer deutsch gedruckten Gesetze ist schon längst fertig; ich hoffe, sie Ihnen zu Füßen zu legen, sobald ich zu meinen helvetischen Bergen und zu meinen Eisfeldern, die ich unter den Schutz der Ihrigen stelle, zurückgekehrt bin. Ein großer Unterschied zwischen unserem Pariser Klima und dem der Alpen besteht tatsächlich nicht; die besten Länder sind diejenigen, die am besten regiert werden. Petersburg könnte sehr wohl Rom übertreffen.

Ich bitte Eure Majestät, einem Greis, der kaum mehr lebt, Ihre Güte zu erhalten, die mein ganzer Trost ist.

Paris, 13. Mai 1778

Madame, die Übertragung der deutschen Übersetzung Ihrer Gesetze, die weltumspannend sein sollten, ins Französische ist schon lange fertiggestellt. Sie muß jetzt in Genf gedruckt werden, doch weiß ich darüber noch nichts.

Meine Verpflanzung in die gute Stadt Paris und eine grausame Krankheit gefährden den Rest meiner

Tage. Mein Alter von vierundachtzig Jahren macht
es mir leider unmöglich, Eure Kaiserliche Majestät
darüber näher zu unterrichten. Wenn ich aber davon-
komme, werde ich die Ehre haben, Ihnen einen besseren Bericht zu erstatten.

Ich unterziehe mich vor Eurer Majestät einer Ge-
wissensprüfung, bevor ich vor Gott trete. Ich denke
an das Unglück, Ihnen drei Personen empfohlen zu
haben, mit denen Eure Majestät keinen Grund hatten, zufrieden zu sein: Erstens einen großen Kerl, der
Ihren Zoll betrog; zweitens einen Offizier, der zwar
das Pionierwesen sehr gut verstand, sich aber zum
Türken gemacht hat; und drittens den Sohn eines
deutschen Barons, der sich dem Trunk ergab.

Zur Buße für meine Sünden erlaube ich mir, heute
von einem guten und tapferen Schweizer namens
Ribeaupierre zu sprechen, Major und zur Zeit in
Ihren Diensten auf der Krim. Es heißt, er bringe die
Dummheiten der letzten drei Jahre wieder in Ordnung; es handelt sich um einen ausgezeichneten, sehr
fleißigen und klugen Offizier. Es tröstet mich, daß
wenigstens einer, für den ich mich interessiere, würdig ist, in Ihren Diensten zu stehen.

Ich wünsche, daß Eure Majestät alsbald im vollen
Besitz des Königreichs des Thoas und der Iphigenie
sind, das einst bei den Griechen so berühmt war und
bei den Türken so heruntergekommen ist. Sie werden es entbarbarisieren.

Ich habe das Schreibzeug gesehen, das in Paris für
Eure Kaiserliche Majestät angefertigt wurde. Es ist

gewiß das schönste von der Welt; es ist viertausend
Rubel wert oder viertausend römische Ecus oder
viertausend chinesische Tael. Aber es ist nicht das
Schreibzeug wert, womit Sie im Frieden Gesetze
geschrieben und im Kriege Befehle an Ihre Generale
formuliert haben.

Ich weiß nicht, womit Ihr Nachbar Kien-Long,
der Kaiser von China, sein schönes Gedicht über
Mukden geschrieben hat, worin er seinen Völkern
versichert, eine Jungfrau unter seinen Ahnen gehabt
zu haben. Das kommt gar nicht selten vor. Aber sehr
selten ist, daß es an den Ufern der Newa eine Heldin
gibt, die die Helden von Griechenland und Rom
verdunkelt.

Eure Kaiserliche Majestät mögen dem Geschwätz
Ihres alten Dieners von Ferney vergeben, der jedoch
keineswegs schwadroniert, wenn er von seiner Heldin spricht.   Voltaire

Anhang

Editorische Notiz

Die französisch geführte Korrespondenz zwischen Katharina II. und Voltaire umfaßt 177 Briefe aus den Jahren 1763–1778 und liegt, vom Herausgeber übersetzt, erstmals geschlossen in deutscher Sprache vor.

Nicht alle Briefe sind uns erhalten. Die nach dem Julianischen Kalender datierten Briefe sind durch die entsprechenden Daten des Gregorianischen ergänzt. Im 18. Jahrhundert lag der Julianische Kalender elf Tage hinter dem Gregorianischen zurück.

Dieser Ausgabe zugrunde gelegt ist eine Pariser Edition von 1827, eine in Cambridge 1931 erschienene und von W. F. Reddaway herausgegebene Ausgabe sowie die Bände «Correspondence and related Documents» innerhalb der «Complete Works of Voltaire», Oxfordshire 1975, herausgegeben von Theodore Besterman.

Einführung und Anmerkungen sollen dem Verständnis des Lesers für den Inhalt der Briefe dienen. Das Personenverzeichnis enthält die in der Einführung und in den Briefen genannten Personen, mit Ausnahme einiger weniger, für die keine näheren Angaben gefunden wurden, außerdem die darin erwähnten Gestalten der Mythologie und der Bibel, die dem Gebildeten im 18. Jahrhundert vertraut waren.

Anmerkungen

1 Mit diesem Brief, der die Korrespondenz zwischen Katharina und Voltaire eröffnet, beantwortet die Kaiserin einen Brief, den Voltaire an ihren Sekretär F. Pictet geschrieben hatte. Durch dessen Vermittlung trat Voltaire in briefliche Beziehungen zu Katharina.

2 Gemeint ist der hochgewachsene Genfer F. Pictet, der als Sekretär eine Zeitlang in Katharinas Diensten stand. Voltaire war mit seiner Familie befreundet.

3 Im Gegensatz zu anderen führenden Geistern der Aufklärung hielt Jean-Jacques Rousseau Peters des Großen Versuch, Rußland zu europäisieren, für einen Irrweg, der das russische Volk an einer eigenständigen Entwicklung gehindert habe, eine Ansicht, die im 19. Jahrhundert von den Slawophilen vertreten wurde.

4 Voltaires «Geschichte des russischen Reiches unter Peter dem Großen».

5 Voltaires großer, kulturgeschichtlicher «Versuch über die allgemeine Geschichte und über die Sitten und den Geist der Nationen».

6 Voltaire versteckt sich hinter einem angeblichen Abbé Bazin und seinem Neffen und treibt dieses Spiel in mehreren Briefen.

7 Voltaires «Philosophie der Geschichte».

8 Von Peter dem Großen nach Abschaffung des Patriarchats 1721 gegründetes oberstes geistliches Kollegium, der Heiligste Dirigierende Synod.

9 Die Biene ist zweifellos nützlich,
man schätzt und man fürchtet sie,

den Sterblichen tut sie viel Gutes,
ihr Honig nährt, ihr Wachs erleuchtet:
Und wenn sie die Gabe hat zu gefallen,
so schadet dieser Überfluß nicht.
Minerva, der Erde gewogen,
bildete das ungeschliffene Menschengeschlecht,
pflanzte den Olivenbaum mit eigener Hand
und besiegte den Kriegsgott.
Sie stritt aber um den
der Schönsten zugedachten Apfel;
eine Zeitlang zögerte Paris,
doch Achill wäre für sie gewesen.

10 Sankt Petersburg wurde 1703 gegründet.

11 Diderot war in finanziellen Nöten. Katharina kaufte 1765 seine Bibliothek, beließ sie ihm zu seinen Lebzeiten und gewährte ihm einen Ehrensold.

12 Unter dem Pseudonym eines orthodoxen Priesters Alexis bekämpft Voltaire in dieser Schrift die Theorie von den zwei Gewalten, der weltlichen und der geistlichen.

13 Bei den Altgläubigen, den Raskolniki, gab es Selbstverbrennungen aus Protest gegen Kirche und Welt.

14 D'Alembert war von Katharina gebeten worden, nach Petersburg zu kommen und die Erziehung ihres Sohnes Paul zu übernehmen. Er entzog sich aber dem Angebot.

15 Hauptwerk Montesquieus «Vom Geist der Gesetze».

16 Nach dem Bekenntnis der orthodoxen Kirche geht der Heilige Geist allein vom Vater aus und nicht auch vom Sohn (filioque), wie es die römische Kirche gemäß den Konzilien von Nicäa 325 und Toledo 589 lehrt.

17 Manifest vom 14. Dezember 1766 zur Einberufung der die Gesetzgebung beratenden Kommission.

18 Aus der Sicht Katharinas liegt die Wolga in Asien, mongolische Völker wohnen beiderseits des Stroms. In der Antike galt der Don als Ostgrenze Europas. Erst Ende des 18., Anfang des 19. Jahrhunderts setzt sich der Ural durch.

19 Eine Reise nach Asien unternehmen Sie,
   schöne und erhabene Thalestris?
   Was machen Sie in diesem Land?
   Alexander werden Sie dort nicht antreffen.

20 Schriften Voltaires.

21 Das von Heinrich IV. von Frankreich 1598 erlassene
   Edikt von Nantes, das den französischen Protestanten
   Religionsfreiheit gewährte, wurde von Ludwig XIV.
   1685 aufgehoben. Die Folge war eine Massenflucht.

22 Neues Testament, Lukas 2,29.

23 Werk des Physiokraten Mercier de la Rivière.

24 Unter diesem Pseudonym hatte Voltaire einen Essay über
   die Kirche in Polen verfaßt und sich dabei über die Haltung des Bischofs von Krakau getäuscht.

25 Außer dem Thronfolger Paul hatte Katharina noch eine
   Tochter Anna – Vater unbekannt – und aus dem Verhältnis zu Graf Grigorij Orlow einen Sohn, Graf Alexej Grigorjewitsch Bobrinskij (1762–1813).

26 Erzählungen Voltaires.

27 Der schöne, schwarze Pelzrock
   ist der, den der arme Mustapha verlor,
   als unsere tapfere Kaiserin
   über die Muselmanen triumphierte;
   und das schöne Porträt dazu
   ist das der Wohltäterin
   des Menschengeschlechts, das sie erleuchtet.

28 Wer es sieht und berührt,
   kann seine Sinne nicht auf die Anschauung beschränken;
   er wagt, sich mit dem Munde zu nähern,
   den er nur noch öffnet, um Sie zu lobpreisen.

29 Diese Hände, die der Himmel formte,
   um Geschosse der Liebe zu schleudern,
   haben schon diese entflammten Pfeile vorbereitet,
   diesen ehernen Donner, mit dem Ihre stolzen Armeen
   dem sarmatischen Monarchen Hilfe bringen;
   und der Ruhm rief vom goldenen Turme

den von Ihrem Namen begeisterten Völkern zu:
Sieg für Katharina! Schande für Mohammed!

30 Aller Vorurteile glänzende Überwinderin,
die auf allen Gebieten der Wahrheit Partei ergreift,
triumphieren Sie zugleich
über den Heiligen Vater und den Mufti.

31 Altes Testament, 1. Buch der Könige 10,26.

32 Altes Testament, Buch der Richter, 1,19; Voltaire verwechselt Adonai mit Juda, den Bruder des Simeon.

33 Italienische Bezeichnung für Kreta.

34 Mittelpunkt der Kolonisten aus Süddeutschland, die sich auf Einladung Katharinas in den sechziger Jahren des 18. Jahrhunderts an der unteren Wolga ansiedelten.

35 Der russische Gesandte Obreskow in Konstantinopel wurde bei Ausbruch des Krieges 1768 in das Gefängnis der Sieben Türme geworfen.

36 Türkisches Staatsgefängnis.

37 Regierungssitz, Thronsaal des türkischen Sultans.

38 Antiker Name des Don.

39 Fürstentitel (Großherr) islamischer Sultane.

40 Landstrich westlich des unteren Dnjepr, der in den fünfziger Jahren des 18. Jahrhunderts mit serbischen Aussiedlern aus Ungarn besiedelt wurde.

41 Sultanspalast in Konstantinopel.

42 Gebiet im Bereich des Terek im Nordkaukasus.

43 Kriegerisches Symbol der Türken.

44 Oberbefehlshaber des türkischen Heeres.

45 Südbulgarien.

46 Bei den Ungläubigen.

47 Katharina kaufte die überaus wertvolle Gemäldesammlung großer Meister des Barons Pierre Crozat.

48 Ort südlich der unteren Donau.

49 Titelfigur einer Komödie von Molière.

50 Braila, Stadt an der unteren Donau, Bender, Stadt am Dnjestr.

51 «Ruhm ist dort, wo auch Gewinn ist.»

52 Venedig behauptete im Frieden von Karlowitz 1699 den Peloponnes und verlor ihn im Frieden von Passarowitz 1718.

53 Trapezunt.

54 Schlacht an der Larga, einem kleinen Nebenfluß des Pruth.

55 Schlacht am Kagul, einem kleinen Nebenfluß des Pruth.

56 Stadt im Donaudelta.

57 Hafenstadt auf dem Peloponnes.

58 Stadt und Festung am Schwarzen Meer.

59 Festung im Donaudelta.

60 «Du hast es so gewollt, Georges Dandin». Aus der gleichnamigen Komödie von Molière.

61 Stadt im Donaudelta.

62 Hafenstadt auf dem Peloponnes.

63 Der antike Name für den Fluß Rion in Transkaukasien.

64 Gebiet in Westgeorgien.

65 Festung in Transkaukasien.

66 Stadt in Georgien.

67 Wenn der Herr Mamamouchi
sich nicht in die polnischen Wirren eingemischt hätte,
dann hätte er nicht mit Schande
seine Spahis verhackstückt gesehen;
und er hätte nicht von einer gewissen Kaiserin
(die allein zwei Kaiser wert ist)
als Lohn für seinen Eigensinn
Lektionen empfangen, die seinen Hochmut demütigen
sollten.
Sie sehen, wie sie so viele wichtige Aufgaben wahr-
nimmt;
ich bewundere mit dem alten Eremiten
ihre ungeheuren Projekte, ihre glänzenden Heldentaten:
wenn man ihre Verdienste besitzt,
kann man auf Hilfskräfte verzichten.

68 Steppengebiet im südlichen Bessarabien.

69 Stadt an der Dnjestr-Mündung, türkisch Akkerman.

70 Nicht zu verwechseln mit dem ägyptischen Rebell gleichen Namens.

71 Bucht gegenüber von Chios.

72 Zerbst, Sitz der anhaltinischen Fürstenlinie, der Katharina entstammt, kam im 14. Jahrhundert an die Askanier.

73 Steppenvolk in der südlichen Ukraine.

74 Antiker Name des Flusses Kura in Transkaukasien.

75 Antike Stadt an der kleinasiatischen Küste.

76 Altes Testament, 1. Buch der Chronik, 21. Kapitel.

77 Die Gläubigen der griechisch-orthodoxen Kirche, deren
endgültige Trennung von der römischen Kirche 1054 erfolgte.

78 Städtchen am rechtsufrigen Donaudelta.

79 Kardinalskongregation bei der päpstlichen Kurie «Für die
Verteidigung des Glaubens».

80 «Die Welt bewundert Ihre Feste;
wir Franzosen können darüber nur staunen;
und ich bestaune sie noch mehr,
weil begleitet von Eroberungen.»

81 Die Hochzeit der Tochter Maria Theresias, Marie Antoi-
nette, mit dem französischen Thronfolger, dem nachmaligen König Ludwig XVI., wurde in Paris am 16. Mai
1770 gefeiert.

82 Frankreich ist der Kirche entwichen;
wir haben uns dafür entschieden,
den Mufti zu unterstützen
und den Papst zu rupfen.

83 Fest der Mohammedaner nach Beendigung des Fasten-
monats Ramadan.

84 Wenn ich für die Hl. Katharina
ein wenig mehr Verehrung empfinde,
dann, weil meine Heldin
sich herabläßt, ihren Namen zu tragen.

85 Altes Testament, 1. Mose, 40. Kapitel.

86 Hippodrom, Pferderennbahn.

87 Der französische Staatsmann Choiseul.

88 Gustav III. (1746–1792) seit 1771 König von Schweden, Neffe Friedrichs des Großen. Er wurde auf einem Maskenball ermordet.

89 Gemeint ist Choiseul. Der Hl. Bernhard (1091–1153) Abt von Clairvaux, rief Weihnachten 1146 im Dom zu Speyer die christliche Ritterschaft zum 2. Kreuzzug auf, der gänzlich mißglückte.

90 Insel in den griechischen Kykladen.

91 Genannt nach dem Dorf Preobraschenskoje, nördlich von Moskau, wo Peter der Große in seiner Jugend, gern Soldatenspielerei betreibend, sein erstes Regiment formierte.

92 Fabel von Jean de La Fontaine.

93 Republiken, große Potentaten,
   die Ihr fürchtet, Katharina werde
   bald den Ruin des
   schwergewichtigsten der Mustaphas besiegeln;
   Ihr, die Ihr nicht wenigstens
   ihre göttliche Leidenschaft unterstützen wolltet,
   in Eure Staaten gehe ich nicht;
   ich möchte nur die Regionen aufsuchen,
   die von meiner Heldin beehrt werden.

94 Descartes erklärte die Erscheinungen der Körperwelt aus der Bewegung der letzten Bestandteile (Corpusculare).

95 Der Stuartprinz Charles Edward, der seinem Hause die britische Krone gegen das Haus Hannover wiedergewinnen wollte, veranlaßte 1745 eine Erhebung der Schotten, wurde aber nach anfänglichen Erfolgen am 27. April 1746 bei Cullodon im Norden Schottlands von den Engländern, unterstützt durch hessische Söldner, völlig geschlagen. Es gelang ihm, nach Frankreich zu entkommen.

96 Sommerresidenz der russischen Kaiser südlich von Leningrad, heute Puschkin.

97 Peter der Große hielt sich 1697 monatelang in Holland auf, dabei einige Tage auch in Saardam, um den Schiffsbau zu erlernen.

98 «Wenn der Hochmut voranmarschiert, marschiert der Schaden hinterher.»

99 Name des zehnten Monats im mohammedanischen Mondjahr.

100 In Moskau war die Pest ausgebrochen.

101 «Was zum Teufel hatten Sie auf dieser Galeere zu suchen?»

102 Kleiner Hafenort auf Euböa.

103 Die weisen Granden.

104 Kreta.

105 Lemnos.

106 Der Balkan.

107 Fort südlich der unteren Donau.

108 Stellvertreter des Khans der Krim Schagin Girai. Schützling Katharinas, die ihn 1772 zum letzten Khan der Krim machte. Er wurde 1783, als Potemkin die Krim annektierte, abgesetzt. Katharina bot ihm eine luxuriöse Pension. Schagin Girai begab sich aber zu seinem Unglück in die Türkei, wo er als Verräter verurteilt und 1784 hingerichtet wurde.

109 Stadt im Süden des Peloponnes.

110 Am Abend des 3. November 1771 wurde König Stanislaus Poniatowski auf der Fahrt zum Schloß in Warschau von Anhängern der Konföderation von Bar überfallen, am nächsten Morgen aber wieder freigelassen.

111 Das Brot der Starken, symbolischer Ausdruck für die Wahrheit der christlichen Religion.

112 Orte an den Küsten von Griechenland.

113 Es handelt sich um die Verhaftung des die Regierungsgeschäfte führenden Grafen Johann Friedrich von Struensee (1737–1772) im Januar 1772, Leibarzt des geistesschwachen Königs Christian VII. von Dänemark, der ein Liebesverhältnis zur Königin unterhalten hatte. Er wurde zum Tode verurteilt und im April 1772 hingerichtet.

114 Komödien von Molière.

115 Gestalt in Voltaires Roman «Candide».

116 Eine Tragödie Voltaires.

117 Figuren der französischen Komödie.

118 Bemerkungen zur Aufführung eines Stückes nach dem Buch Esther im Alten Testament; offenbar nimmt Voltaire hier auf einen nicht mehr vorhandenen Brief Katharinas Bezug.

119 Gestalt in Voltaires Roman «Candide».

120 Ägyptischer Gott in Gestalt eines schwarzen Stiers.

121 Im Juli 1772 trafen sich die russischen und türkischen Unterhändler zu Friedensverhandlungen in Fokschani, einem kleinen Städtchen in der Moldau; sie scheiterten an den für die Türken zu weitgehenden Forderungen Katharinas.

122 Dahinter verbirgt sich Katharina selbst, die auch Komödien verfaßte.

123 Vertrag über die erste Teilung Polens vom 5. August 1772.

124 König Gustav III. von Schweden (1746–1792) beendete durch einen Staatsstreich am 19. August 1772 die jahrelang mit französischen und russischen Geldern bestochene Adelsherrschaft und stellte die königliche Autorität wieder her. Daß Katharina die Beschlüsse des polnischen Reichstags zur Königswahl und zur Dissidentenfrage mit Waffengewalt erzwang, scheint sie vergessen zu haben. Und daß sie, eine unbedingte Selbstherrscherin, dem König von Schweden Despotismus vorwirft, ist arge Heuchelei.

125 «Philosophische und politische Geschichte der Einrichtungen und des Handels mit Westindien.»

126 «Vom Wiedervereinigten Königreich».

127 Bezeichnung des türkischen Außenministers.

128 Hauptstadt der Wolga-Bulgaren.

129 Vorsteher einer Moschee.

130 Bach bei Jerusalem.

131 Es bestand die Gefahr, daß König Gustav III. von Schweden das dänische Norwegen angriff.

132 Antitrinitarische christliche Religionsgemeinschaft, die seit dem 16. Jahrhundert in Litauen ihren Mittelpunkt hatte.

133 Golf von Patras an der Nordküste des Peloponnes.

134 Karoline Henriette, die Große Landgräfin (1721–1774), verheiratet mit Ludwig IX. von Hessen-Darmstadt, *femina sexu, vir ingeniu,* wie Friedrich der Große von ihr sagte. Sie kam 1773 auf Einladung Katharinas nach St. Petersburg mit drei ihrer Töchter, von denen Wilhelmine mit dem russischen Thronfolger Paul verheiratet wurde. Sie erhielt beim Übertritt zur orthodoxen Kirche den Namen Natalija.

135 Südarabischer Volksstamm, der im Altertum eine bedeutende Macht darstellte. Berühmt der Besuch der Königin von Saba bei König Salomon, Altes Testament, 2. Chronik, 9. Kapitel.

136 Antike Bezeichnung des Marmarameeres.

137 Das Schwarze Meer.

138 Schutzheiliger von Böhmen.

139 Papst Clemens XIV. (1769–1774) hob 1773 den Jesuitenorden auf. Friedrich der Große und Katharina gewährten ihm Schutz.

140 Sultan in Voltaires Schauspiel «Zaïre».

141 Schauspiel von Diderot.

142 Natalija, die erste Frau des Thronfolgers Paul.

143 Peter von Amiens, genannt der Eremit (um 1050–1115), Augustinermönch, predigte in Frankreich und Deutschland für den ersten Kreuzzug und stellte sich selbst an die Spitze einer großen Schar von Abenteurern als Vorhut, die 1096 in Kleinasien völlig vernichtet wurde. Er selbst entkam und schloß sich dem nachfolgenden Haupttheer unter Leitung von Gottfried von Bouillon und anderer Fürsten an.

144 Peter der Große hatte im Russisch-Türkischen Krieg 1711 am Pruth in aussichtsloser Lage kapitulieren müssen, dennoch aber einen glimpflichen Friedensvertrag in

Adrianopel 1713 unter Verlust von Asow und der dorti-
gen russischen Flotte aushandeln können.

145 Epos von Voltaire, in dem er die Glaubenskriege zur Zeit
König Heinrichs IV. von Frankreich schildert und Fanatismus und Intoleranz geißelt.

146 Sultan Abdul Hamid.

147 Ludwig XV., geboren am 15. 2. 1710, gestorben am 10. 5.
1774.

148 «Liebe schwor Treue, Liebe hat sie gebrochen.»

149 Im November 1775 erließ Katharina ihre «Verordnungen
über die Gouvernementsverwaltung».

150 Voltaire hatte in einem verlorengegangenen Brief Katharina zum Tode der Großfürstin Natalija bei Geburt ihres
tot zur Welt gekommenen Kindes am 15. April 1776 kon-
doliert.

151 Katharina suchte eilends einvernehmlich mit Friedrich
dem Großen nach einer neuen Gemahlin für ihren Sohn
Paul. Sie fand sie in der Großnichte des Königs, der Prinzessin Sophie Dorothea von Württemberg, Tochter
Friedrich Eugens, des Bruders des Herzogs Karl Eugen
von Württemberg, und seiner Gemahlin Friederike Dorothea, einer Tochter des Markgrafen von Brandenburg-
Schwedt, der mit einer Schwester Friedrichs des Großen
verheiratet war. Bei ihrer Vermählung mit Paul noch im
Jahre 1776 erhielt Sophie den Namen Maria Feodorowna.
Sie war 1759 in Stettin, dem Geburtsort auch Katharinas,
geboren.

152 Offensichtlich verwechselt Voltaire die ihm übersandten
«Verordnungen über die Gouvernementsverwaltung»
mit dem geplanten, aber nicht zustande gekommenen
neuen Gesetzbuch.

153 Prophet.

Personenverzeichnis

Er starb in lebenslanger Haft in der Festung von Reval. 35, 36, 44 f.

Attila, gestorben 453, König der Hunnen. Sein Herrschaftsbereich erstreckte sich vom Kaukasus bis nach Mitteleuropa mit Ungarn als Mittelpunkt; das Reich zerfiel nach seinem Tod. 216

August III., Kurfürst von Sachsen und König von Polen (1696–1763), gewann die polnische Krone mit Rußlands Hilfe 1734. Teilnahme am Siebenjährigen Krieg gegen Preußen. Machte aus Dresden eine Kulturstadt von europäischem Rang. 17

Aymon, sagenhafter Paladin Karls des Großen. Seine vier Söhne werden in mittelalterlichen Legenden gerühmt. 171, 288

Barrat, Pierre Martin, angesehener französischer Porträtmaler in der zweiten Hälfte des 18. Jahrhunderts. Voltaires Bildnis gelangte in Katharinas Besitz. 363, 366

Barre, Chevalier de la (1747–1766), wurde wegen ungebührlichen Benehmens bei einer Prozession zum Tode verurteilt, gefoltert und enthauptet. Seinem jugendlichen Freund d'Etallonde sollte die Zunge herausgerissen, die rechte Hand abgehackt und er dann öffentlich verbrannt werden. Ihm gelang die Flucht. Voltaire vermittelte ihm eine Offizierssstelle bei Friedrich dem Großen. 72, 77, 255

Basilius (um 310–379), Bischof von Cäsarea, Kirchenlehrer, Heiliger. 180

Baur, Friedrich Wilhelm (1734–1783), Generalquartiermeister in preußischen Diensten im Siebenjährigen Krieg, dann in russischen Diensten General im Russisch-Türkischen Krieg 1768–1774. Als Ingenieur war er in den letzten Lebensjahren mit Regulierungsarbeiten am Ilmensee betraut. Auch stand er dem Petersburger Theater vor. 163

Beccaria, Cesare (1738–1794), italienischer Jurist und Schriftsteller. Berühmt durch sein Buch «Über Verbrechen und Strafe», in welchem er Folter und Todesstrafe bekämpft. 15, 376

Belisar (um 500–565), Feldherr des byzantinischen Kaisers Justinian I. Er vernichtete 534 das Vandalenreich in Afrika, bekämpfte die Ostgoten und schlug die Hunnen. 58

Bellona, römische Kriegsgöttin, Schwester des Mars. 244

Bernhard von Clairveaux (1091–1153), Heiliger, Zisterzienser, Gründer und Abt des Klosters Clairveaux. Seine Kreuzzugspredigt im Dom von Speyer regte den 2. Kreuzzug 1147/49 an. Begründer der mittelalterlichen Mystik. 190

Bezkij, Iwan Iwanowitsch (1704–1795), Präsident der Petersburger Akademie der bildenden Künste; enger Mitarbeiter Katharinas im Erziehungswesen, verdient um die Verschönerung von St. Petersburg durch Denkmäler und Gärten. 313

Bibikow, Alexander Ilitsch (1729–1774), russischer General, Vorsitzender der Kommission für ein neues Gesetzbuch. Er bekämpfte die polnischen Konföderierten und den Pugatschow-Aufstand 1773/1774. 342

Bielke, Johanna Dorothea von (1707–1782), Hofdame und Freundin Katharinas. 11

Boufflers, Chevalier de (1738–1815), Sohn des Königs Stanislaus Poniatowski von Polen; er trat in französischen Militärdienst, dann Schriftsteller, zeitweilig am Hofe König Friedrich Wilhelms II. von Preußen. 219

Bouillon, Gottfried von (um 1060–1100), Herzog von Niederlothringen, einer der Führer im 1. Kreuzzug. Er eroberte 1099 Jerusalem und schlug den Sultan von Ägypten bei Ascalon. 169, 277

Braamkamp, Gerrits, niederländischer Kunstsammler in Amsterdam. 265

Calas, Jean (1698–1762), protestantischer Kaufmann in Toulouse, wurde fälschlich angeklagt, seinen Sohn, weil er zum Katholizismus übertreten wollte, ermordet zu haben, und aufs grausamste hingerichtet. Voltaire setzte die nachträgliche Aufhebung des Todesurteils und die Rehabilitierung der Familie durch. 38, 40, 43 f.

Ignatius von Loyola (1491–1556), Gründer des Jesuitenordens 1534. Heilig gesprochen 1622. 336, 353

Iphigenie, in der griechischen Sage eine Tochter Agamemnons und der Klytemnästra. Als sie der Göttin Artemis geopfert werden sollte, wurde sie von ihr nach Taurien (Krim) entrückt und wurde dort ihre Priesterin. Mit ihrem Bruder Orestes und dem Standbild der Göttin floh Iphigenie nach Griechenland. 227, 267, 386

Iwan IV. Wassiljewitsch, der Schreckliche (1530–1584), Zar seit 1533. Er gewann im Kampf gegen die Tataren 1552 Kasan und 1558 Astrachan und setzte die Eroberung Sibiriens 1582 in Gang. Erbauer der Basilius-Kathedrale auf dem Roten Platz in Moskau. Erfolglos versuchte er, in grausamen Kriegen an die Ostsee vorzudringen. Sein Beiname gründet sich auf die Schreckensherrschaft im Innern. 51

Johann Nepomuk (um 1340–1393), Schutzheiliger Böhmens. Er war Generalvikar des Erzbischofs von Prag und wurde von König Wenzel in der Moldau ertränkt. Heilig gesprochen 1729. 330

Johanna Elisabeth von Holstein (1712–1760), verheiratet 1727 mit Fürst Christian August von Anhalt-Zerbst. Mutter Katharinas der Großen. 7, 33 f., 38, 70, 106, 111

Joseph II. (1741–1790), römisch-deutscher Kaiser seit 1765 und Mitregent seiner Mutter Maria Theresia in den habsburgischen Erblanden. Er vollzog mit Preußen und Rußland die Erste Teilung Polens. Als aufgeklärter Reformer wenig erfolgreich. Sein Vorhaben, Bayern zu erwerben, vereitelte Friedrich der Große. 14

Juno, römische Göttin, griechisch Hera, Gattin des Jupiter. 39, 41

Jussupow, Nicolaj Borissowitsch Fürst (1750–1831), in den achtziger Jahren des 18. Jahrhunderts Gesandter in der Türkei, unter Alexander I. Staatsrat. 375, 378

Justinian (483–565), oströmischer Kaiser. Er brachte durch sei-

ne Feldherren Belisar und Narses große Teile des Weströ-
mischen Reichs unter seine Herrschaft. Er schuf das Corpus
iuris und erbaute die Hagia Sophia. 58, 117

Kaiphas, jüdischer Hoherpriester zur Zeit Jesu; er sprach ihn
im Hohen Rat wegen Gotteslästerung des Todes schuldig.
227

Karl XII. (1682–1718), König von Schweden seit 1797. Kühner Feldherr, schlug Russen und Sachsen anfänglich im
Nordischen Krieg, unterlag aber Peter dem Großen 1709
bei Poltawa. Nach jahrelangem Asyl in der Türkei kehrte er
nach Schweden zurück und fiel bei der Belagerung der nor-
wegischen Festung Frederikshall. Voltaire widmete ihm eine glänzend geschriebene Biographie, Friedrich der Große
eine scharfsinnige Studie. 188, 198, 310

Karl VI. (1685–1740), römisch-deutscher Kaiser seit 1711.
Sein Feldherr Prinz Eugen bekämpfte siegreich die Türken.
Der Kaiser suchte durch die «Pragmatische Sanktion» die
Nachfolge seiner Tochter Maria Theresia in den habsburgi-
schen Erblanden zu sichern. Mit ihm starb der Mannes-
stamm der Habsburger aus. 240

Katharina I. (1684–1727), Geliebte Peters des Großen, mit
ihm 1712 verheiratet. Nachfolgerin Peters als Kaiserin von
Rußland 1725. Die Regierungsgeschäfte führte Fürst
Menschikow. 106

Kaunitz, Wenzel Anton Graf von (1711–1794), leitete als
Staatskanzler die Außenpolitik Maria Theresias. 24

Kien-Long (1711–1799), Kaiser von China. Unter ihm erreichte das Kaiserreich der Mandschu den Höhepunkt seiner Macht. 53, 168, 170f., 176, 178, 181, 183, 188, 192f.,
202f., 220, 224, 270, 277, 290, 353, 387

Konstantin der Große (288–337), römischer Regionalkaiser
seit 306. Er bahnte die Entwicklung des Christentums zur
Staatsreligion an und ließ sich kurz vor seinem Tode taufen.
330 verlegte er, inzwischen alleiniges Reichsoberhaupt, den
Regierungssitz von Rom nach Byzanz. 82, 156, 171, 384

Koslowskij, Feodor Alexejewitsch Fürst (um 1745–1770), besuchte 1769 auf seiner Abordnung zu Alexej Orlow, der sich in Italien befand, Voltaire und überbrachte ein Bildnis Katharinas. Er fiel in der Seeschlacht von Tschesme. 66, 162

Krösus, König von Lydien, wurde 546 v. Chr. vom Perserkönig Cyrus besiegt und unterworfen. 272

La Harpe, Frédéric César de (1754–1838), hervorragender liberaler Schweizer Politiker, einige Jahre auch Erzieher des späteren Kaisers Alexander I. im Geiste der Aufklärung. 360

Leander und *Hero,* sagenhaftes griechisches Liebespaar, getrennt durch den Hellespont. Leander ertrank, die Wellen warfen ihn an den Fuß des Turms, wo Hero ihn erwartete. Vom Schmerz überwältigt beging sie Selbstmord. 89, 98

Lefort, Franz (1656–1699), Schweizer, seit 1676 in russischen Diensten, Freund Peters des Großen. Er leitete die russische Gesandtschaft in Europa, der Peter 1697/98 inkognito angehörte. 1695 zum Admiral ernannt. 365

Ligne, Charles Joseph Fürst von (1735–1814), General und Diplomat, homme de lettres, befreundet mit den Großen seiner Zeit in Politik, Philosophie und Literatur. Er begleitete Katharina auf ihrer spektakulären Dnjepr-Fahrt und Reise in die Krim 1787. 14

Ludwig XI. (1423–1483), König von Frankreich seit 1461. Er bekämpfte den Hochadel und vereinigte Bourgogne, Picardie, Anjou und Provence mit dem Kronland. 123, 238

Ludwig XIV. (1638–1715), König von Frankreich seit 1643. Er verkörperte den königlichen Absolutismus, führte Frankreich zu hoher kultureller Blüte in Kunst und Literatur, machte es zum Vorbild für Europa, überforderte aber sein Land in endlosen Kriegen gegen das Reich, das Haus Habsburg und England; sie endeten nach anfänglichen Erfolgen und Eroberungen im Spanischen Erbfolgekrieg 1701–1714 ruinös. 47, 54, 327, 378

Lykurg, Gesetzgeber Spartas. 68

Noah, im Alten Testament Vater der neuen Menschheit nach der Sintflut. 159

Noilles, Adrien Maurice Herzog (1678–1766), Marschall von Frankreich. Erfolgreich im Spanischen Erbfolgekrieg 1701–1714, wurde er im Österreichischen Erbfolgekrieg 1743 in der Schlacht von Dettingen von König Georg II. von England geschlagen. 240

Obreskow, Alexej Michailowitsch (1720–1787), russischer Diplomat; Gesandter in der Türkei, später Senator. 209, 216

Oginski, Michael Kasimir (1729–1800), polnischer Magnat. Er erstrebte die polnische Krone und kämpfte auf der Seite der Konföderation von Bar. Freund der Künste, Erbauer des Kanals in der Wojewodschaft Polesie. 250

Oliz, Peter Iwanowitsch, russischer General im Siebenjährigen Krieg, wo er sich in den Schlachten von Zorndorf und Kunersdorf auszeichnete. Korpskommandeur im Russisch-Türkischen Krieg 1768–1774. Er starb 1771. 198

Orlow, Alexej Grigorjewitsch (1737–1808), Mörder Kaiser Peters III. Oberkommandierender der russischen Flotte, Sieger in der Seeschlacht von Tschesme 1770. Er erhielt von Katharina den Ehrentitel Tschesmenskij. 22, 92f., 150f., 154, 157, 160f., 171, 181, 191f., 198, 209, 211, 242f., 246, 251, *253,* 257, 259, 262, 319

Orlow, Feodor Grigorjewitsch (1741–1796), Oberprokuror des Senats, kühner Mitkämpfer in der Seeschlacht von Tschesme 1770. 151, 171, 242f., 275

Orlow, Grigorij Grigorjewitsch (1734–1783), Offizier im Siebenjährigen Krieg, bei Zorndorf verwundet. Haupt der Verschwörung gegen Kaiser Peter III. Langjähriger Favorit Katharinas, wurde er, wie seine Brüder, in den Grafenstand erhoben. Katharina ernannte ihn zum Feldmarschall. Er hatte Einfluß auf Katharinas Politik und Kriegsführung. Nach der Entlassung aus dem Favoritenstand ging er auf Reisen und starb in Umnachtung. 7, 62, 69, 171, 244, *253,* 255, 259, 264

1703 gründete er Sankt Petersburg, das Moskau als Hauptstadt bis 1918 ablöste. Gegen die Türkei unterlag Peter im
Feldzug 1711 und mußte das 1696 eroberte Asow zurückge-
ben. Er nahm 1721 den Kaisertitel an und war Katharinas
Vorbild. 7, 11, 15, 17, 29f., 38, 42, 51, 58, 77, 82, 106, 111,
135, 193, 206, 215, 238, 260, 278, 298, 303, 307, 312, 315,
336, 352, 361, 365

Peter III. Feodorowitsch (1728–1762), Enkel Peters des Großen. Er folgte seiner Tante, der Kaiserin Elisabeth, 1762 auf
den russischen Thron. Verheiratet mit Sophie von Anhalt-
Zerbst, der späteren Kaiserin Katharina II., der Großen. Er
beendete die Teilnahme Rußlands am Siebenjährigen Krieg
und verbündete sich mit Friedrich dem Großen. Bald nach
seiner Thronbesteigung wurde er von Katharina gestürzt
und wurde ohne ihr Wissen von Alexej Orlow und seinen
Mitverschwörern ermordet. 7, *8*, 20, 341

Perseus, in der griechischen Sage Sohn des Zeus und der Da-
nae. Er tötete die Medusa, bei deren Anblick sich alles in
Stein verwandelte. 47

Phidias, größter griechischer Bildhauer im Zeitalter des Peri-
kles, 5. Jahrhundert v. Chr. 145, 323, 328, 333

Philoktet, Held der griechischen Sage. Er erbte den Bogen des
Herakles und tötete den Paris vor Troja. 251

Platon (1737–1812), Erzbischof von Twer, Metropolit von
Moskau seit 1787. 206, 208, 215, 332

Potemkin, Grigorij Alexandrowitsch Fürst (1739–1791), Favorit Katharinas, russischer Feldherr und Staatsmann. Er un-
terwarf 1783 die Krim und baute den Hafen von Sewasto-
pol. Gründer von Jekatarinoslaw und Nikolajew. Siegreich
im Türkenkrieg 1787–1791. 7, 25, 325, *326*

Poniatowski, Stanislaus Graf (1732–1798), Favorit Katharinas,
von 1764–1795 König von Polen. 18, 50, 260, *261*

Prosorowskij, Alexander Alexejewitsch (1732–1809), nahm
unter Fürst Dolgorukij teil an der Eroberung der Krim
1771. Heerführer in den Türkenkriegen von 1787–1791
und von 1805–1812. Generalfeldmarschall. 131

gen den Absolutismus und für die Überwindung kalter
Vernunft durch das Gefühl von größter Wirkung auf das
europäische Geistesleben. 29, 303

Rumjanzew, Peter Alexandrowitsch Graf (1725–1796), Gene-
ralgouverneur der Ukraine nach Abschaffung des Hetma-
nats, des ukrainischen Kosakenstaats, 1764. Feldmarschall
im Türkenkrieg 1768–1774. Zur Belohnung beim Friedensfest 1775 in Moskau erhielt er von Katharina 5000
«Seelen», hunderttausend Rubel, einen diamantenbesetzten
Feldherrnstab, den Andreas-Orden mit Brillanten und ein
silbernes Tafelgeschirr für vierzig Personen. Rumjanzow
führte die russischen Truppen auch noch im zweiten Türkenkrieg 1787–1791. 22, 128 ff., 134, *136,* 138, 144 f., 160,
172, 192, 197, 211, 257, 325, 332

Rurik, aus dem Stamm der skandinavischen Rus, gründete im
9. Jahrhundert gemäß der ältesten russischen Chronik des
heiligen Nestor mit seinen Brüdern das erste vorrussische
und vorukrainische Staatswesen, dessen Mittelpunkt alsbald Kiew wurde. Die Rurikiden starben 1598 mit Feodor I., dem Sohn Iwans des Schrecklichen, aus. 317

Saint-Priest, François Graf von (1735–1821), französischer
Diplomat und Staatsmann, Gesandter in Konstantinopel
während des Russisch-Türkischen Krieges 1768–1774.
Außenminister zu Beginn der Französischen Revolution,
dann Emigrant, Royalist; zuletzt Pair von Frankreich.
327 f., 333, 336, 341

Salmanassar V., assyrischer König von 727–722 v. Chr. Er be-
kriegte Israel und unterlag einer Verschwörung der Prie-
sterschaft und der Bewohner von Assur. 288

Salomo, König von Israel und Juda im 10. Jahrhundert v. Chr.
73, 102, 105, 272

Saltikow, Peter Semjonowitsch Graf (um 1700–1772), russischer Oberkommandierender im Siebenjährigen Krieg,
Feldmarschall und Gouverneur von Moskau 1763–1771.
245

Literaturverzeichnis

Quellen

Memoiren der Kaiserin Katharina II., übersetzt und hrsg. von
  Erich Boehme, Leipzig 1913
Lettres de l'Impératrice de Russie et de M. Voltaire, in:
  Œuvres de Voltaire, Paris 1827
Documents of Catherine the Great. The correspondence with
  Voltaire and the Instruction of 1767, hrsg. von W. F. Red-
  daway, Cambridge 1931
Briefwechsel zwischen Heinrich Prinz von Preußen und Ka-
  tharina II. von Rußland, hrsg. von R. Krauel, Berlin 1903
J. K. Grot, Jekaterina II. w perepiske s Grimmon (Katharina II.
  im Briefwechsel mit Grimm), Sankt Petersburg 1879
Katharina II. von Rußland in Augenzeugenberichten, hrsg.
  von Hans Jessen, München 1978
Fürstin Daschkowa, Erinnerungen. Katharina die Große und
  ihre Zeit, hrsg. von Irene von Lossow, München 1970
Complete works of Voltaire. Correspondence and related documents, hrsg. von Theodore Besterman, Oxfordshire
  1975
Voltaire, Romans et Contes, Œuvres historiques, Mélanges,
  in: Bibliothèque de la Pléiade, Paris 1954–1961.

Literatur

S. F. Platonow, Geschichte Rußlands vom Beginn bis zur
  Jetztzeit, hrsg. von Friedrich Braun, Leipzig 1927
Karl Stählin, Geschichte Rußlands von den Anfängen bis zur
  Gegenwart, 5 Bde., Bad Homburg 1974

Günther Stökl, Russische Geschichte von den Anfängen bis zur Gegenwart, Stuttgart 1983

Gotthold Rhode, Geschichte Polens, Darmstadt 1966

Robert Mantran, Histoire de la Turquie, Paris 1968

Alexander Brückner, Katharina die Zweite, Berlin 1881

Hedwig Fleischhacker, Mit Feder und Zepter. Katharina die Zweite als Autorin, Stuttgart 1978

Otto Hoetzsch, Katharina die Zweite von Rußland. Eine deutsche Fürstin auf dem Zarenthrone des 18. Jahrhunderts, Leipzig 1940

Isabel de Madariaga, Russia in the Age of Catherine the Great, London 1982

Theodore Besterman, Voltaire, München 1971

Georg Holmsten, Voltaire in Selbstzeugnissen und Bilddokumenten, Reinbek bei Hamburg 1971

Carolyn H. Wilberger, Voltaire's Russia. Window on the East, in: Studies on Voltaire and the eighteenth Century, Oxford 1976

Otto Forst Battaglia, Stanislaus August Poniatowski und der Ausgang des alten Polenreiches, Berlin 1927

Horst Jablonowski, Die erste Teilung Polens, in: Rußland, Polen und Deutschland, gesammelte Aufsätze, Köln – Wien 1972

Hans Uebersberger, Rußlands Orientpolitik in den letzten zwei Jahrhunderten, 1. Band, Stuttgart 1913

Richard Ungermann, Der Russisch-Türkische Krieg 1768 bis 1774, Wien und Leipzig 1906

Bildnachweis

Inhalt

Die Deutsche Bibliothek – CIP-Einheitsaufnahme

Monsieur – Madame: der Briefwechsel zwischen der Zarin
und dem Philosophen / Katharina die Große; Voltaire.
Übers., hrsg. und mit einer Einf. von Hans Schumann. –
Zürich: Manesse Verlag, 1991
(Manesse Bibliothek der Weltgeschichte)
ISBN 3-7175-8186-4 Gewebe
ISBN 3-7175-8187-2 Ldr.
NE: Ekaterina ⟨Rossija, Carica, II.⟩; Voltaire;
Schumann, Hans [Hrsg.]

Umschlag und typographisches Konzept:
Hans Peter Willberg, Eppstein